# 陈虬维新思想研究

邰淑波 著

中国社会科学出版社

# 图书在版编目(CIP)数据

陈虬维新思想研究／邰淑波著.—北京：中国社会科学出版社，2020.9
ISBN 978-7-5203-7229-9

Ⅰ.①陈… Ⅱ.①邰… Ⅲ.①陈虬(1851-1904)—政治改革—思想评论 Ⅳ.①D092.5

中国版本图书馆 CIP 数据核字（2020）第 175340 号

| 出 版 人 | 赵剑英 |
|---|---|
| 责任编辑 | 郭 鹏 |
| 责任校对 | 吴英民 |
| 责任印制 | 李寡寡 |

| 出　　版 | 中国社会科学出版社 |
|---|---|
| 社　　址 | 北京鼓楼西大街甲 158 号 |
| 邮　　编 | 100720 |
| 网　　址 | http：//www.csspw.cn |
| 发 行 部 | 010-84083685 |
| 门 市 部 | 010-84029450 |
| 经　　销 | 新华书店及其他书店 |
| 印刷装订 | 北京市十月印刷有限公司 |
| 版　　次 | 2020 年 9 月第 1 版 |
| 印　　次 | 2020 年 9 月第 1 次印刷 |
| 开　　本 | 710×1000　1/16 |
| 印　　张 | 13.75 |
| 插　　页 | 2 |
| 字　　数 | 205 千字 |
| 定　　价 | 85.00 元 |

凡购买中国社会科学出版社图书，如有质量问题请与本社营销中心联系调换
电话：010-84083683
**版权所有　侵权必究**

# 目 录

**绪 论** ……………………………………………………（1）
    一 研究现状 …………………………………………（2）
    二 研究思路与方法 …………………………………（12）

**第一章 家世、生平、交游与著述** ………………………（15）
  第一节 家世与生平 …………………………………（16）
    一 家世 ………………………………………………（16）
    二 生平 ………………………………………………（19）
  第二节 交游与著述 …………………………………（23）
    一 交游 ………………………………………………（23）
    二 著述 ………………………………………………（32）

**第二章 宗法治天下、关注地方建设与强固国防** …………（37）
  第一节 宗法治天下 …………………………………（38）
    一 以宗法制构建地方政权 …………………………（39）
    二 通过封建制的地方政权重新建构国家 …………（44）
    三 大一统世界新秩序的规划 ………………………（47）
  第二节 关注地方建设 ………………………………（54）

一　求志社与同人集 …………………………………………（55）
　　二　捐变文成会与广心兰书院 ……………………………（61）
　　三　乐清地方保甲与广浚瑞安北湖 ………………………（65）
　　四　扶弱解困之慈善事业 …………………………………（69）
第三节　强固国防 ……………………………………………（74）
　　一　"治兵"与"团防" …………………………………（75）
　　二　边防思想 ………………………………………………（77）
　　三　海防思想 ………………………………………………（80）
第四节　铁路建设与治河三策 ………………………………（83）
　　一　铁路建设 ………………………………………………（84）
　　二　治河三策 ………………………………………………（87）

# 第三章　深洞时艰，疾呼富强以救时 ………………………（95）
第一节　设议院与"更服制、简礼节" ……………………（95）
　　一　设议院以通下情 ………………………………………（96）
　　二　更服制、简礼节 ………………………………………（102）
第二节　分镇迁都，固卫中朝 ………………………………（109）
　　一　分镇以扩大自卫的主体 ………………………………（109）
　　二　迁都以实现战略重心的转移 …………………………（114）
第三节　以"求富"为中心的经济维新思想 ………………（117）
　　一　农业维新思想 …………………………………………（117）
　　二　以"讲懋迁"为中心的工商业思想 …………………（121）
　　三　开新埠与招华侨 ………………………………………（123）
　　四　采用西方先进管理制度 ………………………………（125）
第四节　陈虬论晚清外交 ……………………………………（128）
　　一　朝鲜问题与均势之议 …………………………………（129）
　　二　对"俄国帮助中国"的揭露 …………………………（133）

三　"以夷制夷"之否定 …………………………………… (137)
　　四　对晚清外交局势的分析 ……………………………… (142)

**第四章　投身维新实践，开启民智** …………………………… (148)
　第一节　保民而心战 ……………………………………………… (148)
　　一　振奋精神，与敌"心战" ……………………………… (149)
　　二　保民以得民心 ………………………………………… (151)
　　三　保民之策 ……………………………………………… (153)
　第二节　争民权——言权 ……………………………………… (156)
　　一　无言权之现状分析 …………………………………… (156)
　　二　改变无言权现状之措施 ……………………………… (158)
　第三节　利济医学堂与《利济学堂报》 ………………………… (160)
　　一　利济医学堂 …………………………………………… (160)
　　二　《利济学堂报》 ………………………………………… (163)
　第四节　民众启蒙与教育 ………………………………………… (172)
　　一　利济教经与新字瓯文 ………………………………… (172)
　　二　全民教育 ……………………………………………… (174)
　　三　变革科举 ……………………………………………… (177)

**第五章　陈虬维新思想评价** …………………………………… (181)
　第一节　陈虬维新思想的理论基础 ……………………………… (181)
　　一　变易观 ………………………………………………… (181)
　　二　永嘉事功思想 ………………………………………… (185)
　　三　诸子思想 ……………………………………………… (187)
　第二节　陈虬维新思想的特点 …………………………………… (191)
　　一　爱国主义为其思想主线 ……………………………… (191)
　　二　变古未可非、循俗未可多 …………………………… (196)

　　　　三　积极学习西学 …………………………………………（198）

结　语 ……………………………………………………………（202）

参考文献 …………………………………………………………（208）

致　谢 ……………………………………………………………（214）

# 绪　　论

维新思想家是一个大的群体，但以往对维新运动的研究，多集中在一些牵动全局的，诸如康梁这样一些主流人物的身上，这方面的著述也比较多；而对那些敢于弄潮、不太著名，甚至鲜为人知的次要人物，则相对重视不够。

早期对维新思潮的研究，总体上取得了很大成果，如李泽厚著《中国近代思想史论》有"19世纪改良派变法思想研究"专文，王尔敏著《中国近代思想史论》中有"19世纪中国士大夫对中西关系之理解及衍生之新观念""商战观念与重商思想""近代中国知识分子应变之自觉"等，桑咸之《晚清政治与文化》中有"早期维新派和洋务派的洋务思潮"及"维新派的维新思潮（上）"两章，汤奇学《中国近代思想文化史探索》中有"论洋务派和早期改良派的关系"，彭明、程歗《近代中国的思想历程》对此也有涉及。在个案研究中，学者对王韬、宋育仁、陈炽等人着笔较多，[1]但对陈虬、汤震、宋恕等人的研究则略显薄弱。

其实，陈虬是个很值得研究的人物。近现代史上，陈虬对温州乃

---

[1] 如对王韬的研究专著有王立群的《中国早期口岸知识分子形成的文化特征——王韬研究》（北京大学出版社2009年版）、柯文的《在传统与现代性之间——王韬与晚清改革》（雷颐、罗检秋译，江苏人民出版社2003年版），对陈炽的研究有张登德的《寻求近代富国之路的思想先驱——陈炽研究》（齐鲁书社2005年版），对宋育仁的研究有黄宗凯等《宋育仁思想评传》（西南交通大学出版社2007年版），等等。

至浙江地区的维新运动先驱,具有不可替代的作用。

陈虬生活的时代,正是中国社会发生巨变的时代,太平天国运动、洋务运动、中法战争、甲午战争、戊戌运动、八国联军侵华,交替在中国上演。在这个非常时代,陈虬承继传统经世之学,追踪时代潮流,诊天下病弊,寻富强之策。既有传统士人向传统文化资源寻求解决现实问题一面,又有参照西学维新的一面。他一生勤奋著述,留下了《治平通议》等大量反映时代现状的传世之作,很受社会推重。

陈虬医术精湛,在医学思想上也颇多创新。他"以医救国""寓教于医",创办了利济医院及近代第一所医学校——利济医学堂、全国第一份高校学报——《利济学堂报》等。他同许多名人都保持着友好交往,如章炳麟、宋恕、汪康年、陈黻宸、汤震等。陈虬也颇受时人推重:戊戌变法后,他与宋恕、陈黻宸等被合称"东瓯三杰";也有人把他和汤寿潜(号蛰仙,又蛰先)合称为"浙东二蛰";宋恕将陈虬誉为南宋陈亮;①池志澂谓陈虬"其生平所谓识想、事业、著述,已有极他人数百年所不及者",②等等。

研究戊戌变法,不能不关注陈虬。通过对陈虬维新思想的考察,深入剖析这一时段的历史,既可以使我们进一步看到维新思想的群体性和多样性;又可以窥视19世纪末中国传统知识分子面对时代困局,为了实现国家富强目的,从自身实际出发,提出各种不同思想主张。这也是本书选题意义所在。

## 一 研究现状

1904年,陈虬逝世,刘久安为之撰《陈蛰庐先生行述》。1931

---

① 陈亮(1143—1194),字同甫,号永川,浙江永康人,南宋著名思想家、文学家。宋恕挽陈虬联有"浙东又弱陈同甫,河朔方愁铁木真"语。见胡珠生辑《陈虬集》,浙江人民出版社1992年版,第437页。

② 池志澂:《陈蛰庐先生五十寿序》,《瓯风》1934年第10期。

年，陈谧为之作《陈蛰庐先生传》。浙江地方志《瑞安县志·人物》亦有《陈虬传》等。《宋恕日记》、孙宝瑄的《忘山庐日记》、刘绍宽的《厚庄日记》等皆录有陈虬事。但以上所载，或对其一生做简要概括，或仅述其片言只行，多则几百字，少则几十字，算不上对陈虬的专门研究。

学界多将陈虬归入早期维新思想家。汤志钧认为陈虬是"维新思想的先驱者"。[①] 王栻遗著《维新运动》将之归为"早期维新思想的代表人物"，与王韬、容闳、何启、胡礼垣、郭嵩焘、薛福成、马建忠、郑观应等，特别是与汤震、宋恕、宋育仁、陈炽、康有为等并列，认为陈虬既不是民族资本家，也不是出身民族资本家家庭，"他们只是代表这个新兴阶级的知识分子"，但在他们身上，"生长出微弱的资产阶级民主思想"。[②] 1976年出版的《近代中国史稿》，则认为陈虬与王韬、薛福成、马建忠、郑观应、汤震、陈炽、何启、胡礼垣等，都是"早期改良主义思想的主要代表人物"。[③] 姜义华认为，陈虬与宋恕、孙宝瑄、汤震、经元善、陈黻宸等，是"浙江新一代知识精英群体中的代表"，他们力求变法，"基本上是清王朝体制内的改革派"。[④]

据笔者查阅，较早对陈虬进行研究是温端政在1963年发表的《陈虬和他的〈新字瓯文〉——纪念陈虬逝世六十周年》一文，但该文主要从语言文字学的角度来考察陈虬的新字瓯文，并未对其维新思想展开论述。汤志钧先生很早就重视对陈虬的研究，在其编撰的《戊戌变法人物传稿》中专门辑有"陈虬传"，列于康梁、六君子之后，仅次于陈炽。胡珠生先生在整理《陈虬集》时，汤先生也曾参与其

---

[①] 汤志钧：《戊戌变法史》，上海社会科学院出版社2003年版，第35—55页。
[②] 王栻遗著：《维新运动》，上海人民出版社1986年版，第46页。
[③] 《近代中国史稿》编写组：《中国近代史稿》，人民出版社1976年版，第352页。
[④] 姜义华：《章炳麟评传》，南京大学出版社2002年版，第653—654页。

中的文录整理工作。

20世纪90年代以来，中国近代思想史的研究巍然成风，研究对象进一步扩大，研究方法也日益多样化。1992年，浙江人民出版社出版了胡珠生编辑的《陈虬集》，该书较全面系统地收录了陈虬的著述，特别是有关变革维新方面的著作。

在《前言》中，胡珠生除对陈虬生平做了较为详细的介绍外，还对其进行了初步评价。他认为："陈虬是我国近代著名的改良派思想家，又是造诣很深的中医学大师，是全国第一所中医学校的创始人，也是第一份瓯文方案的设计大师。""以多方面的光辉成就载入史册，尤以《治平通议》为代表的变法维新思想最为社会所重视。"其"变法维新政治纲领是相当完整的，借以形成政治纲领的理论基础也有超越于前人之处"。[①] 胡珠生还认为："地方先贤宋恕与陈虬、陈黻宸素称'东瓯三先生'，是清代维新派中的重要人物。"[②] 综上所述，可以看出胡先生对陈虬的评价之高。

《陈虬集》的出版为研究者提供了核心资料，标志着陈虬研究进入一个新的阶段。

1996年，第一篇以《陈虬集》为研究对象的论文是周文宣的《论陈虬的妇女解放思想》（《温州师范学院学报》，1996年）发表。此后，陆续出现了一批专门研究陈虬的论文，如李炳元的《陈虬经济维新思想研究》（《成都行政学院学报》，2005年），许神恩的《陈虬维新思想研究》（硕士学位论文，湖南师范大学，2008年），周文宣的《陈虬和他的〈治平通议〉》（《历史教学》，1997年第5期）、《论陈虬的经济思想》（《贵州文史丛刊》，2001年）、《陈虬的教育思想与实践》（《贵州文史丛刊》，2002年）、《论陈虬反对君主专制的思

---

① 胡珠生：《陈虬集·前言》，胡珠生辑《陈虬集》，浙江人民出版社1992年版，第6页。

② 胡珠生：《我的学术生涯》，《温州日报·瓯越副刊》2008年11月8日。

想》(《贵州文史丛刊》，2000年)、《陈虬政治思想的演变》(《史林》，2000年)、《论陈虬的军事思想》[《贵州大学学报》(社会科学版)，1997年]、《从〈报国录〉看陈虬的国防思想》(《黄淮学刊》，1998年)，符必春的《陈虬的政治维新思想》[《贵州师范大学学报》(社会科学版)，2001年]、《陈虬维新思想的主要理论基础》[《渝西学院学报》(社会科学版)，2002年]、《陈虬的教育救国思想》(《西南交通大学学报》，2006年)、《陈虬的陆防思想》(《兰台世界》，2009年)，吴幼叶《最早的高校科技学报〈利济学堂报〉及其中医传播》[《西北大学学报》(自然科学版)，2007年]及其硕士学位论文《戊戌变法时期温州的〈利济学堂报〉——基于现代报刊视野的描述和分析》(硕士学位论文，西北大学，2008年)，刘时觉等的《晚清的利济医院和利济医学堂》(《中医文化》，2003年)和《近代温州医学代表人物和维新思想》(《中华医史杂志》，2006年)。陈虬研究也引起了国外学者的兴趣，日本名古屋大学教授竹内弘行于2006年发表了他的《陈虬〈治平三议〉考》。以上论文多就陈虬维新思想的某一方面进行论述，许神恩的硕士学位论文《陈虬维新思想研究》注重从整体上研究陈虬维新思想。

上述论文，呈现出研究主体范围不大且趋于集中的特点，19篇论文中，周文宣8篇，符必春4篇，吴幼叶2篇，刘时觉2篇，其他如许神恩、李炳元、竹内弘行各1篇。

周文宣先生致力于陈虬的研究，集数年研究之大成，推出其专著《陈虬与利济医学堂》，收入"瑞安文化丛书"，2011年由浙江大学出版社出版。该著是目前唯一一部以陈虬为研究中心的专著。该著以作为中医学家的陈虬为研究对象，较为全面的论述了其一生经历及维新思想，是目前所见陈虬研究集大成者。

除此之外，以下两本涉及陈虬研究的专著值得一提。

李世众的博士学位论文《晚清士绅与地方政治——以温州为中心

的考察》2006年出版。该著以温州为切入点，详细考察了晚清地方士绅与地方权力的关系。其中相当篇幅提到了陈虬，其第五章"布衣绅士的崛起"，主要以陈虬为代表的布衣士绅为写作对象，对陈虬事迹多有述评，它以晚清温州地方社会权力的构筑为切入点，充分肯定了陈虬等布衣士绅的积极作用，有助于加深对以孙诒让、陈虬等为代表的近代"中国知识分子现代转型的理解"。① 该著堪称是陈虬生活时代温州社会生活的生动画卷，为陈虬研究提供了许多可资借鉴的资料。

熊月之在《中国近代民主思想史》中，单列"陈虬的民权思想及其建立近代'桃花源'的尝试"一节，对陈虬的设议院思想和求志社活动进行评述，指出其设议院是具有民权思想的；其创设求志社是建立近代"桃花源"的尝试，是具有空想社会主义色彩的，说明近代改良派维新家也搞过"空想"，并认为这是很值得研究的。②

以下从几个方面就学界关注较多的问题进行归纳评述。

（一）对陈虬政治、经济等诸维新思想的研究

对陈虬维新思想的研究，主要集中在政治、经济、军事、教育等诸方面。以下对其进行简要分析。

对陈虬政治思想的研究。符必春的《陈虬的政治维新思想》，论其政治改革的方案有官制改革、广言路、开议院等，并认为设议院是陈虬政治维新纲领的核心和主要标志。③ 周文宣的《陈虬政治思想的演变》采用动态分析法，以1895年为界将陈虬维新思想分为前后两个时期，前期提出改革冗衙、开设议院之主张；后期认识到君主统治导致严重的民族危机，由此提出"带有地方自立色彩的分镇救时要

---

① 李世众：《晚清士绅与地方政治——以温州为中心的考察》，上海人民出版社2006年版，第5页。
② 熊月之：《中国近代民主思想史》，上海社会科学院出版社2002年版，第211—220页。
③ 符必春：《陈虬的政治维新思想》，《贵州师范大学学报》2001年第1期。

策""提倡民权"及"开通民智"等主张。① 其《论陈虬反对君主专制的思想》一文,则对陈虬反对"君主专制"的思想进行了详尽探讨。② 日人竹内弘行的《陈虬〈治平三议〉考》,认为《治平三议》"规模宏大","企图藉由复生宗族制来安定地方,藉由封建制来重新建构国家,并树立世界统一的政府,实现全球的真正和平"。认为该作是"中国近代史上出现的'大同思想'之先导理念和文献"。③

关于陈虬的经济维新思想。李炳元在《陈虬经济维新思想研究》中,指出陈虬经济维新思想的先进性,肯定其时代进步性,内容主要包括注重发展工商业、学习西方先进经验、引进西方公司制度、关照华侨等。④ 周文宣的《陈虬和他的〈治平通议〉》,注重从《治平通议》窥视陈虬的改革思想:主要有"以西卫中的政治思想"和注重工商业的经济改革思想。⑤ 蔡志新的《晚清浙江维新思想家陈虬的经济维新思想》对陈虬的农、工、商思想以及金融财政及漕运、货币体制等问题进行了深入细致的分析,是目前所见最为详尽的研究陈虬经济思想的论文。⑥

关于陈虬军事思想的研究主要有:周文宣的《从〈报国录〉看陈虬的国防思想》,指出陈虬着眼中国积贫积弱的实际情况,提出建立积极防御的地方体系,如编练乡团、建立地方武装,巩固防御设施,发挥民众的力量与智慧等;提出通过基层社会改革巩固国防基础,如发展地方经济,防弊治乱、安定社会等。⑦ 其《论陈虬的军事

---

① 周文宣:《陈虬政治思想的演变》,《史林》2000年第3期。
② 周文宣:《论陈虬反对君主专制的思想》,《贵州文史丛刊》2000年第4期。
③ [日]竹内弘行:《陈虬〈治平三议〉考》,《清华学报》第36卷第2期,2006年。
④ 李炳元:《陈虬经济维新思想研究》,《成都行政学院学报》2005年第5期。
⑤ 周文宣:《陈虬和他的〈治平通议〉》,《历史教学》1997年第5期。
⑥ 蔡志新对陈虬经济思想的研究,收入其著《民国时期浙江经济思想史》(中国社会科学出版社2009年版)。本书所据来自 http://economy.guoxue.com/article.php/21632,蔡志新的《清末浙江维新思想家陈虬的经济变革理论》。
⑦ 周文宣:《从〈报国录〉看陈虬的国防思想》,《黄淮学刊》1998年第6期。

思想》一文,对陈虬积极防御的军事改革思想进行了简要评述,主要归纳为三点:"海防、边防并重""提高军队战斗力""全民皆兵"。① 符必春的《陈虬的陆防思想》,填补了陈虬边防思想研究的空白,从三个方面对陈虬陆防思想进行阐述——加强对俄的防御,加强西北军事交通建设,兴屯保甲、加强防御、保卫边疆等。②

陈虬的教育思想研究,主要有周文宣的《陈虬的教育思想与实践》和符必春的《陈虬的教育救国思想》。以周文论述较为完备。周文详细分析了陈虬教育思想形成的时代背景和社会风气,认为科举改革是变法的"纲中之纲",肯定陈虬教育思想的亲身实践,以及创办利济医院、利济学堂及《利济学堂报》,并亲自编写《利济教经》等的活动;认为陈虬教育思想的独特点是教育救国、首开民智(开学堂、讲学校,实行文字改革)、实施义务教育和平民教育等。③ 符必春所持论断大致与此同,只是增加了"重视商业教育"一点。④

(二) 理论基础及整体评价

胡珠生认为,"陈虬虽没有留下专门的哲学著作,也未形成独立的理论体系,但是他的变法维新政治纲领是相当完整的,借以形成政治纲领的理论基础也有超越于前人之处,在中国近代思想家的行列中,有其重要的特殊地位"。具体而言:第一,"承认事物的变化",认为"在天无不动之物";第二,"竭力提高诸子的地位,替维新派大造声势",认为"诸子可以治天下";第三,"抨击汉学和宋学,替社会改革清除阻力",以"集中社会力量从事变法维新";第四,"变法的关键是政、学,而非商、兵";第五,认识到设立议院的重要性,"创设议院以通下情";第六,"强烈认识到变法维新是挽救祖国危

---

① 周文宣:《论陈虬的军事思想》,《贵州大学学报》1997年第4期。
② 符必春:《陈虬的陆防思想》,《兰台世界》2009年第3期。
③ 周文宣:《陈虬的教育思想与实践》,《贵州文史丛刊》2002年第4期。
④ 符必春:《陈虬的教育救国思想》,《西南交通大学学报》2006年第8期。

亡、抵制列强侵略的客观需要和唯一出路"。同时，胡珠生还认为，陈虬的变法维新思想有着很大的局限性：一是沿袭前人之说，认为"三纲五常虽极千祀而难革也"；二是醉心宗法、封建等古制，认为"郡县恐终不能不仍转为封建"，"陷入历史循环论"；三是背上沉重的方术迷信包袱，在《利济学堂报例》中公然提倡"堪舆、壬遁、星平"，在《报国录》中按照奇门遁甲、九宫紫白法列出阵图，甚至认为依靠五运来认知过去、推测未来，以致遭到谭嗣同的反对。①

符必春的《陈虬维新思想的主要理论基础》，持论大致同此。但侧重从理论上对陈虬维新思想进行反思，认为"变易的进化史观""抨击汉学与宋学，主张经世致用""中体西用"是陈虬维新思想的主要理论基础。② 其《陈虬的政治维新思想》，除"中体西用"没有提及外，余皆相似。③

笔者认为，胡珠生所言，没有详细区分理论基础与思想特点的区别，而后人又多沿袭。依笔者管见，陈虬的"落后思想"并不构成其思想的主体，故无损于对陈虬的正面评价；若要联系陈虬生活的时代来理解，则并不为过。详见笔者在下文中的相关论述。

周文宣的《陈虬政治思想的演变》认为陈虬维新思想是一个动态发展变化的过程，"他的思想绝非凝固不动，而是有着自身的发展轨迹"，"比较稳定的、不变的主题是如何改变高度君主集权专制统治的弊病，充实地方力量，改良社会，拯救国家"，并"在这一主题内涵中不断升华，体现了时代的进步思潮"，因此"不宜把陈虬简单地划入某一派别"。周文宣从分析陈虬思想根源说起，认为传统文化是陈虬思想根源，又不可避免地受时代的影响。他以1895年为界，把

---

① 胡珠生：《陈虬集·前言》，胡珠生辑《陈虬集》，浙江人民出版社1992年版，第6页。
② 符必春：《陈虬维新思想的主要理论基础》，《渝西学院学报》2002年第4期。
③ 符必春：《陈虬的政治维新思想》，《贵州师范大学学报》2001年第1期。

陈虬思想分为两个时期。甲午战争前，面对时代困局，陈虬明确提出"欲图自强，首在变法"的观点，"把政治制度的改革放在首要地位，认为这是变法之纲"，其设想主要是裁撤冗衙和开设议院。但周文宣又认为陈虬此时的政治改革主张"只是在现行制度的基础上的稍加变通"，"并未突破中体西用的实现体系"。甲午战争后，陈虬"写了大量文章为救亡图存而呐喊"，面对洋务运动失败的现实，"认识到变法的关键是政学，而非商兵"，"政治思想不断深化，逐渐突破了中体西用的思想结构，开始接受西方的民权思想，脱离洋务思想而转向维新思潮"。具体体现在"认识到君主专制统治导致严重的民族危机，由此提出了包含有地方自立因素的分镇救时要策"；提倡民权；主张开通民智：开讲堂、兴学校，实行文字改革等。①

湖南师范大学许神恩的《陈虬维新思想研究》（2008），是迄今出现的第一篇注重从整体上对陈虬维新思想进行研究的硕士学位论文。该文主要分为三个部分：第一部分，简述陈虬维新思想的形成过程，重点分析形成的原因，主要包括四个方面：深受传统文化的影响；社会环境条件的刺激；科举不第；"西学中源"说和"中体西用"观，并构成其维新思想的主要理论依据。第二部分，分别论述陈虬维新思想五个方面的内容：以议院观为代表的政治思想、发展资本主义工商业的经济思想、开民智的教育思想、妇女解放思想和积极防御的军事思想。第三部分主要包括两个方面，与其他早期维新思想家横向比较，分析陈虬思想的历史地位；对陈虬维新思想进行总体评价，既肯定其维新思想所具有的传承发展性、时代性、爱国性和实践性，也对其中的保守性、落后性予以分析和批判。该文最后认为，陈虬在各方面提出的诸多思想主张，对以后维新运动的发展产生了重要影响，应予充分肯定。

---

① 周文宣：《陈虬政治思想的演变》，《史林》2000 年第 3 期。

西北大学吴幼叶的硕士学位论文（2008）《戊戌变法时期温州的〈利济学堂报〉——基于现代报刊视野的描述和分析》，以《利济学堂报》为切入点，对陈虬的维新思想进行了一定程度的研究与评价，认为："主办者陈虬首创的利济医院、利济医学堂、利济学堂报、心兰书社构成四位一体、互为支撑的传播组织结构和医疗传播、教育传播、期刊传播和图书馆传播相辅相成的特殊模式，构成一个极具新闻学与科技传播学研究价值的典型案例，并成为其后学府科技期刊的范本。"吴文对陈虬的《利济学堂报》也予以高度评价，认为该报"务实经营"，"不忝于中国中医药学报的滥觞之作，更开华夏高校科技学报之嚆矢"，是为浙人自办报刊之首，是一份"岿立在晚清瓯越科技发展史和政治、文化、教育、思想史上的期刊"，对晚清"社会风潮的激荡昂扬起到了警钟木铎般的效应"。[①]

（三）不足之处

有关陈虬资料散失严重，"陈虬逝世后，所遗书籍稿件十余柜，因种种原因，未能妥善保存。新中国成立后，有关部门认真查询，已无可靠线索"。[②] 国务院古籍整理出版规划曾列入他的遗著，但由于遗稿散佚殆尽，直至1992年，方由浙江人民出版社出版了《陈虬集》。此外，陈虬既无仕宦背景，也无欧游经历，虽乡试赴杭五次，会试赴京三次，但其生活的区域主要限于温州瑞安，圈子狭小；又"自视夜郎"，曾交恶瑞安名流黄体芳等，其事略少见于各大家之手。这些均造成了陈虬研究的困难。

学界对陈虬维新思想的关注，多提及其议会思想和体现其维新思想的《治平通议》及其创办的《利济学堂报》。而鲜有对其宗法制、

---

[①] 吴幼叶：《戊戌变法时期温州的〈利济学堂报〉——基于现代报刊视野的描述和分析》，硕士学位论文，西北大学，2008年。
[②] 胡珠生：《陈虬集·前言》，胡珠生辑《陈虬集》，浙江人民出版社1992年版，"前言"第9页。

外交、分镇、迁都、工商业等具体维新思想的阐述。

此外，过分关注陈虬的易象思想，也影响了对陈虬的正面评价。学界多引谭嗣同《致汪穰卿书》对陈虬的评价："其阴阳、五行、风水、壬遁、星命诸说，本为中学致亡之道，吾辈辞而辟之犹恐不及，若更张其焰，则守旧党益将有词，而适以贻笑于外国，不可不察也！"[1] 许神恩的《陈虬维新思想研究》指出产生陈虬落后思想的根源，与胡珠生相似。[2] 笔者认为，谭嗣同是"激进的变法维新者",[3] 反对温和的维新，故对陈虬《利济学堂报》进行猛烈批评；但晚清士人普遍具有的易象思想，并不占陈虬思想的主要部分。因此，辩证地来看待陈虬的维新思想，仍不失其时代先进性。

上述研究大多着眼于陈虬思想的某一个层面，抓住某个问题进行阐释与分析，而缺乏对其整个思想的动态的系统研究。虽有涉及陈虬思想演变研究的个别论文，如周文宣的《陈虬政治维新思想的演变》，但不够丰富；又如许神恩《陈虬维新思想》，努力从整体上对陈虬维新思想进行研究，但缺乏演变的主线。

综上所述，在不同历史阶段，即有学者从不同角度关注陈虬，这在一定程度上充实和丰富了中国近代人物和思想史的研究，为进一步研究打下了良好的基础。但不可否认，对陈虬的研究尚待深入。

## 二 研究思路与方法

陈虬维新思想有不同于其他思想家的理论特质及发展逻辑，《剑桥中国晚清史》认为，维新思想家们既有个性，又有共性，"互不来

---

[1] 胡珠生：《陈虬集·前言》，胡珠生辑《陈虬集》，浙江人民出版社1992年版，"前言"第8页。
[2] 许神恩：《陈虬维新思想研究》，硕士学位论文，湖南师范大学，2008年。
[3] 王栻遗：《维新运动》，上海人民出版社1986年版，第215—233页。

往，却不谋而合"。① 戊戌变法失败后，陈虬思想继续发展，如吴廷嘉就曾在《戊戌思潮纵横谈》中指出，戊戌维新思潮在时间段上是从 1895 年到 1903 年。② 可见，并不能以 1898 年戊戌变法的失败，而认为戊戌维新思想停滞不前。基于此，笔者结合陈虬维新思想的具体内容，以及在不同时期的发展变化，主要从三个时期来论述陈虬的维新思想。

第一个时期，19 世纪 80 年代至 1890 年 6 月赴京会试。此期，陈虬生活的区域基本局限于乡里，其变法思想主要体现在提出宏大的治世规划、关注地方建设以及提出的军事思想等。代表著述为基本成书于 1888 年的六卷本《治平通议》。其中《治平三议》，体现宗法封建制及对建立世界大一统政府的规划。写于中法战争时期的《报国录》，主张民团乡制以巩固国防的军事思想。关注地方建设的思想体现在其《蛰庐文略》（1876—1893）中，主要有广浚瑞安北湖、乐清地方保甲、推行文成会、建育婴堂、建医院等。

第二个时期，90 年代初至戊戌变法前。这一时期，由于陈虬赴京会试，经过京沪杭等地，又与众多维新名士交往，眼界大开。加之甲午中日战争中国的战败，民族生存危机加重。陈虬在此期间先后提出了一系列救时之措，集中体现在外交与分镇方面。陈虬设议院的政治思想及以求富为核心的经济维新思想，也有一个不断发展完善的过程，考虑到这一点，将之归入这一时期。

第三个时期，戊戌变法后至 1904 年陈虬去世，着眼于陈虬启发

---

① ［美］费正清：《剑桥中国晚清史》（下卷），刘广京译，中国社会科学出版社 1993 年版，第 332 页。
② 吴廷嘉认为："《马关条约》签订后，维新派开始正式登上中国社会的政治舞台，戊戌思潮也相应地被推到历史的前台"；"1903 年夏，拒俄运动和苏报案相继发生，反清斗争如火如荼地展开了"，"戊戌思潮失去了自己站在时代前列的位置"；"从时间上来看，戊戌思潮从 1895 年兴起，到 1903 年夏开始衰落，至少有八年之久"。见吴廷嘉《戊戌思潮纵横谈》，中国人民大学出版社 1998 年版，第 11、37、38—39 页。

民智方面。早在 1885 年，陈虬就及早地举起了创办学堂的旗帜。1891 年，陈虬感到仕途无望，便转向对具体问题的关注以及开启民智等诸多具体而实际的行动上，发表在《经世报》和《利济学堂报》等诸报上的文章体现了他的思想。

总之，通过对陈虬维新思想的研究，努力发掘两方面的轨迹：一是透过陈虬，可以窥视 19 世纪末中国传统知识分子面对时代困局，如何从自身实际出发，提出各自不同的维新观点，一窥其整体性；二是侧重陈虬个人维新思想的研究，与整个变法思潮的大背景相联系，在一个大背景下，展现陈虬思想的变化。总之，既展现了陈虬维新思想动态的发展过程，又展现了其整体上的思想体系。

同时在几个具体问题上向纵深推进：（1）陈虬的外交思想，对朝鲜问题和俄日侵华的分析，及对晚清外交的分析；（2）陈虬的争民权、启民智措施，如主张民有"言权"，"国之强弱系于民心"等；（3）陈虬的设议院思想；（4）其他如分镇、迁都、治河、铁路建设等，均将涉及。

在研究方法上，采用微观与宏观相结合，注意点面结合，以点带面，从历史与现实两方面走近陈虬，关注其思想产生的背景。通过与其他维新思想家的比较，揭示了近代中国传统知识分子在面对西方文化挑战，由于生活经历、接触和接受的西方文化的途径和社会地位不同等原因，而如何提出不同的维新思想。

在资料运用上，因陈虬本人资料有限，笔者将充分吸收其原始资料，并参照其他专著中牵扯陈虬的信息，从与其交往诸人的日记、文集中捕捉相关信息，坚持从整体系统的观点出发，综合考察，科学取舍，以对其维新思想进行实事求是的评价。

# 第一章　家世、生平、交游与著述

陈虬（1851—1904），原名国珍，谱名庆宋，后改字志三，别字蜇声，号子珊，晚号蜇庐，别名皋牢子。[①] 浙江温州瑞安人，祖籍乐清，光绪十五年（1889）乙丑恩科[②]举人，近代维新派的著名代表人物，浙东名士，医学家。戊戌变法前和汤寿潜（字蜇先，又作蜇仙）合称"浙东二蜇"。晚年，与宋恕、陈黻宸合称"东瓯三杰"。所著《治平通议》，早在公车上书前就已广为流传。

个人思想的产生主要取决于时代精神和周围的风俗。地域和文化氛围对一个思想者的影响是不可否认的。要全面深入了解人物的思想状况，必须对其家世、生平、交游等有所了解。陈虬家世与早年生活以及交游著述等情况，了解并不深入。笔者试据相关资料进行简要考察。

---

① 皋牢，意为牢笼，引申为包罗。语出《荀子·王霸篇》："合天下之所同愿兼而有之，皋牢天下而制之若制子孙。"陈虬《论尊孔教以一学术》中有"盖夫教也者，举养为政，合师为君，宰性命，愒神志，皋牢天下，尊无二上"语。见胡珠生辑《陈虬集》，浙江人民出版社1992年版，第271页。疑为陈虬取此"皋牢子"别号之源。

② 恩科始于宋。宋时科举，承五代后晋之制，每三年举行乡试、会试，是为正科；遇皇帝亲试时，可别立名册呈奏，特许附试，称为特奏名，一般皆能得中，故称"恩科"。明清亦用此制。清于寻常例试外，逢朝廷庆典，特别开科考试，也称"恩科"。若正科与恩科合并举行，则称恩正并科。1889年，时逢光绪帝将行"加冠""大婚""亲政"三大礼，故朝廷特颁乙丑恩科乡试，在各省省会举行。

## 第一节 家世与生平

### 一 家世

陈虬自称其始祖为黄帝轩辕氏。黄帝之后第五十四世孙,得齐工政敬仲,居于颍川（今河南境内）,是为陈氏之颍川望族。陈虬自认为其为颍川之后,其祖陈竹屋公,为工政之四十八世孙,[①] 居清溪郡（今安徽境内）沙岸。唐天宝年间,陈竹屋官永嘉郡经学博士,为避战乱,举家迁至永嘉,"实为吾宗来瓯之始迁祖",[②] 至陈虬已历三十二世。陈竹屋公后越五世,太域公始迁居乐清萧台,转徙乐成,[③] 是为乐清大宗。

明弘治（1488—1505）、正德（1505—1521）年间,陈虬祖上二十一世孙陈松斋（讳登）参瑞安三港幕吏,遂举家自乐清迁至瑞安,至陈虬已历十一世,但陈虬仍自称"乐清陈虬",[④] 终生未改。其在1889年乡试硃卷及1898年保国会提名中,均自题为"乐清陈虬"。

根据有关文献推知,陈氏虽祖上曾显赫过,如陈竹屋公曾官永

---

① 陈虬:《〈斗山陈氏谱〉序》,胡珠生辑《陈虬集》,浙江人民出版社1992年版,第192页。
② 陈虬:《斗山陈氏睦族四议》,胡珠生辑《陈虬集》,浙江人民出版社1992年版,第198页。
③ 按,乐成镇,是乐清历代县治和现乐清市市府驻地。
④ 李世众认为:陈虬祖上自乐清迁居瑞安已历十一世,因此陈虬完全可以就近投考。然而他依然保持在原籍乐清投考。原因可能有二:其一,陈虬祖父是一个更夫,身份低贱,瑞安知道的人很多,担心被揭发,而更夫后代是不能参加考试的（但也有人认为更夫并非贱民,可以参考）;其二,瑞安科名发达,考生众多,竞争激烈,故选择在乐清科考。见李世众《晚清士绅与地方政治——以温州为中心的考察》,上海人民出版社2006年版,第302页。美国传教士卢公明认为:"根据法律,娼妓、戏子、皂役、狱卒等四类人及其三代以内的子孙都不准参加科举考试。前两类人被认为是为了钱自贬人格,完全没有羞耻之心。后两类人的职业虽然是受人尊敬的,但认为他们盲从命令做残忍的事,心肠太狠",这四类人的后代若想为改变自己的社会地位和身份而参加科举考试,"只能远走他乡,把自己的出身背景完全隐瞒起来"。见［美］卢公明《中国人的社会生活:一个传教士的晚清福州见闻录》,陈泽平译,福建人民出版社2009年版,第209页。

嘉郡经学博士，而经学博士是唐代的州级官员，主要负责管理学校的事务。就此来看，当时的陈家，应该算得上书香门第。但至明代，陈虬祖先迁居瑞安以来，陈家开始走下坡路了。至陈虬时，家世早已衰微，"斗山之区，以佃以渔"，① "先生家故贫，祖父三代无知书者"。② 陈虬祖父以更夫为业，打更敲梆，一年到头，难以维持温饱。陈虬父亲陈振荣，字德福，号子木，业漆匠，在当时也是没有什么地位的职业。《瑞安文史资料》曾记载了这样一个与之相关的故事：

> 有一个新年，陈虬祖父按习俗到一郭姓士绅家领取节赏（俗称讨年糕），不经意间坐在中堂的客座上，被该士绅刮了耳光。他回家流泪对儿子说，你是没有办法了，下一代无论如何要让一个孩子读书上进，争我这口气。后来这位漆匠（即陈虬父亲陈振荣）含辛茹苦让五个儿子读书，竟然全部考取秀才。老二拔了贡，老五补了廪，老三（即陈虬）还中了举人。瑞安出现了根据陈家家世编的顺口溜：头代——析析（敲梆声），二代——嗦嗦（刷漆声），三代——中背榜了落（因陈虬中的是最末一名）！陈虬次女苞姑，不缠足，章炳麟曾有意介绍给主张不缠足的蔡元培为妻。（1901年十一月二十二日，蔡元培续娶黄世振，在杭州结婚。）但苞姑后来嫁给了一个新派青年——上海求新厂附设机械专业学堂的学生郭仲宣，有意思的是，郭生恰是当年刮陈虬祖父耳光的那个士绅的曾孙。③

---

① 陈虬：《〈斗山陈氏谱〉序》，胡珠生辑《陈虬集》，浙江人民出版社1992年版，第192页。
② 陈谧：《陈蛰庐先生传》，胡珠生辑《陈虬集》，浙江人民出版社1992年版，第396页。
③ 林炜然：《改良派重要人物陈虬的轶事》，《瑞安文史资料》第二辑，1984年。

1862年，太平军的一支进抵瑞安。①陈虬父、叔参加地主团练武装，登城防守，后以军功记叙，分授六品、八品衔。但次年，陈虬父即以病卒。1883年，陈虬在述及家世时说："仆少遭孤露，先严亡叔弱龄见背，迁瑞以来，传世十数，群从兄弟仅止七人。……季弟劬学，未婚又殂……"②据此可知，陈虬叔父陈振邦也是在陈虬父死后不久即离世的，而幼弟陈叔和则是在未婚之前即因病少亡。

陈虬兄弟五人，"自相师友，皆薄有时望"，③友爱亲睦，都是举、贡、生员，号称"五凤"。长兄陈国光，字庆棠，号星舫，县试冠军，监生。仲兄陈国桢（1848—?），字庆常，号仲舫（或作容舫），同治（1873）癸酉拔贡，"治易象数兼禅学"，④佛学功底深湛，以易象数学著称于时，是弟辈们共同的启蒙老师。陈虬行三。四弟陈国琳，字庆桂，号雪岚，别号悟非，庠生。幼弟陈国锵，字庆瀛，号叔和，师从瑞安名流孙锵鸣，曾五次获县试冠军，廪膳生员。著有《四体书正》四卷、《墨史纂要》六卷等。国锵才华出众，于兄弟中最为"翘楚"，"器宇轩藉，开敏迈诸兄，群冀倚成以事业"，⑤惜于1882年春因病去世。

这样的家庭环境使陈虬自小特别酷爱读书，也能够保证陈虬在父亲去世后，仍不致荒废学业。陈虬后来喜欢谈兵、宗法、五运、风水

---

① 受太平天国运动的鼓舞，1861年8月，金钱会首领赵启在平阳县钱仓镇发动起义。为呼应太平军，金钱会起义军在1861年秋到翌年迫近瑞安。孙衣言率一族避难，而太平军也逼近处州。1862年年初，太平军李世贤部白承恩在金钱会首领赵起引导下，进攻温州。温州久攻不下，又抵达瑞安，双方展开激战。瑞安大绅孙衣言长子孙诒榖（诒让之兄），以及其他地方团练头目陈少祈、周飞熊等，组织团练防御，战死。参见周文宣《陈虬与利济医学堂》，浙江大学出版社2011年版，第29—31页。

② 陈虬：《均子篇》，胡珠生辑《陈虬集》，浙江人民出版社1992年版，第175页。

③ 陈虬：《〈治平三议〉序》，胡珠生辑《陈虬集》，浙江人民出版社1992年版，第1页。

④ 刘绍宽：《宋衡传》，胡珠生辑《宋恕集》，中华书局1993年版，第1081页。

⑤ 陈虬：《〈治平三议〉序》，胡珠生辑《陈虬集》，浙江人民出版社1992年版，第1页。

和星命等，是与其家庭环境影响有极大关系的。

## 二　生平

清咸丰元年闰八月二十日（1851年10月19日），陈虬生于浙江温州瑞安之大东门虞池，少时聪颖好学，无书不读。11岁时，与其昆仲从城东胡庆良先生学。亦顽皮，喜拳棒，善泅水，下课辄与同学嬉戏，"好为将帅，尝取同学而行伍之"。① 塾师恶其顽梗，日授书数册以困之，陈虬"终日不作诵声，及背读，无一字遗"。② 15岁时，陈虬折节从其仲兄陈明舫明经习举业。1864年，清军攻破太平天国后，陈虬作诗有"帝命真人驾赤虬，长剑斫妖如豚豕"，③ 此处的"赤虬"，可能是其取名的来源。④

陈虬自小就受到严格而系统的家庭教育，先世的荣耀、父辈的厚望，寄托在陈虬兄弟身上，科举之路成为其重要的功名利禄之途。1867年，17岁的陈虬参加县试，才华初露。礼部左侍郎徐树铭，⑤ 督学浙江，认为陈虬的答卷"恢怪奇伟，他日当以文章横行一世"，⑥ 破例将其补乐清县学生员，补诸生。陈虬志向远大，希望通过科举考试，进入仕途，实现自己的政治理想，于是"始学词章，间复留心训诂"。⑦ 但时逢列强侵略中国，民族危机日益严重，严峻的现实使爱国士子寻找扭转乾坤的道路，陈虬迅即由"治词章训诂"转而"留

---

① 池志澂：《陈蛰庐先生五十寿序》，《瓯风》1934年第10期。
② 同上。
③ 陈虬：《王师克复金陵，诗以志喜》，胡珠生辑《陈虬集》，浙江人民出版社1992年版，第354页。日本学者竹内弘行亦持此观点，参见其论文《陈虬〈治平三议〉考》，台北：《清华学报》第36卷第2期，2006年12月。
④ ［日］竹内弘行：《陈虬〈治平三议〉考》，台北《清华学报》第36卷第2期，2006年12月。
⑤ 徐树铭（1824—1900），字寿蘅，号伯徽，又号澄园，湖南长沙人。年轻时曾问学于曾国藩、倭仁、唐鉴等。是光绪帝师翁同龢的老师。
⑥ 池志澂：《陈蛰庐先生五十寿序》，《瓯风》1934年第10期。
⑦ 同上。

心经世"。①

　　1883年，陈虬于病中完成了他的《治平三议》，提出了宗法、封建、大一统三议，这是他最早的变法理论著述。此后，于1888年完成的《经世博议》与《救时要议》，又进一步丰富了他的变法思想，谓"欲图自强，自在变法"。尤为可贵的是，陈虬还提出了"设议院以通上下之情"的设议院主张。他是较早提出在中国设立议院制度的思想家。但又认为西方议院制在中国"猝难仿行"，只能"变通其法令"，将各省、州、县的书院或寺观归并改设为"议院"。②"县各设议院，大事集议而行"，"但陈利害，不取文理"。③

　　以后陈虬先后五次参加乡试，直至1889年，才勉强中了末名举人。④他此时已较为系统地提出了自己的社会改革方案，在印发的《乡试硃卷》中表明著有《治平通议》六卷。此后，他"以殿元屡赴会试不第。大挑，得拣选知县"，但未仕。⑤

　　1890年，陈虬赴京会试，经徐树铭推荐，归途中前往济南谒见山东巡抚张曜。针对山东实际，陈虬上书革新措施八条。谓："倘微言可录，立见措施，或节润入告，请旨饬下，各直省疆臣一例举行，使虬数十年伏案讲求之苦心，得于吾身亲见其盛，则感且不朽!"⑥这是陈虬试图将其社会改革思想付诸实践的第一次尝试。

---

　　① 陈虬：《上东抚张宫保书》，胡珠生辑《陈虬集》，浙江人民出版社1992年版，第330页。
　　② 一般认为，陈虬提出设议院思想最早是在《经世博议》《救时要议》及《东游条议》中，时间大致在1890年。其实，陈虬设议会思想在1883年《封建议》中已有所及，此后在1888年、1890年进一步发展充实，参见本书相关叙述。
　　③ 陈虬：《救时要议·治策》，胡珠生辑《陈虬集》，浙江人民出版社1992年版，第79页。
　　④ 1867年，17岁的陈虬参加院试，考中。此后分别于1870年、1873年、1876年、1879年、1889年五次参加乡试，但未中。直至1889年乡试方考中。
　　⑤ 陈谧：《陈蛰庐先生传》，《陈虬集》，第396页。1889年，陈虬乡试考中后，先后于1890年、1895年、1898年三次参加会试，皆未中。
　　⑥ 陈虬：《上东抚张宫保书》，胡珠生辑《陈虬集》，浙江人民出版社1992年版，第330页。

第一章　家世、生平、交游与著述　　21

　　1893年，陈虬的八卷本《治平通议》由瓯雅堂镌刻出版。该书出版后，立刻受到上层社会的重视，"先天下而开风气"，①"久为海内诸君子所佩服，启新学之先声，为富强之要旨"。②宋恕评价为"其博征经史，条理井然，冯氏《抗议》所勿逮也"，③并将之与自己的《高议》、④《六字课斋卑议》对比，认为二者虽"离合半，然同归仁民"。⑤从此，陈虬作为早期维新人士的代表而享誉海内。

　　甲午战争后，民族危机日趋严重，陈虬更加积极地投身维新变法运动。1895年，陈虬与陈黻宸等一起上京会试，全力参与"公车上书"活动，是中坚人物之一。1898年春，陈虬赴京会试，适逢康有为发动成立保国会，陈虬与浙籍人士章太炎、蔡元培等组织成立保国会分会——保浙会，疾呼变法自强，拟欲在浙江先行变法。陈虬在此期间的一系列活动，表明他曾站在戊戌变法的前列，为之做出了不可抹煞的贡献。如时人林旭所言："首戊戌志士，开辟风气，公其一人。"⑥戊戌政变后，陈虬因未直接参与变法，而没有被通缉。但因其卷入"彭姓考生案"，导致温州地方官盛怒，遂罗织"康党"罪

---

① 林涛挽陈虬联。胡珠生辑《陈虬集》，浙江人民出版社1992年版，第445页。
② 杨逢春录：《挽陈师联语录》，胡珠生辑《陈虬集》，浙江人民出版社1992年版，第436页。
③ 宋恕：《书陈蛰庐〈治平通议〉后》，见胡珠生辑《陈虬集》，浙江人民出版社1992年版，第409页。
④ 宋恕的《六字课斋津谈》，是其重要的遗著。早在1880年（戊子）宋恕就孕育过该书的某些核心思想而与"汉后议论大忤"。1892年，作者在《卑议·自叙》中表明这一核心思想就是申周学、孔问之旨，并称为《六字行斋谈录》。二年后在《又致杨晨书》中把这一思想概括为《高议》，而与《卑议》相对。见胡珠生辑《宋恕集》，中华书局1993年版，第47页。
⑤ 宋恕：《书陈蛰庐〈治平通议〉后》，胡珠生辑《陈虬集》，浙江人民出版社1992年版，第409页。
⑥ 林旭挽陈虬联。胡珠生辑《陈虬集》，浙江人民出版社1992年版，第436页。

名，予以通缉；加之与黄体芳等人的矛盾，被迫流亡，① 一度避往上海，"闷极愤极"。但他毫不灰心，转向"立言"，依然"讥评汉宋，拟议欧亚，拔剑起舞，对酒当歌"。直至1899年事件平息，才得以回归故里。

1885年，陈虬创建利济医院，是为我国近代第一所中医院。并于院内同时开设医学堂，培训医师。为开启民智，1897年，陈虬在温州利济医院内创办《利济学堂报》，宣传变法维新。此外，他还在《利济学堂报》及《经世报》上发表多篇政论，积极宣传救国自强。戊戌之变，陈虬所受打击严重，原先就亏损的《学堂报》和学堂此刻彻底亏空，医院债务加剧（负债八千元），学堂被迫关门。然而陈虬仍力图挽救，又于1901年发行"利济医院股份票"，郡院由他自己独办，并拓地重建。次年，温州霍乱流行，他不避艰危，日夜出诊，推广《白头翁验方》，民间对之一片赞誉。

为更迅捷有效地普及大众教育，谋求中国的富强文明。陈虬又创造新字瓯文，推行拼音化文字改革，以独创的字母标注温州方言的语音。1903年，在郡城利济医院开办新字瓯文学堂，陈虬亲自讲学，并撰《新字瓯文七音铎》和《瓯谚略》等作为教材。

光绪二十九年十一月二十四日（1904年1月1日），② 陈虬在报国无门、疾病交迫的情况下，心力衰竭，与世长辞，年仅53岁。学生杨逢春吊挽说："祖国有奇杰，钤韬比子房。蜷藏伤寂寞，豹隐感

---

① 《孙诒让论陈虬·致汪穰卿书》，胡珠生辑《陈虬集》，浙江人民出版社1992年版，第424—425页。关于陈虬戊戌政变后的流亡情况，多数论述语焉不详。汤志钧《戊戌变法人物传稿》认为："政变起，有令缉捕，先期潜至学生里居得免。"兹据孙诒让给汪康年及宋恕的书信，大致还原如下：政变发生时，陈虬早已归乡，因而不是康党，故未列入通缉之列。但因卷入温州科考彭姓考生案（因"彭""黄"谐音，该案亦称"黄姓考生案"），加之与黄体芳的矛盾，被地方官罗以康党罪名通缉，欲置之死地，陈虬不得已在温沪杭之间四处流亡。关于"彭姓考生案"的相关详细情况，可参见李世众《晚清士绅与政治——以温州为中心的考察》，上海人民出版社2006年版，第346—356页。

② 陈虬卒于光绪二十九年十一月二十四日，即1904年1月1日。

沧桑。才大遭时妒，医兴忧道亡。一朝悲愤死，瞻拜荐馨香。"①

## 第二节 交游与著述

### 一 交游

温州地处浙东南，瓯江穿城而过，又称东瓯，是浙东南地区的经济、文化中心，历代名人辈出。瑞安处于温州东南，素有"东南小邹鲁"之美誉。近代以来，"无论是对永嘉学术的继承还是对新学的追求，也无论是维新思想的传播还是维新的社会实践，瑞安都处在温州的中心地位"。② 鼎盛的文风，诸多的文人，构成了陈虬交游的社会基础。

陈虬平生喜交际，与当时诸多名人皆有友好来往，所接触的人物广泛而复杂，据《陈虬集》提供的线索，即有几十人之多。《管子·权修》："观其交游，则其贤不肖可察也。"对陈虬交游群体进行考察，既可对陈虬个人的思想性格有更深的了解，亦可更深入地研究这段时期的历史。

综观陈虬的交游对象，大致可以分为三类。

（一）以孙诒让为代表的瑞安地方大绅

孙衣言、孙诒让父子是享誉海内的儒学大师，在瑞安和温州地方文化及维新等各项事业建设中均做出了很大贡献。光绪五年（1879）六月，陈虬赴杭乡试，"枉道谒太仆（孙衣言）于金陵，喧嚏论文，左右色动"，③ 孙衣言（1814—1894）时任江宁布政使，"枉道"二字，恰恰反映了二者之间的良好关系。《温州旧闻》记载了陈虬与孙

---

① 杨逢春：《吊先师陈蛰庐孝廉》，胡珠生辑《陈虬集》，浙江人民出版社1992年版，第435页。

② 李世众：《晚清士绅与地方政治——以温州为中心的考察》，上海人民出版社2006年版，第302页。

③ 池志澂：《陈蛰庐先生五十寿序》，《瓯风》1934年第10期。

衣言交往的一个故事：

> 光绪十年（1884年），陈虬创办利济医院，请老翰林孙衣言为之题写"利济医院"匾额，孙氏却书"利济医舍"，并云："院字，若翰林院、都察院、理藩院等皆为中枢机构之名称，民间建筑未便擅用。且医院二字尤与太医院相抵触。"陈虬闻后笑道："甚已哉！子之迂也，悲田院、养济院亦为此院字，何解？"遂将"舍"字剪去，另请同县柳体薛遇宸书"院"字，刻石嵌于大门。院内同仁见之云："前三字笔势奔放锋利，后一字浑璞严肃，殊不相称，当清孙氏所写。"陈虬笑云："孙氏改余'院'字，吾亦可改其'舍'字，余留此三字，以警世人，不应将老翰林一切皆捧到泰山绝顶。"①

此一事，足可以见出孙衣言的传统与守旧，与陈虬的激进和敢于冲撞权威。陈虬的这一行事方式，在后来也不可避免地造成了与孙诒让等为代表的瑞安大绅，在争夺地方领导权时的矛盾与冲突。

孙诒让（1848—1908），字仲容，为孙衣言之子。同治六年（1867）举人，授刑部主事、学部咨议，曾任浙江教育会长，晚清国学大师。1877年，孙诒让刊布《征访温州遗书约》，陈虬以"永嘉之学"继承者自居，曾襄助孙诒让收集乡邦文献，"代访遗书多种"。光绪四年（1878）初，随父宦游的孙诒让曾在故里短暂居留，与陈虬的交往相当密切。孙诒让曾在复陈虬的信中说："里居三月……阁下宏辩，冠绝时贤。乃知孟公惊座，名固不虚也。……承示先哲遗书各种可相助搜辑，尤切铭橼。"② 同年秋冬间，孙诒让在给陈虬的信

---

① 《温州旧闻》杂志一八二《陈虬趣事》，http://blog.tianya.cn/blogger/post_show.asp?BlogID=443583&PostID=11602447。
② 孙诒让：《答陈子珊书二通·一》，张宪文《孙诒让遗文辑存》，浙江人民出版社，第52页。转引自李世众《晚清士绅与政治——以温州为中心的考察》，上海人民出版社2006年版，第334页。

中又说:"承示代访遗书多种,足征稽古盛意,敢佩何既!……所论吾乡学派大略,精当无匹。"①

孙诒让与俞樾、黄以周、高学治、谭献等人,是"19世纪最后三十年浙江地区最高学术水准"②的代表。同时,孙氏父子复兴浙江永嘉学风,积极引进西学,对开启近代温州经世学风、营造学习西学的氛围,具有不可低估的作用。陈虬等瑞安诸子维新思想的形成,也不同程度地得益于孙氏父子的倡导。"振兴永嘉之学是凝聚温州士绅思想和精神的黏合剂。"③在晚清困局中,以他们为主体的瑞安知识群体,在振兴永嘉之学的"黏合"下,共同推动了温州维新事业的发展。甚至有学者认为,"孙氏兄弟的周围有一批优秀的弟子,其中,陈虬、宋恕、陈黻宸以及孙诒让稍后都成为主要的人物"。④此外,陈虬幼弟陈叔和曾受教于孙锵鸣;陈虬与孙诒让从弟孙诒燕关系很好,但惜其早逝;陈虬与孙锵鸣之婿宋恕关系极为相好,孙诒让为宋恕伯岳父。无论从哪一方面来说,陈虬都与孙家有千丝万缕的联系。

同居乡里,因牵扯对瑞安地方领导权力的争夺,⑤加之陈虬"秉性戆直,遇事敢言,与世多忤",⑥"独不屑傍依门户",组织布衣党与瑞安大绅相对,故陈虬与他们之间的矛盾斗争难以避免。⑦戊戌政

---

① 孙诒让:《答陈子珊书二通·一》,张宪文:《孙诒让遗文辑存》,浙江人民出版社,第52页。转引自李世众《晚清士绅与政治——以温州为中心的考察》,上海人民出版社2006年版,第334页。
② 姜义华:《章炳麟评传》,南京大学出版社2002年版,第652页。
③ 李世众:《晚清士绅与地方政治——以温州为中心的考察》,上海人民出版社2006年版,第316页。
④ 彭明、程歗:《近代中国的思想历程》,中国人民大学出版社1999年版,第153页。
⑤ 李世众:《晚清士绅与地方政治——以温州为中心的考察》,上海人民出版社2006年版,第310—373页。
⑥ 陈虬:《上东抚张宫保书》,胡珠生辑《陈虬集》,浙江人民出版社1992年版,第330页。
⑦ 宋恕:《介石与仲容结怨缘由》:"仲容经学湛深,郡人莫不仰若山斗。独陈志三起,而以经济之说与之争雄,温州学子遂分二党,积不相能,日寻舌锋以相攻击,于是彼此寻丑诋,略似北宋之苏程。"见胡珠生辑《宋恕集》,中华书局1993年版,第594页。

变后，黄体芳借"黄姓考生案"打击陈虬，① 温州地方官也罗织"康党"罪名予以通缉，致使陈虬有家难归。关键时刻，孙诒让显示了大家风范，1899年1月6日，他在致汪康年的信中，提及陈虬现状，指出自己并未加以陷害，坦言此案实与陈虬无关。此后至1902年9月，宋恕因母亡出门谢吊之机，调和陈虬、陈黻宸与孙诒让之间长期存在的矛盾，二者之间的嫌隙最终得以缓解。

（二）与宋恕、池志澂、陈黻宸等同仁的交往

陈虬除亲创利济系列外，还积极参与了心兰书社、求志社的活动。许多心兰社员既是求志社员，也是利济学院师生。就求志社而言，许启畴逝世后，陈虬成为实际的领导者，并以布衣党头目自居。在他的周围，集合了不少志同道合者，以池志澂、陈黻宸、宋恕为著。

池志澂（1852—1937），字云珊，晚号卧庐，住瑞安城内虞池里，与陈虬是少小之交。六七岁时在堂叔家塾，与陈虬兄弟等皆"从城东胡先生蒙学"。② 池志澂曾这样形容他与陈虬的关系："以年则我兄，以德则我师，以交则总角，更患难肝胆相无负。"③ 1892年，池志澂"倜傥有奇气，慨然有四方之志，而托其家室"于陈虬。陈虬虽"无中人产"，遂集同人中与池君有连者，结同人集以顾其家室。池志澂深为感动，事后回忆说："志澂遂由杭而沪、而皖、而台南北，漂泊五六寒暑，还顾室庐，鞭长莫及，无啼饥号寒之慨者，皆先生之谊也！"④ 终其一生，池志澂都追随陈虬左右，他既是求志社员，又曾

---

① 按，黄体芳与陈虬结怨甚深。宋恕《介石与通政结怨缘由》中指出："通政素不学无文，其稍妥者借他人代笔。瑞安近年略涉书史者颇多，少年流莫不意轻之，或口出笑侮之言腾于广坐。通政疑此辈皆系志三、介石之门徒，因是憾志三、介石等刺骨，久思兴大狱以打尽之而未有机会……"见胡珠生辑《宋恕集》，中华书局1993年版，第594页。
② 池志澂：《陈蛰庐先生五十寿序》，《瓯风》1934年第10期。
③ 池志澂挽陈虬联。胡珠生辑《陈虬集》，浙江人民出版社1992年版，第437页。
④ 池志澂：《陈蛰庐先生五十寿序》，《瓯风》1934年第10期。

任利济医院监院，是陈虬各项事业最大程度的参与者，被陈虬称为"子最知我"。①

陈黻宸（1859—1917），字介石，幼名芝生，一名崇礼，晚年更名为苾，室号饮水斋。祖居瑞安北郊锦湖里，后迁居城内申明里，人称瑞安先生。陈黻宸虽出身寒苦，但持躬廉洁，而与人不吝千金。1903年陈黻宸中进士，授户部贵州司主事，历任杭州养正书院教习、上海《新世界学报》主编、浙江咨议局议长、世界宗教会会长、北京大学教授等职，著有《中国通史》《诸子通义》等。陈黻宸16岁交陈虬，18岁交宋恕，终身友好不渝。22岁与陈虬结求志社，虽未几社员纷纷易服，然黻宸终身布衣不改。陈虬创办利济医院学堂，曾"求资助于乡人，莫之应"，独陈黻宸"举其修脯所得，衣食外辄以付陈君，为建造学堂之费"。二人都堪称是当时最为志同道合的维新人士。布衣士绅的活动，在许拙学、陈虬去世后，陈黻宸成为继起的领导者。

宋恕（1862—1910），原名存礼，又名衡，字燕生，从一代儒师孙锵鸣、俞樾受业，为孙锵鸣之婿。宋恕也被誉为一代儒学大师，梁启超曾赞其曰："梨洲之后一天民。"光绪十四年（1888），宋恕因家难，② 携妻女由平阳迁居瑞安，从此开始了与陈虬十余年的交往。宋、陈二人相互尊重与谦敬：宋恕称陈虬为叔，自称侄；陈虬虽长恕十余岁，仍称宋恕为仁兄，自称小弟，推崇备至。宋恕曾回忆他与陈虬的交往："戊子、己丑始获密接，纵谈政教每连宵昼，然恕自信甚，不合即面折，声色俱厉，生生不罪，反益扬许。嗟乎！昔由喜告过，赐谢知十，杏坛之风，庶存蛰庐欤！"③ 于此，可见二人之亲密无间。

---

① 池志澂：《陈蛰庐先生五十寿序》，《瓯风》1934年第10期。
② 1888年，宋恕父逝，家境益发贫困，"亡父未葬，慈母在堂，弱弟幼妹，婚嫁方来"，求官无路，告贷无门。祸不单行，恶棍存法利用母亲懦弱，迅即把全家田契、借券、金银财物等据为己有，并依仗拳术拘囚宋恕十七昼夜。在亲戚干预下，方逃出牢笼，携妻女迁居瑞安。
③ 宋恕：《书陈蛰庐〈治平通议〉后》，胡珠生辑《宋恕集》，中华书局1993年版，第239页。

光绪十五年（1889）冬，陈虬拟明春入京会试，宋恕做长诗《燕都篇》为之送行，盛赞陈虬"怀中别有管乐术、腕下更富马班词。东瓯布衣足豪俊，先生方略尤殊胜。旁征仙释获圆通，余事方技疗疾病。十年隐晦卧蛰庐，一日声名若雷震。"并祝愿陈虬功成名就："祝君柄国经中原：斟酌古今采欧美，更改制度活黎元。"① 光绪十七年十月初九日（1891年11月30日），宋恕将有赴俄德四国之行，陈虬作诗勉之："平生别有筹边术，好听声名冠裨瀛。"② 光绪二十一年（1895）二月中旬，陈虬赴京会试，途经上海，晤访宋恕，以《治平通议》刊本赠之。宋恕认为与其《六斋卑议》等"同归仁民，其博征经史，条理井然，冯氏《抗议》所未逮也"。③ 并特致信天津水师学堂会办王修植予以介绍。1902年9月，宋恕因母亡寓居瑞安，他利用与孙诒让、陈虬等的特殊关系，在出门谢孝之机，数度出门，调和二者之间的矛盾，最终使之得以缓解。陈虬也因此而与宋恕、陈黻宸等列会瑞安演说会，号称"东瓯三杰"。④

---

① 宋恕：《燕都篇——赠陈志三孝廉虬入都》，胡珠生辑《陈虬集》，浙江人民出版社1992年版，第415—416页。

② 陈虬：《宋君燕生将有俄、德之行，以许星使奏充四国随员，口占送别》，胡珠生辑《陈虬集》，浙江人民出版社1992年版，第383页。宋恕自幼多病。1891年年初，宋恕就因病居瑞安，后于十月二十五日开始准备行装出使，十一月初八赴温，十五抵沪，然忽于二十日清早接许景澄九月二十九日批文："素闻该生文学淹雅，有志洋务，前经患病，未能随同出洋，业经给假两月以示体恤，迄今半年有余。复据禀请续假数月，未有确期，深为怅望！调洋员缺，各有职掌，理难久旷；惟重洋跋涉，既据称久病之后精神未复，自难勉强；除由本大臣另行遴员充补外，该生即免其出洋，从容调养可也。"至此，宋恕随员出洋之事彻底绝望。见胡珠生辑《宋恕集》，中华书局1993年版，第1097页。

③ 宋恕：《书陈蛰庐〈治平通议〉后》，胡珠生辑《宋恕集》，中华书局1993年版，第239页。

④ 瑞安演说会，创办于1902年，孙诒让任会长，每月朔望开常会，内容分"议论之部"和"述告之部"。"议论之部"包括："一、德义；二、科学知识；三、县政兴革；四、农工商实业。""述告之部"包括："一、中外历史；二、中外时事；三、地方新闻；四、通俗小说。"见李世众《晚清士绅与政治——以温州为中心的考察》，上海人民出版社2006年版，第327页。

(三) 与张曜、康有为等人的交往

张曜（1832—1891），字亮臣，号郎斋，祖籍浙江上虞，至其祖父时始寄籍直隶大兴。幼年失学，识字不多，却精于战阵。早岁因在河南固始镇压捻军而起家，后拜夫人等为师，发愤向学。历任固始知县、河南布政使、广西巡抚及山东巡抚等。光绪十七年（1891）卒于山东治河任上。

光绪十六年（1890），陈虬经礼部左侍郎徐树铭推荐，会试归途中路出济南，会谒山东巡抚张曜，与之"纵谈经世略"。① 又于济南巡抚幕府结识治河专家陈继本，自谓"出其幕府诸君上下议论，使虬得以恢广其见闻，激发其志气，幸甚"。② 陈虬向张曜献《东游条议》，第一条即为"创设议院以通下情"，试图把变法理论和山东实际结合起来。张曜忙于治河，虽未纳其建议，但仍予重用，"慰留之者甚至，订重来约"，并聘修《山东通志》。③

陈虬在济南月余，张曜待之甚优，"勤勤恳恳，仪文备至，如父兄师长之慰勉其子弟"，闻陈虬所著《治平通议》尚未刊行，表示愿为其付梓，"将来当代付剞氏"。④ 临行，发传牌，令沿途营房一体派拨兵勇护送。并曾于夏至日后不久，派护兵喝道拥陈虬坐轿登泰山，陈虬为之赋《泰岱吟》二十四首。

陈虬誉张曜为"当代伟人"，很想出仕成为张曜的幕僚，"如虬材尚可造，当归而炼其筋骨，养其知慧，徐以增益其所不能，期为吾公供他日驰驱之用"，"此来并无所求，诚欲得公一言决终身行止以

---

① 陈虬：《〈东游条议〉序》，胡珠生辑《陈虬集》，浙江人民出版社1992年版，第207页。又，汤震曾于光绪十二年（1886）入张曜幕，笔者推测，陈虬赴济南张曜处，也有可能受汤寿潜之影响。

② 陈虬：《上东抚张宫保书》，胡珠生辑《陈虬集》，浙江人民出版社1992年版，第329页。

③ 同上。

④ 同上。

去耳，吾公其许之否？"①

陈虬离开济南后不久，归至上海，忽闻伯兄星舫逝世之讯；九月间，母亲邱太夫人又病亡，陈虬不得已在家守制，复出济南之行被迫延缓。越明年，即光绪十七年（1891），张曜又猝逝于治河工地，"及服阕，张公已前卒，先生自是终不能复出"。②是年年底，陈虬在致宋恕的诗中说："虬曩著《治平通议》八卷，颇欲出为当道借箸，近已知难而退，甘为东山小草。"③光绪十八年（1892），又叹曰："遭家多难，学植荒落，恐不复堪为世用，有辜吾公相知之雅"，痛呼"岂虬不足与于斯道之数耶？"④失落之情，溢于言表。

康有为（1858—1927），字广厦，号长素，又号更生，广东南海人，甲午战争败后曾发动公车上书，戊戌变法时曾应诏上书，统筹全局以定国是。政变后逃亡国外组建保皇会，著有《孔子改制考》《新学伪经考》等。近代著名学者孙宝瑄曾对之进行过辩证评价，认为康有为对转移当时社会风气，启发民智等，厥功甚伟。"长素非立言之人，乃立功之人。自中日战后，能转移天下之人心风俗者，赖有长素焉……长素考古虽疏，然有大功于世，未可厚非也。"⑤宋恕曾就康有为功过与孙宝瑄辩论，亦持此论。

陈虬曾作为领导戊戌变法的康有为的伙伴，对康产生过不容忽视的影响。"陈虬是从今文经学起家的，同根的今文经学变法理论渊源，让陈虬与康有为彼此相吸、志同道合。"⑥光绪二十一年（1895），康

---

① 陈虬：《〈东游条议〉序》，胡珠生辑《陈虬集》，浙江人民出版社1992年版，第207页。
② 陈谧：《陈蛰庐先生传》，胡珠生辑《陈虬集》，浙江人民出版社1992年版，第397页。
③ 陈虬：《宋君燕生将有俄、德之行，以许星使奏充四国随员也，口占送别》，胡珠生辑《陈虬集》，浙江人民出版社1992年版，第383页。
④ 陈虬：《〈东游条议〉序》，胡珠生辑《陈虬集》，浙江人民出版社1992年版，第207页。
⑤ 孙宝瑄：《孙宝瑄日记》，上海古籍出版社1983年版，第220页。
⑥ 刘练军：《评价与反思：晚清温州维新知识群体》，《二十一世纪》网络版，2003年8月号，总第17期。

第一章　家世、生平、交游与著述　❖　31

有为四次上书，不得要领，第五次公车联名上书，有些文书便是由陈虬执笔拟就的；而此时梁启超作为康有为最为倚重的门徒，却因口吃而谈锋不及；又因陈虬早就形成了他的变法思想，加之与康有为的良好关系，故京畿之集会演讲，常由陈虬往而应对。① 康梁等组织强学会，陈虬也参与其中。光绪二十四年（1898）春，陈虬与陈黻宸、章献猷等赴京会试。4月17日，陈虬与康有为发动都下衙门京官及各省参加会试的举人二三百人集中在粤东会馆创立了保国会，② 陈虬等浙籍人士19人列名其中，并为之拟草稿、订章程。③ 众多资料显示："陈、康此时互动频繁，康在京的变法呐喊活动，还颇依重于陈。"④ 维新高潮到来之时，陈虬也积极地参与、筹划，充分发挥自己的影响力，对戊戌维新的深入开展做出了自己应有的贡献。⑤

同时期的维新人士中，陈虬与罗振玉、蒋斧共同创办上海务农会，与章炳麟、汤震等分别担任杭州《经世报》撰述人，与沈葆桢、⑥ 陈鼎、汪康年、刘绍宽、孙宝瑄、钟天纬、徐珂、蔡元培、王修植等维新名士也多有交往，并曾救助过蔡元培。这些人或办报，或

---

①　陈虬弟子杨逢春在《忆先师陈虬》中说："京里有集会演说，康就叫我先生讲。"见刘练军《评价与反思：晚清温州维新知识群体》，《二十一世纪》网络版，2003年8月号，总第17期。

②　池志澂《陈蛰庐先生五十寿序》："先生以公举赴都，与海内志士上书首倡保国。"见《瓯风》1934年第10期。又，《近代中国史稿》（人民出版社1976年版）第352页，也认为"陈虬1898年参加康有为组织的保国会"。

③　刘久安《陈蛰庐先生行述》："康有为、梁启超等议开强国会，要先生属草稿上书，定章程，二公皆自为勿及。"见胡珠生辑《陈虬集》，浙江人民出版社1992年版，第394页。

④　刘练军：《评价与反思：晚清温州维新知识群体》，《二十一世纪》网络版，2003年8月号，总第17期。

⑤　一生多与陈虬龃龉的孙诒让的评价，或许最能从反面说明陈虬对康有为的影响。孙诒让在1899年1月致汪康年的信中甚至认为康有为是受到陈虬的哄骗才导致变法失败的："其所论绝浅陋，而南海不免为所织，宜其败也。"见胡珠生辑《陈虬集》，浙江人民出版社1992年版，第425页；或《汪康年师友书札》（二），上海古籍出版社1986年版，第1476页。

⑥　陈虬与沈葆桢（谥文肃公）的交往可参见《上东抚张宫保书》。陈虬谓："己卯（1879）客游金陵，以文字受知于沈文肃公，颇蒙奖借。旋以试事回浙，而文肃遂有骑箕之命，身世遇之间，有足慨者！"胡珠生辑《陈虬集》，浙江人民出版社1992年版，第330页。

组织学会，皆倡言变法。

其他，仕宦温瑞的官员，如温处道宗源瀚（湘文），在甲午战争爆发后，曾招陈虬筹划东瓯团防，又为其医院学堂捐助200元等；温州镇总兵刘祥胜，对陈虬的医学活动的开展也起过重要的作用。

## 二 著述

陈虬一生著述颇丰，于政治、经济、文化、教育、军事、外交、医学等领域均有广泛涉猎，在维新思想、中医医术方面都有不少传世之作，可惜遗稿散佚殆尽。1992年胡珠生辑《陈虬集》，录入陈虬的部分著述，分述如下。

（一）集中反映陈虬维新思想的《治平通议》

《治平通议》在中国思想史上的地位较高，"是早期改良主义思想的著作"，[①]"熔铸古今，贯穿中外，开中国变法之先河，其最著者也"。[②] 它是为《治平三议》《经世博议》《救时要议》《东游条议》《蜇庐文略》的合编本，完成于1883—1893年，[③] 集中体现了陈虬的维新思想，"包含着相当丰富的民权思想"。[④] 它的完成，标志着陈虬"变法思想之蜕变"，"其内容涉及甚广，虽若干方面仍不脱传统经世

---

[①] 蔡尚思：《中国文化史要论》，湖南人民出版社1979年版，第52页。

[②] 刘久安：《陈蜇庐先生行述》，胡珠生辑《陈虬集》，浙江人民出版社1992年版，第395页。

[③] 《治平三议》完成于1883年，其序作于1884年。六卷本《治平通议》至迟完成于1888年。1888年，陈虬在《书〈校邠庐抗议〉后》中说："（《校邠庐抗议》）议凡四十九条，与拙著《治平通议》颇多异同，然各有宗旨，并存可也。"1889年9月，陈虬考取举人，在印发的《乡试硃卷》中标明著有《治平通议》六卷，即《治平三议》一卷、《经世博议》四卷和《救世要议》一卷。《东游条议》（《上东抚张宫保书》）一卷完成于1890年6月赴京会试后。1893年12月，《治平通议》八卷本由瓯雅堂出版，除包括以上七卷外，增加《蜇庐文略》一卷。后《治平通议》八卷本与《报国录》，合称《蜇庐丛书》。笔者认为，《经世博议》在最初完成至出版前有改动，因《治河》篇加入了张曜、陈继本的建议，而陈张相见是在1890年，陈虬离开济南时，曾向张曜索要"东三省及新疆、黄河等图为外间所未有者"，见胡珠生辑《陈虬集》，浙江人民出版社1992年版，第331页。

[④] 熊月之：《中国近代民主思想史》，上海社会科学院出版社2002年版，第212页。

文之形式,而内容主旨,已大为改变",主要体现在"论西学"与"论议会政治"上。①

《治平三议》完成于光绪九年(1883),是陈虬的第一部关于社会改革的专著,主要是与变法相关的理论。其政治主张带有浓厚的封建宗法意识,从中可以管窥其处于萌芽状态的维新思想。日人竹内弘行评价该著:"内容彪大,企图藉由宗法制来安定地方,藉由封建制来重新建构国家,并树立世界统一的政府,实现地球的真正和平。可以说是中国近现代史上出现的'大同思想'之先导理念和文献。"②

《经世博议》是陈虬维新思想的奠基之作,着重从历史上、理论上论证变法维新的合理性和可行性,内容涉及政治、文化和经济。在政治上,陈虬主张从改革官制入手,"县各设议院,大事集议而行";文化上,从改革科举入手,主张"今所习非所用,宜一切罢去",改设"艺学科""西学科""国学科""史学科""古学科"五科;经济上,主张裕财用、兴制造、奖工商、讲懋迁、开新埠和抚华商。军事上,主张变营务、设经略、制兵船、改炮台、编渔团。另有"保民""治河""筹海""筹边"诸篇,是一份较为完整的改革方案。其中的都察院"设议员三十六人",地方各县"设议院",是我国近代较早提出设议院的政治改革主张之一。其他诸如明律师、设公司、开新埠、通贸易及招华商等变法主张,使陈虬的维新思想具有鲜明的近代资产阶级改良主义色彩。

《救时要议》是陈虬继《经世博议》后提出的紧密结合实际的变法维新的基本纲领,多有《博议》未曾提及或未及阐发之处,二者均最迟成书于光绪十四年(1888)。陈虬分中国四千年历史为封建、

---

① 王尔敏:《十九世纪中国士大夫对中西关系之理解及衍生之新观念》,见王尔敏《中国近代思想史论》,社会科学文献出版社2003年版,第26页。
② [日]竹内弘行:《陈虬〈治平三议〉考》,台北《清华学报》第36卷第2期,2006年12月。

郡县、通商三种时代,指出当下正处在商通时代,他从时代的紧迫性出发,"为中原力策富强",提出变革的具体内容,包括富策十四、强策十六、治策十六,富以"立国",强以"御夷",治人以致富强。[①]

光绪十六年(1890),陈虬赴京会试,归途中前往济南谒见山东巡抚张曜。针对山东的具体情况,提出《东游条议》八条(《上东抚张宫保书》),曰:"创设议院以通下情,大开宾馆以收人材,严课州县以责成效,分任佐杂以策末秩,酌提羡银以济同官,广置幕宾以挽积弊,钤束贱役以安商贾,变通交钞以齐风俗。"他将"创设议院"摆在首位,表明其变法维新思想已臻于成熟。陈虬希望张曜采纳其建议,并藉之全国推广,"倘微言可录,立见措施,或节润入告,请旨饬下,各直省疆臣一例举行"。[②]

《蛰庐文略》收入陈虬光绪二年(1876)至光绪十九年(1893)的诸多时论,计十五篇,是窥视陈虬地方维新建设等思想的重要资料。包括最早写于光绪二年(1876)的《史法章》,置于首篇的反映其行善原则的《善举尽可计利以图扩充说》(光绪十年,1884);余为《瑞安广浚北湖条议》(光绪七年,1881)、《均子篇》(光绪九年,1883)、《医院议》(光绪十年,1884)、《女婴堂议》(光绪十年,1884)、《书〈校邠庐抗议〉后》(光绪十四年,1888)、《温州出口土产宜设公司议》(光绪十五年,1889)、《乐清东西二乡宜急设保甲局议》(光绪十五年,1889)、《斗山陈氏睦族四议》(光绪十六年,1890)、《记同人集事》(光绪十八年,1892)、《求志社记》(光绪十八年,1892)、《书〈颜氏学记〉后》(光绪十九年,1893)、《拟广心兰书院藏书引》(光绪十九年,1893)、《温郡捐变文成会议》(光绪十九年,1893)等。

---

① 陈虬:《救时要议·议目》,胡珠生辑《陈虬集》,浙江人民出版社1992年版,第71页。
② 陈虬:《上东抚张宫保书》,胡珠生辑《陈虬集》,浙江人民出版社1992年版,第330页。

光绪十九年底（1893年12月），《治平通议》八卷本由瓯雅堂镌刻出版，它所集中反映的陈虬早期维新思想，迅即受到社会的重视。宋恕评价为："文章雄深雅健，多不刊之论，真天下奇才。"①刘久安誉之："《治平通议》熔铸今古，贯穿中外，开中国变法之先河，其最著者也。"②湖广总督张之洞十分赞赏："见陈氏《通议》而大悦，渴欲接谈，屡向幕员询踪。"③谭献也对之予以高度赞扬，谓："蛰庐匡时之论，凿凿可见施行。团政可推乡邦及天下，委曲立法，先治本原，改官制，设留都，皆与鄙人夙论不谋而合。……安得风尘相见作竟日谈？去非求是，以待大人君子见诸行事。深切著明，必有宏验。"④陈忠倚将之收入《皇朝经世文编》，梁启超将之刊入《西学书目表》。在公车上书前，《治平通议》与其他介绍西学的著述，曾在京城广泛流传。该书还被公认为是反映戊戌变法的重要史料，被选录到中国史学会主编的《中国近代史资料丛刊·戊戌变法》中。

（二）在《利济学堂报》和《经世报》等报上发表的文章

自1896年始，陈虬除亲自创办《利济学堂报》外，还在《时务报》《知新报》《经世报》《务农报》⑤等报刊上发表了一系列很有思想见地的文章，直言变法维新，以在《经世报》上发表的最具代表性。

---

① 胡珠生辑：《宋恕集》，中华书局1993年版，第1097页。
② 刘久安：《陈蛰庐先生行述》，胡珠生辑《陈虬集》，浙江人民出版社1992年版，第395页。
③ 宋恕：《致陈志三书》，胡珠生辑《陈虬集》，浙江人民出版社1992年版，第391页。
④ 谭献著，范旭仑、牟晓明整理：《谭献日记·复堂日记续录》，中华书局2013年版，第329—330页。
⑤ 《时务报》于1896年8月创刊于上海，汪康年任总理，康有为任主笔，是维新运动时期影响最大、销路最广的报纸，对维新运动的高涨和"诏定国是"的实现起了很大作用。《知新报》于1898年2月创刊于澳门，何廷光、康广仁任总理，陈虬曾担任主笔，宣传变法方针，主要强调废科举、兴学校、育人才、重科学，为维新派在华南地区的重要刊物。1898年6月，陈虬在《知新报》第55册上发表《呈请总署代奏折稿》一文，主张先行在浙江试行维新变革。1897年5月，罗振玉等在上海创设农学会（务农会），创《农学报》，这是我国最早的农学刊物，陈虬是其会员。1897年6月陈虬在《务农报》上发表《务农会试办章程拟稿》。

《经世报》于 1897 年 8 月 2 日在杭州创刊,是杭州近代第一份综合性新闻报纸,以记述国内外大事与介绍新学术、新知识为主要内容,由章太炎、宋恕、陈虬等任撰述。陈虬在上面发表多篇文章,如《经世报序》《论报馆足翊政教》(第一册)、《论尊孔教以一学术》(第二册)、《经世宜开讲堂说》(第四册)、《迁都——救时十二策之一》(第五册)、《分镇(上、中、下)——救时十二策之一》(第六、八、九册)、《论西国既设弭兵、太平二会,宜急先削去公法中之默许法而专力行性法》(第七册)、《言权》(第十二册)、《治国之强弱系于民心,民心之向背系于州县,宜以州县得民为强国之本》(第十三册)、《书六兵部译编〈英法政概〉后》(第十五册)、《论外交得失》(第十六册)等。汤志钧认为,这些政论文章"是研究中国近代思想史的主要篇章"。①

(三) 医著及其他

医学方面,陈虬著有《利济医药讲义》八册、《元经宝要》二卷、《瘟疫霍乱答问》一卷、《利济本草》六卷、《利济选方》四卷、《利济验方》三卷、《利济新方》二卷、《利济医统》六卷、《医雅》四卷、《医绎》四卷(已逸)等多种。

其中《利济丛书》包括《元经宝要》《利济教经》《教经问答》《卫生经》《算纬说综》《蛰庐诊录》《瓯文音汇》《新字瓯文七音铎》等,彼此缺乏统一的序列,有些还属于弟子的作品。

陈虬的《小学六书》(二十四卷)、《肘后辑要》七种等至今未见。发表于《经世报》第三册、第九册的《拟务农会章程》,也至今未能找到。

此外,陈虬的著述还包括部分诗文信札,从中也可窥见其维新思想的发展,特别是在戊戌变法前后的思想状况。

---

① 汤志钧:《戊戌变法史》,上海社会科学院出版社 2003 年版,第 330 页。

# 第二章　宗法治天下、关注地方建设与强固国防

19世纪以来，晚清进入衰世，社会积弊层出不穷。"由于集权政治的腐败，社会日益处于一盘散沙的状态，由古代宗族和乡官所担负的地方教育、治安、社会救济、道德教化等职能，均已废弛或形同具文，社会动荡不安，百姓生活困苦不堪。"[①] 清王朝对内忧外患却无能为力，不少有识之士，开始从不同的立场，提出各自的改革主张。

陈虬生逢中国社会由传统向近代转化的进程中，他所接受的教育及所生活的环境都有赖于中国的传统。因此，他所追求的治世方法及目的，与同时代的许多人一样，既有旧时代的明显印记，又有新时代的鲜明特色。[②]

19世纪80年代，刚刚登上社会舞台的陈虬，开始阐发他的一系列政治主张，主要体现在《治平通议》中，内中既有对社会秩序的

---

[①] 周文宣：《陈虬和利济医学堂》，浙江大学出版社2011年版，第98页。
[②] 如王军伟的博士学位论文《梁章钜：在传统与现代之间》，努力"展示嘉道时期一代知识分子在转型期所特有的精神面貌"，认为梁章钜是"一个处于近代与传统之间的知识分子兼官吏的典型代表"，"其思想处于新旧之间"，"打上这段即将转变的社会所特有的鲜明的时代烙印"（《引言》）。［美］柯文的《在传统与现代性之间：王韬与晚清改革》（雷颐、罗检秋译，江苏人民出版社2003年版）在《序言》部分也说"王韬是位杰出的历史人物，作为19世纪后几十年的改革推动者，以及作为两种文明间的调停者，他都占有极其重要的地位"。这些论文皆认为中国社会在传统向现代转化的进程中，此间的知识分子也不可避免的具有传统向现代过渡的双重特性。

设计，又有对地方建设的关注，还有对国防军事的规划等。

## 第一节 宗法治天下

光绪八年（1882）春，陈虬幼弟陈叔和病亡，而其兄弟五人中"尤以幼弟叔和为翘楚，器宇轩藉，开敏迈诸兄，群冀倚成以事业"。① 陈虬非常悲痛，"时悲不欲生，顾影孑孑，嗒然若丧其躯。岁暮遂病，病几死，呻吟卧床簀者二百余日。药鼎茶铛，昕夕相对"。② 他夜不能寐，想到"自维先世隐德勿曜，幸有子能读书矣，而皆未见用，不克大陈氏间，恐一旦溘先朝露，蘙然与草木同腐，长此寂寂，何以慰先灵于地下！"③ 于是在次年（1883）秋，陈虬病中口授，四弟国琳执笔，著成三议——《宗法议》《封建议》《大一统议》。不久，陈虬病愈，"竟不能再加笔削"，遂"爰补《十科表》于后"，是为《治平三议》。

《治平三议》主要阐述陈虬的变法理论，可以说是"陈虬变法论的原型"。④ 陈虬认为社会动乱的重要原因就在于宗法制度的衰落，因此他试图通过宗族的血缘关系来缓和社会矛盾，在其中勾勒了最初的理想世界：采用层层递进的等级制形式，通过宗法制构建乡村宗族政权以安定地方，通过封建制的地方政权来重新建构国家，并建立世界统一的政府，实现地球的真正和平。⑤ 陈虬认为此书"虽恢张纲目，于今未必尽可通，然大抵驰元皇极，牒阐圣功"，"洞然于民物

---

① 陈虬：《〈治平三议〉序》，胡珠生辑《陈虬集》，浙江人民出版社1992年版，第1页。

② 同上。

③ 同上。

④ ［日］竹内弘行：《陈虬〈治平三议〉考》，台北《清华学报》第36卷第2期，2006年12月。

⑤ 同上。

登耗，人材否泰之故，会群经，刮诸子，损益中西，合为治术，岳立儒先间，要亦一家之学，有足多者"；故"录而存之"，并期待能付诸实施，"终得闻乎内圣外王之旨"。①

## 一 以宗法制构建地方政权

家庭是社会的基本细胞，中国古代社会，是一个宗法家族性很强的社会。"天下之本在国，国之本在家。"② 《宗法议》以孔孟之旨——"欲治天下者亦务其亲者、近者而已"③——为依据，主张治天下——实现王道——的最小单位是散布于诸乡村的"家"，这是陈虬立论的出发点。由姓氏相同的各家庭组成的宗族是构成地方统治的基础。陈虬希望通过对构成中国古代社会行政最末端的宗族的巩固，通过完善宗法制度，可以使家庭宗族稳定，可以加强地方管理，以实现地方秩序安定的目的。

（一）行宗法以求社会最底层之安定

宗法制度，在中国历时已久。"在中国传统的宗法意识里，宗与族是两个不同的概念。族指全体有血统关系的人，并无主从之别；宗则指在亲族中奉一人以为主。……宗有根本、主旨之意。由宗族长老，直接引申为政权统治者。"④ 所谓宗法，即是以血缘关系为纽带，调整家族内部关系，维护家长族长的统治地位和世袭特权的一种行为规范。宗法，是一种宗族之法，也称族规。陈虬宗法之议的核心思想，是由家族孝睦实现地方社会秩序的安定，进而以求世道之治。

---

① 陈虬：《〈治平三议〉序》，胡珠生辑《陈虬集》，浙江人民出版社1992年版，第1页。
② 陈虬：《宗法议》，孔子也有言："吾观于乡而知王道之易易也。"见胡珠生辑《陈虬集》，浙江人民出版社1992年版，第2页。
③ 陈虬：《宗法议》，胡珠生辑《陈虬集》，浙江人民出版社1992年版，第2页。
④ 冯天瑜、何晓明、周积明：《中华文化史》，上海人民出版社2005年版，第152—153页。

陈虬认为，人人皆有敬祖之心，"人无贤不肖，临之以宗祖，鲜勿格者，动之以天也"。① 仁为天地之根，世事归于"仁"，归于宗族间之仁爱之心。"秉德乾元，胥仁为之根也。仁也者，纵之亘六合，约之存一心，弥纶天地，不以中外古今殊，放之皆准，亦在达之而已。"② 因此，陈虬指出，从孝睦之宗族行宗法之议，不是一家一世的事，而是可以实现天下大治的目标。他说："管摄天下之人心同归孝睦，以驯致乎时雍，斯道得也！"又说："世变既亟，万物将复返其始。宗法之行，庸或有冀！有同我者，敬宗收族，其亦将有取焉！或非仅一家一世事也！"③ 同样，对于社会的动乱，陈虬也认为其源来自个别的家庭。"仁而无法"，一旦有些家庭成员违背"父慈子孝兄友弟悌"之儒家伦理，则会"子弟而狎犯其上，斯乱成矣"，如此，就会从社会的最底层产生了动乱。

因此，要实现从社会的最底层消除动乱，最好的方法就是行宗法，"欲善其道则莫如宗法"。④ 陈虬所谓的"宗法"，简言之，就是宗族间应该遵守的规矩。具体而言，举凡日常生活的仪式，如"冠婚葬祭继嗣之法"，包括"三出两去"之离婚规定，甚至是由重刑和轻刑各五项组成的刑罚规定等，均应遵守此宗法。故其极为重视法的作用，指出"宜大申禁令：一持以法"，只要充分贯彻实行宗法，天下就可以实现大治。

（二）宗族之法在严

陈虬指出，宗族之法在严，一定要以"严刑赏罚"来维系宗族内部的安定。"刑赏，法四时也，贵得其平，而处宽文积弱之时则又当

---

① 陈虬：《〈陈氏谱略〉序》，胡珠生辑《陈虬集》，浙江人民出版社1992年版，第196页。
② 同上。
③ 同上书，第197页。
④ 陈虬：《宗法议》，胡珠生辑《陈虬集》，浙江人民出版社1992年版，第2页。

之以猛。"① 推而广之，治世之法也务必要严。

他在《治法在严刑赏议》中说，"法者治之具"，"道何在？在法"，"天之刑德，以严赏罚而已"，春秋战国时期秦国能称霸天下，齐国能大治，"皆以能行其法也"。严刑赏罚之法，能使"人有所慑，而吾乃可高枕而卧"。借此而实现天下大治，"王者一喜天下喜，一怒而天下秋，亦法天之刑德，严赏罚而已，其为治也几矣！"陈虬认为，"赏罚者，驭世之大权，国势之盛衰系焉"，法者，无处不在。"国不必其强弱，法存则张。人不必其贤否，法行则理。"② 他甚至主张恢复秦汉之前残酷的屈辱刑和肉刑。如对于婚丧之制，"未冠者不得议婚，违者髡其首，没入为奴"；③ "如男女无行，年三十，无与为婚者，男没入为奴，女没入为妾"；"葬以三月为限。违者，宗子则以族葬之法行之。柩不得露宿于外，未葬者不得相嫁娶，犯者科以不孝之刑"。④

又设轻刑五：曰朴以治罢软，曰鞭以治顽梗，曰笞以治斗殴，曰枷以治殴伤，曰黥以治伤人成废者。设重刑五：曰矐以止博，曰宫以止奸，曰刖以止盗，曰经，曰杀。⑤ 而所谓"矐"者，即使之失明，用以"止博与吸烟"；黥之法："初即刺背，再刺臂，三刺面，刺面而再犯者经。殴尊长者，初即刺臂，视平人加一等。不孝者初即刺面，再犯则杀而枭其首以徇。"⑥

(三) 以宗子、宗正为核心的宗法机构

陈虬还设计了以宗子、宗正为核心的施行宗法的机构。一乡之中，

---

① 陈虬：《报国录》，胡珠生辑《陈虬集》，浙江人民出版社1992年版，第118页。
② 陈虬：《治法在严刑赏议》，胡珠生辑《陈虬集》，浙江人民出版社1992年版，第67页。
③ 陈虬：《宗法议》，胡珠生辑《陈虬集》，浙江人民出版社1992年版，第2页。
④ 同上书，第3页。
⑤ 同上书，第2—3页。
⑥ 同上书，第4页。

各姓推年长者一人为"宗子",代表该族;"由阖族公举"有德者一人,为"宗正",执行乡治的实务性工作。皆由朝廷正式任命,是纳入国家政权体系的与各司等齐的第六等官员。分别颁发"某乡某氏宗子之印""某乡某氏宗正之印",以之对各宗族实施宗法之治。其下,置宗史一人、宗卒二人以辅助之,皆为制俸。朝廷一旦有事,即通知"宗子",再由"宗子"传达到各家,如此贯彻一元的行政统治。

也就是说,宗子与宗正担当的是国家行政司法的最基层执行者。具体为:在该族的祠庙前执行"听讼狱"之司法职务,于庙内开展针对"鳏寡孤独之无后者"的福利抚恤事业。

"建国君民,教学为先。"① 宗法制下,仍在相当程度上对教育予以重视。"宗设小学、女学各一","师则命自朝廷",施行平民教育。而宗族内的田地、赋税及族内的人丁数目,也由宗史、宗卒加以管理。他在《斗山陈氏睦族四议》(1890)中,又曾将宗族活动概括为"建祠、置仓、族葬、宗祀"四项,其义学又分"村学"与"蒙学"二等,"村学则仅取日用诸书,留心解说,三年之后,尽可应酬";"蒙学则择取聪颖子弟,望其大成,每年酌提公款,添置书籍"。② 这样,既注重普及大众教育,又照顾到精英教育。其设义仓之法,"春放秋还,加息二成,收放一皆以谷";其幻想实现的最终目标,不外是"三十年后,天下无贫民矣"。③

由维系最基层的家族集合体的乡村的安定,进而推演至整个国家的安定,这当是陈虬"宗法议"主线之所在。

(四)"均子"以维续宗法

"治平有基,齐家为首。"④ "传宗接代"观念也是陈虬宗法思想

---

① 《礼记·学记》。
② 陈虬:《斗山陈氏睦族四议》,胡珠生辑《陈虬集》,浙江人民出版社1992年版,第198页。
③ 同上书,第199页。
④ 陈虬:《均子篇》,胡珠生辑《陈虬集》,浙江人民出版社1992年版,第174页。

的一个重要内容。陈虬认为家庭内部无子，也是造成家族内不稳定的一个根源。为此，他反对"大宗不可绝，小宗可绝"之周礼之义，主张实行"均子"。他说："今变通其制：唯同父之子始得相继，继不异祖。所以睦兄弟也。大宗则不拘，未娶者不继，继而复绝者不再继，继者不兼祧，无后者没入其赀于宗，而丧葬祠墓之事则一主于宗子。"① 具体来说：兄弟所生之子，不拘亲生，"统以所生先后为次，岁周断乳，即令继养；女子伯仲，悉从一例；按序不足，可行兼祧，独子无后，间取五服以济其穷"。并且，陈虬认为其善有六，如睦族、和家、尊亲、无家产纷纭之争、无乏嗣不孝之虑等。不过，陈虬也认为其说"违越礼教"，② 实不可行。至于陈虬提出此议之因由，则应归结为其浓厚的宗族情结和衰微的身世，"仆少遭孤露，先严亡叔弱龄见背，迁瑞以来，传世十数，群从兄弟仅止七人。门祚衰微，怒焉心伤。年逾立境，犹虚膝下，季弟劬学，未婚又殂，仓卒立继，未协伦序。昆季之间，势无可改"；③ "年四十矣，尚未有子"。④

综上所述，陈虬的"宗法议"实际上是一种以宗法维系，由宗子、宗正推动的独特的社会组织论：社会的最小单位不是个人，而是个人血缘集合体的"家"；行政的最小单位不是"地域"社会，而是以同一姓氏个体家庭为主体的"宗族"。《宗法议》体现出陈虬的政治理想：以实现遍布各地的宗族之间的"孝睦"，"层层递进"，进而推动整个国家"仁"的实现；以地方宗族之间的无贫民，扩而广之，

---

① 陈虬：《宗法议》，胡珠生辑《陈虬集》，浙江人民出版社1992年版，第3页。
② 陈虬：《均子篇》，胡珠生辑《陈虬集》，浙江人民出版社1992年版，第175页。另，宋恕1895年3月15日致王浣生书："志三著有《治平通议》，其宗旨与礼不合。"（见胡珠生辑《宋恕集》，中华书局1993年版，第523页）；又宋恕同日致钟鹤生书："志三撰有《治平通议》、《报国录》，均已刊行，其宗旨与礼虽多歧异……"（见胡珠生辑《宋恕集》，中华书局1993年版，第524页），或即言此。
③ 陈虬：《均子篇》，胡珠生辑《陈虬集》，浙江人民出版社1992年版，第175页。
④ 陈虬：《上东抚张宫保书》，胡珠生辑《陈虬集》，浙江人民出版社1992年版，第331页。

从而实现国家富强之目标。

## 二 通过封建制的地方政权重新建构国家

"宗法既立,然后可议封建。"① 陈虬回顾历史,指出:"上古之世,狉狉獉獉,自人其人。迨生齿繁而伦序定,然后人有其家,于是先王下坤上坎,取象乎比,设为万国,以封建诸侯。然则由己以及人,由亲以及疏,天下者固一家之所积也。"② 儒教的亲疏原则是由己及人,由亲及疏,天下亦以家为基本,聚而为家族,由家族而为国家。故社会秩序也应贯彻由家族之规范(宗法)到国家秩序(封建)的这一发展过程。

陈虬认为,遍布全国各地乡村的单一的宗族的安定,并不意味着能实现整个国家秩序的安定,应由一家之治推至全国之治,故封建之道"亦视宗法所未及者推而广而已"。③ 天子之下,按今之省、府、厅、县的行政区划,分设"公、侯、伯、子、男"等爵位的封建国家,各国由君主一人统辖,君主之下,置傅,即"太师""太傅""太保"三公。三公有否决国君意见的权力,以对君权之滥用进行限制。

为确保封建国家秩序的正常运行,陈虬进而规定了封建的各种基本制度,如官制、井田、学校、赋税等。官制方面,陈虬提出十科六司七等的官制改革体系:国设十科,即历、医、农、工、礼、乐、刑、兵、训、钞;各科官职自上而下设太宰、少宰、左议曹、右议曹、各司、给事六类;加上三公,共分七等。④ 其中,"太宰以驭吏,

---

① 陈虬:《封建议》,胡珠生辑《陈虬集》,浙江人民出版社1992年版,第5页。
② 同上。
③ 同上。
④ 陈虬的官制改革还包括如下内容:(1)裁汰冗员,"裁内务府、织造等官,其朝、庙一切度支、仪制,可按部分办";(2)并督抚,"湖北、广东、云南三省巡抚皆可裁归总督,以一事权";(3)官员任用上满汉平等,"官设九品,文曰正,武曰从,满汉一例"。在此不再单独叙述。见胡珠生辑《陈虬集》,浙江人民出版社1992年版,第16、20、77页。

第二章　宗法治天下、关注地方建设与强固国防　◆　45

议曹以下皆主于太宰，少宰以上则君主之，此黜陟之法也"。① 行"制等之法"，"自三公至给事，厥等凡七"；乡自士以下，又有士、农、工、商、生、隶、奴亦七等，用之以"明上下、别流品"。②

井田制，是封建制的重要内容。"官制既定，然后井田学校可次第而复焉"。③ 陈虬反对一般的"相地形之广狭以损益其沟洫，去公田之法而定什一之赋"的复井田之法。他认为井田之法虽已废千年，但仍可师其意而用之，"善用古法者师其意而不袭其迹"，主张由占地多之地主献田，而封以官职，给以俸禄，许其世袭特权，"入田百亩以上者封为下庶长，千亩者为中庶长，万亩者为上庶长。上庶长之秩视议曹，下庶长视分司，岁时得奉朝请，而免其子孙徭役各有差"。④ 如此，则占有广大土地的地主可以献出田地，减少土地兼并的现象，土地可以过渡到农民，使耕者有其田。以农为本，则经济发展，社会安定，从而为学校的经营发展奠定了一定的社会基础。

在学校教育上，陈虬主张实行两级学制——宗之"小学"与乡之"乡学"。"乡各有宗，宗有小学。"⑤ 宗之小学，以之学幼仪。"十三入乡学，则教读司领其事，教以六艺"，三年之后，淘汰无用者归农。"学成则教读司给以单而贡于朝，分科肄业，乃处以给事，任之五年。"⑥ 此即为学校中所有事。

关于国家税法及财政，陈虬提出恢复设立以"田有租、市廛、人各有赋"为核心的三税之法。他还对其进行了大致的财政分配，"计三项之所入，以其三十之一贡于天子，以其九为羡余，而以其余制国

---

① 陈虬：《封建议》，胡珠生辑《陈虬集》，浙江人民出版社1992年版，第6页。
② 同上。
③ 同上。
④ 同上。
⑤ 同上。
⑥ 同上书，第7页。

用"。① 为杜绝因财政不足而引发的滥加摊派，陈虬提出改变自雍正以来"盛世滋丁，永不加赋"的限制，主张加丁赋，而免除"卖官鬻爵、设立关卡无所不至"之弊，至于"一切公旬、徭役与夫关市、盐铁、杂税，胥免焉"，② 不再对其他任何事项收取税用。

"在专制政体下，君主的好劣，影响全国甚大。"③ 为确保封建之制的正常运行，陈虬还主张限制君权，严格官员行为。其一，行"制禄之法"，对国君及行政人员的俸禄进行严格限制。"君十卿禄，卿禄四大夫，大夫倍上士，上士倍中士，中士倍下士，下士与庶人在官者同禄，禄足以代其耕也。"④ "一命之士倍农夫所入，禄约五十千。司三其禄，议曹则倍之，左议曹以上各以其一登，合三公之所入当其君之禄。"⑤ 陈虬特别强调："君为制禄，然则禄之外君不得有所私矣。"⑥ 主张国君实行俸禄制，而且对国君收入进行明确而严格的限定，这在当时可谓颇有创见。其二，纠正"尊君之说"，提出限制君权，以免于独裁。国君之下设三公，三公与国君共同对封建国家负责，有否决国君意见的权力。"凡国之大事，君以为然，三公以为否，则格不行；君以为然，三公或然或否，则诏本科太宰及左议曹等参议，谋众乃从。"⑦ 这样可以确保政治秩序的正常运转，避免国君"居其位者辄以犬马之道驭其臣民，威福自专，复侥然日从事于声色、苑囿、狗马之娱，而篡弑之祸烈矣"，从而"唯以世及之尊归之于君以绝觊觎，复以献替之权还之保傅以综纲纪"，实现"有君之尊，无君之祸，有治民之实，无厉民之患，所谓于封建之中寓传贤之意者此

---

① 陈虬：《封建议》，胡珠生辑《陈虬集》，浙江人民出版社1992年版，第7页。
② 同上。
③ 梁启超：《中国近三百年学术史》，东方出版社1996年版，第17页。
④ 陈虬：《封建议》，胡珠生辑《陈虬集》，浙江人民出版社1992年版，第7页。
⑤ 同上书，第6页。
⑥ 同上书，第7页。
⑦ 同上书，第5页。

也"的封建之道的统治目的。① 其三，限制纳妾，"国君一娶五女，后一嫔四，取备五姓，议曹以上得置二妾，诸司以下置妾一。"② 在这里，陈虬认识到社会风气不可能一下子扭转，考虑到新旧传统的因袭，而只能渐行改变。

简言之，陈虬认为，由宗法制的实行，确保最小行政单位——地方宗族的安定；进而实行封建制，保证地方政权的稳固。二者目标相同，一为确保地方社会的安定，二为确保国家社会秩序的安定，层层确保社会秩序的安定与正常运转。宗法制是封建制实行的前提和基础，封建制是宗法制的发展和保证。由此而言，"封建、宗法亦一而已矣"。③

### 三 大一统世界新秩序的规划

晚清时代，东西方联系空前加强，"今中西一家，偶俱无猜；电机所发，秒忽万里，声教之讫，无远勿届，环地球以游，半载可周"，"盖骎骎乎有大一统之势"。④ 陈虬敏锐地看到了这种趋势，他崇尚三代之治，希望出现像周天子之下各地封建诸侯并立的国家体系，并主张在封建国家群内设立世界统一政府，以实现世界持久和平、天下一家的局面，是为大一统。

（一）大一统世界政府的关键是"大一统天子"

大一统世界政府出现的关键，是大一统天子的出现，"万国并建，天必笃生非常神圣之人与天地合撰，与日月合明，使之宪章往古，开辟中外，创古今未有之盛治"。⑤ 圣人天子是全天下人民利益的维护者和调剂者，而不应是受私欲所驱使之人，"圣人之治天下也，操天

---

① 陈虬：《封建议》，胡珠生辑《陈虬集》，浙江人民出版社1992年版，第7—8页。
② 同上书，第6页。
③ 同上书，第8页。
④ 陈虬：《大一统议》，胡珠生辑《陈虬集》，浙江人民出版社1992年版，第8页。
⑤ 同上。

下之利权，而调剂其盈歉，以天下之利还之天下，而已无所私焉"，①"天子者，固乾坤之一大宗子也"。②"大一统天子"是世界唯一的封建家长制之支配者。

陈虬强调，新的天子必须"德""威"并具。首先，必须有"德"，他说，"君者，群也；王者，民所归往也；皆于人起义"，而"天子亦人君"，"天若特生一子以子元元，安天下，所谓昊天其子之也，故曰天子"；从产生的方式来看，"于万国之中，群推以为君"。③其次，新的天子必须有"威"，造物主生人，只要"粗衣粝食，苟率其常"，便能享有百年之寿；然而人类充满了欲望，使本真丧失，彼此之间"攻取繁而杀运开"，而有"横死者"；是故天生圣人，"出吾民于水火而登之以衽席"，消除战争，"必人之生"。④

（二）大一统世界的主导思想是中华文化

同时，对于当时的"一统之势将由中并外"，还是"由外并中"的疑问。陈虬虽然没有明确指出，但从其所言之"仁冠五常、乾统四德"，"将来亦视其国之习尚何如"，并引孟子之言"不嗜杀人者能一之"等来看，当是"由中并外"。陈虬崇尚"周孔之教"，誉之为"圣人之教"。他认为，天下一家的盛世局面，很大程度上依赖于圣人之教的"遍天下"。如果儒教也能如耶稣、天主教一样传布海外，那么"则人各明其五常之性，如昏而得旦，群星掩光而日乃出经天矣"，⑤天下一统与大治不难实现。清人李元度（1821—1877）曾有

---

① 陈虬：《大一统议》，胡珠生辑《陈虬集》，浙江人民出版社1992年版，第9页。
② 同上书，第10页。
③ 陈虬：《大一统议》，胡珠生辑《陈虬集》，浙江人民出版社1992年版，第8页。[日]竹内弘行《陈虬〈治平三议〉考》认为，陈虬的《大一统议》建立世界政府的构想，可以说是中国近现代史上出现的"大同思想"之先导理念和文献。1902年，康有为写成《大同书》一书，"去国界合大地，去级界平民族，去种界同人类"，提出"无国界，全世界置一总政府，分若干区域"，"总政府及区政府皆由民选"。陈虬之议与此议颇多类同，然早其近20年。
④ 陈虬：《大一统议》，胡珠生辑《陈虬集》，浙江人民出版社1992年版，第9页。
⑤ 同上。

《答友人论异教书》，针对"彼教夺吾孔孟之席"问题，他认为"窃谓不足虑，抑且深足为喜，不惟不虑彼教夺吾孔孟之席，且喜吾孔孟之教，将盛行于彼都，而大变其陋俗"；[①] 相反，应该庆幸孔孟之教从此将征服西方，他从历史表明异族征服者无不被华夏文明征服，西方科技补益中国文明必将导致圣教广被四方，来说明这一观点。故从"周孔之教"遍天下来看，陈虬主张推广中国的文化信仰，希望全世界都共同尊奉，由此来看，陈虬所主张实现的"大一统世界政府"含有"由中并外"之倾向。

（三）大一统世界政府的组织结构

至于大一统的具体的组织运营方式，并不仅仅局限于往古的"异徽号、改正朔、议明堂、讲辟雍、制郊祀之礼"等，具体有三。

其一，"损益十科之法以治王畿"，[②] 任用十科官员治理天子所在的都城。十科者，即如前所述之历、医、农、工、礼、乐、刑、兵、训、钞。此即着眼于大一统政府的官制而言，就此而言，陈虬的大一统政府设想，当是封建国家的扩大与联合版。

其二，分别在东西两半球之印度与美国，设文武二监，"各隆以王爵"，实行二元统治，"文曰宣文，驻印度"，"武曰靖武，驻美国"，文武二王各司其职；"文则颁正朔、齐冠服、通钞法、均量衡、同文字、正音读、删经史、开学术、修公法"，担负起"齐天下之耳目""一万民之心志"的责任。宣文王每年必须定期出巡监以观施行成果，并负有"上各国之贡税于天子"与朝贺天子的义务，"道一风同"，要先在封建诸国中建立一个世界统一的基准，然后据此支配世界秩序，从而实现"固王者之隆轨"的统治目的。武靖王则统领各国兵丁，维护世界的持久和平，"武则统率各国之卫丁，以备非常。

---

[①] 李元度：《答友人论异教书》，见朱维铮、龙应台编著《维新旧梦录：戊戌前百年中国的"自改革"运动》，生活·读书·新知三联书店2000年版，第160—161页。

[②] 陈虬：《大一统议》，胡珠生辑《陈虬集》，浙江人民出版社1992年版，第8页。

无事则各居本国，有事则飞檄兵科二宰，统之以行。诸侯有篡弑、叛逆、不庭者，监内各国共讨之，夷其城郭，分为数小国。销天下之枪炮，有缴而未尽，及私鼓铸者，十家同坐"。① 文武各司其职，共同维护大一统的世界统治。

其三，天下大定，除文武二王各司二事外，还要广轮船、铁道之制，以通中外之气；在各封建国之间，陈虬还提倡相互救济，"国有水旱、饥荒，不能自赈者，详其状于二王。勘实，檄取邻粟以先赈，徐行奏请帑银以还邻国。余如河防、海运以及不时兴革之费，皆均摊于各国，而朝廷派大臣以掌之"。② 这实际上是与中国历史上最为完备的西周封建制的设计初衷是一致的，即"宗统与政统合而为一"，③"封建亲戚，以蕃屏周"④ 等。

（五）陈虬"大一统"思想实质是中华世界观的扩大版

据此，可以看出，陈虬所谓的圣人天子，即是儒家天子，它纯粹以天下公利为念，以无私的公理、功利的道德来统一世界，形成统一的政府，中华儒家思想也将可能借助于世界天子幸运地普及于世界，统合西方世界为中华理想，这远远超出传统意义上的专权独裁君主，但又不是近代民主意义上的君主。⑤

综合来看，陈虬一生追求的大一统理想，其实就是"大一统中华世界观之统一帝国理念的扩大版而已"。⑥ 这在其1888年的《救时要

---

① 陈虬：《大一统议》，胡珠生辑《陈虬集》，浙江人民出版社1992年版，第8—9页。
② 同上书，第9页。
③ 冯天瑜：《"封建"考论》，武汉大学出版社2006年版，第22页。
④ 《左传·僖公二十四年》。
⑤ ［日］竹内弘行：《陈虬〈治平三议〉考》，台北《清华学报》第36卷第2期，2006年。
⑥ ［日］竹内弘行：《陈虬〈治平三议〉考》，台北《清华学报》第36卷第2期，2006年。但竹内弘行又认为他与西欧传来的民主主义思想没有太大关联。笔者认为，这从陈虬思想的来源及构成上也可以看出：1883年前的陈虬，主要囿苑于乡里，接触的西学知识零散，不占其思想主体。

议》中有较为明确的表述:"以中国行省二十有三,丁口四百余兆,主圣臣贤,上下戮力,大一统之治何难再见哉!"① 即便晚清困局无法挽回,陈虬仍坚信先进之儒家思想必将统一世界。他在光绪二十三年(1897)撰写的《祷医圣文》中指出:"溯厥生民,夷夏一身。众四百兆,胞乳之亲。"② 天下本是一家,众生平等,无所谓东西南北之地域畛别,更无所谓人种划分。同年,在《心战》中,他又一再指出:"万国同风,助予袍泽,吾愿复皇古之民心,还宇宙于大同,统瀛寰而一息,无彼畛而此域!"③ 诸色人种,皆我同类,不应有尔虞我诈之术,更不能有"辱之、仆之、戮之、鞭策之、芟夷之"④ 之为,而使之不得遂生之现象;陈虬最后提出:"吾尤愿群天下千五百兆之居者、游者、秀者、顽者、修者、暴者,莫不奉我正朔,慑我皇仁,弃干戈而习俎豆,用以食我德,服我畴,循我所鬻,用我规矩,而同我太平!"⑤ 这表明,陈虬能够跳出以传统"夷夏之见"主导的中西不平等、中国高高在上的固有观点,而开始主张中西平等,并在此基础上建立一个理想的能够主导世界和平的国际组织。

就此而言,陈虬"大一统世界联合政府"与此后出现的康有为的"大同"社会有异曲同工之妙。而陈虬之大一统思想出现的时间却明显早于康氏。⑥ 康氏在《大同书》中说:"削除邦国号域,各建自主州郡,而统一于公政府者,若美国、瑞士之判是也……于是无邦国,无帝王,人人相亲,人人平等,天下为公,是为大同,此联合之太平

---

① 陈虬:《救时要议·治策》,胡珠生辑《陈虬集》,浙江人民出版社1992年版,第82页。
② 陈虬:《祷医圣文》,胡珠生辑《陈虬集》,浙江人民出版社1992年版,第237页。
③ 陈虬:《心战》,胡珠生辑《陈虬集》,浙江人民出版社1992年版,第252页。
④ 陈虬:《心战·三》,胡珠生辑《陈虬集》,浙江人民出版社1992年版,第252页。
⑤ 同上书,第253页。
⑥ 康有为《大同书》始作于1884年,成于1901—1902年,1913年在《不忍杂志》上发表两卷,1935年由中华书局出版十卷本。

世业……"① 可见,《大同书》之理想的社会制度,其一曰"无国家,全世界置一总政府,分若干区域",当与陈虬之大一统世界联合政府同;其二曰"总政府及区政府皆由民选",与陈虬之议相近。康氏"大同社会"。《春秋》所谓之"太平世",亦即孔子之理想社会制度。这当是近代理想社会形式之共同渊源。

但是,这种翻版,具有明显的新的时代特色,那就是明确指出大一统世界需要"公法"的维护实施。《大一统议》讲求均势主义,建议联合地球上五大洲的国家,在印度(也可考虑设在朝鲜)创设一"大公法会",以主持世界公法的施行,但陈虬在此并没有详细指明"公法"的具体指代。十四年后的光绪二十三年(1897)夏,陈虬又撰《论西国既设弭兵、太平二会,宜急先削去公法中之默许法而专力行性法》一文,指出国际组织需以万国性法之公法而行之。他认为《万国公法》以人性之"良知"为出发点,着眼于长远,以"利后嗣者"实现世界和平为归结点;而"弭兵""太平"二会之设,恰恰反映《万国公法》设立之"性法"之宗旨,性法乃万国之法中之"纯公理",并提出各国争端不以"势"(武力)为唯一解决方式,而是"以法代君",通过诉诸"性法"之公法,以"此法释其争端"。② 这自然令人耳目一新。然而国家之间的竞争,归根到底还是国家实力的竞争。陈虬提倡万国公法应突出人性之"良知",反映万国之"公好",颇具普世价值,但实践意义明显不大。

(五) 大一统世界是和平的非战世界

除此之外,陈虬还宣扬实现"大同"世界的"非战"思想,大一统世界应该是摒除了战争的,陈虬主张通过对善战者"通其仁心",使人类免于战争。

---

① 康有为:《大同书》,上海古籍出版社2005年版,第109页。
② 陈虬:《论西国既设弭兵、太平二会,宜急先削去公法中之默许法而专力行性法》,胡珠生辑《陈虬集》,浙江人民出版社1992年版,第292—293页。

陈虬指出，"战之为祸，烈也"，秦朝"内愚其民，外攘夷狄"，"趋数十万呱呱赤子之生，暴骨长城之下"；西国战事，如"法皇拿破仑辈，杀人辄百万计"。天地万民，同生此世，本无尊卑、你我、亲疏、智愚之别，"而乃以域别之！以种离之！以教囿之！以形役之！而白黑赤综之，类乃至学问不相通，语言不相同，情性不相欵，礼秩等威不相假"。乃至于战乱纷乘，"以争以夺，以锄以犁，以并兼以诛夷，以弱肉强食"。①

战争的存在之源主要是一些"善战者"存善战之心。陈虬希望能对善战者进行心理层面的说服，"砺其耻心，淡其欲心，牖其智心，扩其公心，而通其仁心"，② 而使人类免于战争。"爱物仁民，环球同体"，"西人残人之类而亦以自残其类也"，战争不是为国之道，"今者，西方通人亦知战之不为国矣"。③ 天下万众本是同类，本应以"同仁"之心来待，不应诉诸战争。

陈虬指出，"夫不战所战于战之类者亡，战所不战于战之地者昌"，④ 不善战者决战于善战者，一定会败亡；如果能够做到对善战者通其仁心，使之在对方力量不如自己时主动放弃战争，则己方一定会昌盛；就整个世界而言，则"太平之运，由据乱以递升"，⑤ "极乱之后，必有大治"，⑥ 大同世界实现有望。

（六）总评

综上所述，《治平三议》着眼于追求社会秩序的安定，这是实现治世的前提和基础。陈虬希望通过宗族统率下的每家每户的安定以实现最基层社会秩序的安定，通过层层建构的各级地方政权、并采用切

---

① 陈虬：《心战》，胡珠生辑《陈虬集》，浙江人民出版社1992年版，第252—253页。
② 同上书，第252页。
③ 同上。
④ 同上。
⑤ 同上。
⑥ 同上书，第253页。

实的保护措施保证国家秩序的稳定，在此基础上建构世界统一的政府，以天子的德威促成世界真正和平的实现。三者相互联系：宗法立，封建行；封建立，世界大一统。是故"宗法之道，通其变可以致治平者此也"，① 这当是陈虬《治平三议》变法论的主旨。

晚清人口增加与土地减少之间的矛盾严重，加之社会动荡不安，流民四处游荡，陈虬基于法家的严刑酷法，从低处入手，确保基层稳定，主张透过"三议"，复古儒家的"修身、齐家、治国、平天下"之古典精神，以确立宗法的形式，来改造中国社会的结构，挽回颓势。以安定地方拯救弊政的变法论，为混乱的社会局势探求解决之道，进而寻求国家与世界秩序的安定。结合晚清中国社会宗族观念突出的特点来看，这一论断本身具有一定的合理性。

然而晚清历史现实动荡复杂，新的问题层出不穷，以往的历史不可能提供所有的范本，这种单一的政制方式并不能适应历史的发展与变化。工业革命以来的经济发展，中西交往的便利，也替代不了文明的冲突与利益的博弈。将世界和平的希望寄托在善战者放弃战争身上，这几乎是不可能的，而只能是弱者一种无力的呼喊。谭献就直言："但恐吾辈不及见大一统耳。"②

## 第二节 关注地方建设

陈虬关注瑞安地方建设的动机与前提，可以归结为与以孙诒让为代表的地方大绅争夺瑞安地方权力的斗争。瑞安孙、黄、项、洪四大家，集合很多退职官僚和士绅，以其政治上和学术上的巨大声望形成了左右地方政局的大绅集团。陈虬与许启畴、金鸣昌、陈黻宸等人针

---

① 陈虬：《大一统议》，胡珠生辑《陈虬集》，浙江人民出版社1992年版，第10页。
② 谭献撰，范旭仑、牟晓明整理：《谭献日记·复堂日记续录》，中华书局2013年版，第330页。

锋相对，组织求志社，建心兰书社，以布衣党自命，通过结社获得了与大绅对峙抗衡的实力；通过积极投身于地方公益及慈善事业的建设，大大扩展了影响力。

## 一 求志社与同人集

求志社与同人集，表明了陈虬的结社思想，团结同人，集合下层士绅的力量，以在与大绅的斗争中占据优势。同时，求志社还反映了陈虬等"苦苦探寻救世良方""渴望建立一个与现实社会完全不同的美好乐观"①的尝试。

（一）求志社

求志社的建立活动情况，记载不多，兹据陈虬的《求志社记》、池志澂的《陈蛰庐先生五十寿序》和宋恕的《介石先生行年五十生日寿诗有序》等文，作一概括。

光绪八年（1882），陈虬之温郡同邑许启畴（拙学），"负经世材，久不得志"，慕陶潜笔下之桃源胜境，遂与陈黻宸、陈虬等发议，谋率诸同志入浙东南山中隐居。求志社的参与人员，除许启畴、陈虬、陈黻宸外，还有张祝延、蒋志渭、林汝梅、王鸿诰、金鸣昌、池志澂、何迪启、王筱云，以及陈虬仲兄陈国桢（仲舫）、五弟陈国锵（叔和）等。② 同时，很多求志社员又是心兰书院社员。陈虬《拟广心兰书院藏书引》中载："议行之始，仲兄即于是年举癸酉拔萃科。岁纪一周，登贤书者踵相接：乙酉则胡鹤汀福臣，戊子则周仲龙拱藻，己丑恩科则虬幸缀榜末，辛卯则郭梅笛庆章、胡蓉村调元，本年癸巳恩科则陈介石黻宸、蒋茂才星渔嗣君——屏侯作藩，二十人中，

---

① 周文宣：《陈虬和利济医学堂》，浙江大学出版社 2011 年版，第 65 页。
② 此名单据陈虬《求志社记》（见胡珠生辑《陈虬集》，浙江人民出版社1992年版，第 203 页）与池志澂《陈蛰庐先生五十寿序》（《瓯风》1934 年第 10 期）辑出。

五科之内蝉联鹊起，不可谓非稽古之力也！"① 其中提到的陈虬仲兄陈国桢、陈黼宸及陈虬等，都是求志社员。

求志社初名"安乐村"。但陈虬认为"吾侪生长天朝，践土食毛，垂三百年，值此车书大同，而欲长守浑噩，非计也"，故为避讳计，乃取"隐居求志"义，易名为"求志社"。② 光绪十八年（1892），陈虬为之作记，明确认为求志社之设是继"桃花源"理想的。他说："吾始读《桃花源记》而悲之，悲夫以渊明之贤，坐视典午之覆，神州陆沉而莫之援，徒凿空为避地计，何遇之穷也！后读顾况《莽墟记》，乃始恤恤然疑，以为吾瓯岂不亦真有所谓桃花源其地耶！"③ 陈虬为之易名并作记，其目的就是为了"使千秋万世后，亦知吾瓯有求志片土，喜可知也。不然，四海之内，百世之下，必当有同声欤者，古今人胡遽不相及乎？"④

求志社仿古法："以二十五家为一社"；"入境隘处建栅，署曰求志社门"；门前夹植松柏桧槐，就近结小庐，以便过客小憩及归里者更衣之所。"社中设大院五楹三座，中堂榜曰求志堂，东西序为住房"；"房各三楹，界以门墙，前后檐下，皆辟小门，直达大堂，前后左右各十二座"；"择中设阁如谯楼（古代城门上建造的用以高望的楼），轮值鸣角其上，定启闭爨食之节"；"中设神龛，祀各姓之祖先"；"厢以处社长"。"堂前为门，门有厅，厅左右有塾，备幼读"；"塾后左以置书籍，右以置仓库"；"堂后有室，便妇女工作"；室外设草厂，堆放杂物兼作曝晒之场；四周围以土墙，"辟田畴、修溪塘，

---

① 陈虬：《拟广心兰书院藏书引》，胡珠生辑《陈虬集》，浙江人民出版社1992年版，第210页。
② 陈虬：《求志社记》，胡珠生辑《陈虬集》，浙江人民出版社1992年版，第202页。
③ 同上。
④ 同上书，第204页。

艺瓜果，植花木"。①

　　社内推一人为长，负"约束"之责，制定冠、婚、丧、葬四礼。冠以十六为断；丧仍三年之制；婚则男女十六岁皆可以结婚。每年二月，父母取无丧病事故的、到了结婚年龄的男女（不准规避），笺书名氏，枚卜于祠堂，卜定旬日，然后结婚。婚事删六礼，禁宴费，省合婚之说。葬礼则仿族葬之例，按序平列，墓前修植荫木，勒碑碣。选司会一人，采办二人，教读二人，按班轮值，皆给薪水。全社计口给食米，大口一升，小口五合，其一应鱼盐琐屑之事，均各自便，交采办搭买公派。②

　　求志社在服装上力求统一，"合社各穿布衣，以示同方，戒罗绮（惟在外宦学者不禁）"，终身不得易服，故人"争诟为布衣党"。③马叙伦在回忆录中就曾指出其师陈黼宸是"一位布衣布鞋的乡下老先生"。④

　　求志社之实际活动，可能并未如陈虬原先设想的那样——"隐居求志""结社"。⑤从记载来看，主要偏重于文人之间的切磋学问、议论时事等。求志社诸君"皆能修明绝学，供世驰驱，自天官、舆地、典礼、乐律、文章、掌故，以及算数、医卜、书画、篆刻、击刺、骑射等术，无不各输所长，挟一艺以自赡"；⑥而其他如生产、分配、礼节和社会管理等方面的具体情况则可能未及实施。这从求志社员的回忆中可以看出来，池志澂说："追思昔时结求志社，聚集城北槐吟馆，夜庐风雨，道古谈今，每漏下三鼓始归。半生友朋之乐，无逾斯

---

　　① 陈虬：《求志社记》，胡珠生辑《陈虬集》，浙江人民出版社1992年版，第202—203页。
　　② 同上。
　　③ 同上。
　　④ 马叙伦：《我在六十岁之前》，生活·读书·新知三联书店1983年版，第10页。
　　⑤ 陈虬：《求志社记》，胡珠生辑《陈虬集》，浙江人民出版社1992年版，第202页。
　　⑥ 同上书，第203页。

时。"① 据此可知，求志社的活动场所主要是"城北槐吟馆"，而与入山为村无关；其活动内容主要是"道古谈今"，与"辟田畴、修溪塘，艺瓜果，植花木"无关。陈虬也回忆说："当是时，友朋文物，极一时盛。"②《瑞安县志》也认为，陈虬等结求志社，"以清议自持，名振一时"。③ 此外，从求志社社员在科举上的实绩来看，也大致如此。④

求志社活动存续了有八九年（1882—1890）之久，影响很大，声名远播京城。⑤ 至于最后解散的原因，可能有二：一是成员离散，二是遭受世人攻击。二者之中，后者可能是主要原因。陈虬回忆说："拙学出游江淮，郁郁无所遇，不幸遂死；香史（林汝梅）、小云（王鸿诰）又先后殂谢；死者长已矣，存者又复如儒墨之异趋，为世所指摘，不克坚守旧约，而社事遂散。"⑥ 除此之外，较早加入求志社的陈虬胞弟陈国锵（叔和）则是在壬午（1882）春"以病瘵亡"。⑦ 陈虬称他于庚寅年（1890）赴京会试归来后，见"忌者尤众"，"恐蹈明季诸社之祸，罹及友朋"，遂倡议解散，"首变初服"，"吾社亦渐荒矣"。⑧

---

① 池志澂：《陈蛰庐先生五十寿序》，《瓯风》1934 年第 10 期。
② 陈虬：《求志社记》，胡珠生辑《陈虬集》，浙江人民出版社 1992 年版，第 203 页。
③ 陈谧：《陈虬传》，胡珠生辑《陈虬集》，浙江人民出版社 1992 年版，第 400 页。
④ 陈虬《拟广心兰书院藏书引》载："议行之始，仲兄即于是年举癸酉拔萃科。岁纪一周，登贤书者踵相接：乙酉则胡鹤汀福臣，戊子则周仲龙拱藻，己丑恩科则虬幸缀榜末，辛卯则郭梅笛庆章、胡蓉村调元，本年癸巳恩科则陈介石黻宸、蒋茂才星渔嗣君——屏侯作藩，二十人中，五科之内蝉联鹊起，不可谓非稽古之力也！"由此佐证。见胡珠生辑《陈虬集》，浙江人民出版社 1992 年版，第 210 页。
⑤ 1890 年陈虬赴京会试，"庚寅北上，座师太史陈公首相诘问，盖都下亦皆知有东瓯布衣矣！"见陈虬《求志社记》，胡珠生辑《陈虬集》，浙江人民出版社 1992 年版，第 203—204 页。
⑥ 陈虬：《求志社记》，胡珠生辑《陈虬集》，浙江人民出版社 1992 年版，第 203 页。
⑦ 陈虬：《〈治平三议〉序》，胡珠生辑《陈虬集》，浙江人民出版社 1992 年版，第 1 页。
⑧ 陈虬：《求志社记》，胡珠生辑《陈虬集》，浙江人民出版社 1992 年版，第 204 页。

其实，即使没有这两个原因，求志社的性质也决定了其失败是不可避免的。按照陈虬的设想，求志社不只是文人治学清议的组织，而是一个拥有一定数量的人口和家庭，具有教育、生产、分配和社会管理等多种功能的社会集体，是个自由、平等、友爱、互助、舒适、古朴的美好乐园。在这里，虽有家庭、货币、私有制之存在，"一应鱼盐琐屑之事，均各自便"，司会、采办、教读等人"皆给薪水"，但主要生活资料"食米"是公有的，实行"计口给食米，大口一升，小口五合"的平均分配制度。虽有劳动分工，但又有选择职业的自由，"可耕可樵，可仕可止"；虽亦有社长，但其并不具有"官长"的性质，而是大家共同推举产生的，仅负"约束"之责。在这里，长幼有序，患难相扶，某户有人外出，"社中代为经纪其家"；没有尊卑等级，人人皆着布衣。生活于求志社内之人，"无父母室人之顾，疾病死亡之累"，"身世俯仰，翛然自得，生人之乐备矣"，俨然一世外桃源。显然，这与当时社会的残暴、腐败、贫困、尔虞我诈等一切丑恶现象形成鲜明的对比，至于遭到当时社会的否定以致散伙，不足为怪。

李世众认为，求志社还"存在一定程度的集体分配，带有社会主义新村性质"。[①] 熊月之认为，陈虬建立世间"桃花源"的尝试在近代思想史上是"最值得注意的"，"虽然以失败（也必然失败）结束，但它在思想史上的意义是重大的"，"早期改良派也搞空想，这是很值得研究的"。[②]

（二）同人集

"同人"者，志气相投、志向相同之意也。与志同道合之人切磋

---

[①] 李世众：《晚清士绅与地方政治——以温州为中心的考察》，上海人民出版社2006年版，第332页。

[②] 熊月之：《中国近代民主思想史》，上海社会科学院出版社2002年版，第211—220页。

学问，道德相长，这是中国历代文人孜孜以求的为人处世之道。体现陈虬"同人"思想的，见于其对求志社及同人集的相关论述。

光绪十八年（1892年），陈虬应求志社发起人许拙学之嘱，议求志社事，指出："家不足以自瞻者与有四方之志者，准许外出，而社中代为经纪其家。"① 具体体现这一宗旨的当是陈虬组织设立的同人集，它与求志社中的"切磋学问"共同构成陈虬理想追求的两个方面。

同人集设立之缘起，与池志澂的个人取向及其与陈虬等的志同道合、生死相交有极大关系。光绪十八年（1892）池志澂"倜傥有奇气，慨然有四方之志，而托其家室"② 于陈虬。陈虬"无中人产，而雅多亲好，力常不赡"，为照顾好池志澂家眷的生活，遂集同人之与池君有连者，"人岁出洋五元以资周转，不足则虬自任之"，取《易经·系辞》"断金"之义，名曰同人集，并撰《记同人集事》以志其概。③ 且乐善好施亦为温瑞之乡优良传统，"吾乡旧有缓急，每多集亲友为成会之举"，有"至公""和会"等会名目，但"无余积以持其后，无论会毕，一哄而散"。④

陈虬组织同人集，并制定实施新的规则："联同人为十分，每分岁出洋五元，定期拈阄轮收。已得值者，岁恒出洋十元，以五十元归值，收余入公积，十年而毕，计每分出洋五十元，收数亦足相抵。若得善为经记者，岁以二分为息，即可得公积洋四百元，约可置田四五十亩，定章轮值，永为各家世业。"⑤ 同人集有"公积洋"，能置田"持其后"，长久坚持下去，故能实现"人己两利"之目的："人岁出洋五元以资周转"，能很好地保障"慨然有四方之志者"之家室的基

---

① 陈虬：《求志社记》，胡珠生辑《陈虬集》，浙江人民出版社1992年版，第203页。
② 陈虬：《记同人集事》，胡珠生辑《陈虬集》，浙江人民出版社1992年版，第200页。
③ 同上。
④ 同上书，第200—201页。
⑤ 同上书，第200页。

本生活，免除其后顾之忧；又能使出资之同人获利，"若人生平手举五集，即可得业田半顷"，故当是能够长久。①

同人集为免除有四方之志者之家眷顾虑，提供了一种保障，是陈虬最初关注家乡建设的一个方面。它与求志社一样，充满了乌托邦性质，是近代先进人士追求理想社会的一个反映。

## 二 捐变文成会与广心兰书院

陈虬热心地方文化事业。瑞安地僻，士人苦无书读，陈虬倡设文成会。又为进一步发挥心兰书社作用，"以供世用"，②又增加其藏书规模。

### （一）捐变文成会

由于温州距省城杭州及京城路程皆远，士子科考，历时较长，路上花费颇多。为解决士子资费问题，在温州部分人士的提议下，创设了文成会，"以资川费"，"郡人士以为便"。③ 文成会的成立，为瑞安温州士子考取功名，实现自己的理想抱负，提供了一定资金保障。

但时日已久，弊端尽露，或筹捐困难，或资费保管困难，或川费发放混乱等。光绪十九年（1893），针对文成会运行困状，陈虬撰《温郡捐变文成会议》，提出四条措施加以完善，即筹捐、存管、给放、公费。具体如下。

筹捐，分义捐、学捐、仕捐三种。义捐，为自愿，但对于"能自输三百千以上者"，"一例附祀"；一旦集有巨资，就改文成会为兴文

---

① 至于同人集具体运营了多少年，缺乏翔实记载。从池志澂事来看，则当至少是六年。见胡珠生辑《陈虬集》，浙江人民出版社1992年版，第392页。
② 陈谧：《陈蛰庐先生传》，胡珠生辑《陈虬集》，浙江人民出版社1992年版，第398页。
③ 温郡文成会，具体倡办者及创办时间不详，陈虬《温郡捐变文成会议》载为："好事者创为文成会以资川费。"见胡珠生辑《陈虬集》，浙江人民出版社1992年版，第208页。

社,并"立尸祝创始之人"。每年入庠者,酌捐数成归公,此为学捐。仕捐是指凡受文成会所助"宦成之人,无论贫富,总计从前所得乡、会川资,皆当一一还缴"。陈虬高明之处在于,一反过去"旧法无常年之捐,且有放无收"、易造成"经费支绌"之弊,学捐、仕捐之行,可以解决此问题。①

至于筹捐所得之存管,陈虬提出,"多者宜置田产,择地建仓;少者散存各典,逐年清算","至于经营之人当多给以薪水",② 对捐款之善于管理,以实现永续之目的。

在给放方面,不如数给放,提取二成作为公积金;限制最高数额,乡试最多十元,会试最多五十元。这样,既兴文教,又不至于转坏士习。③

此外,为解决士子赴试途中的疾病医治问题,出于人道主义考虑,陈虬拟议设公费,"延请时医三数人,赴省设局,以便延接",诸如病故等费用"皆局中代为先办",至于偿还,可"回郡计息缴还,无力者听"。④

总之,陈虬此议,既考虑到士人之不受嗟来之食之尊,又可免于"前人助困非以继富"之嫌,颇有创见。陈虬对自己的谋划充满信心,他最后指出,乐清多义豪之人,当有起而任其事者。《瑞安县志》诩其为"公益"之举,实不为过。

(二)广心兰书院

陈虬还与同郡邑人许拙学等创建心兰书社。许氏去世后,陈虬继续主持书社事,重新购置土地作为书社用地,并进一步购置图书,改心兰书社为心兰书院。

---

① 陈虬:《温郡捐变文成会议》,见胡珠生辑《陈虬集》,浙江人民出版社1992年版,第208页。
② 同上。
③ 同上书,第208—209页。
④ 同上书,第209页。

## 第二章 宗法治天下、关注地方建设与强固国防  63

瑞安"地故偏壤,风气阻塞,每苦得书之不易,无所成材",①世族大家多藏书自读,尤以项、孙两家为著。②而对于普通士子而言,读书极为困难,"邑既鲜藏书家,非雅有故者,又不易借",导致的结果只能是"其欽奇英多之士,皆苦无书可读","邑鲜以文学、功名自见"。③

同治十一年(1872),陈虬友人诸生许拙学(启畴)等,倡议合资聚书,创建心兰书社,④以改善读书条件。参与者有池广文、林香史、金韬甫及陈虬之兄陈仲舫等共26人。⑤"定议之初,人约二十家,家先出钱十五千,合三百千购置书籍。续置有隔江涂田数十亩,岁近又可得息数十千,益务恢广。自开办以来二十一年矣,寻常文史略可足用,饷遗甚夥。"⑥所筹集之资,作为书社的启动资金,除购置书籍外,还用余款在飞云江南岸购置涂田四十亩,以每年田租数十千作为添购书籍的资金,借以保证藏书的不断充实,与书社的各项设施的完善。

---

① 陈谧:《陈蛰庐先生传》,胡珠生辑《陈虬集》,浙江人民出版社1992年版,第398页。
② 晚清瑞安大家藏书丰富。项霁(1792—1841)建有"水仙亭"、项傅霖(1798—1858)建有"珠树楼",藏书数万卷。孙衣言、孙诒让父子注重乡邦文献的整理,先后得乡贤遗著460余种,并建有享誉天下的"玉海楼",藏书十万卷。黄绍箕(1854—1907)建有的蕡绥阁,与玉海楼、水仙亭并称瑞安三大藏书楼。另有张㦤中建有爱山楼,方成珪藏书数万卷等。这些藏书大率仅惠及家族成员。
③ 陈虬:《拟广心兰书院藏书引》,胡珠生辑《陈虬集》,浙江人民出版社1992年版,第210页。
④ 心兰书社是一座会馆式建筑,书社平面为凸字形,仿西洋式,南面是发券形的拱门。2009年7月被列入全国重点文物保护单位。
⑤ 按,据《心兰书社栗主题名》,心兰书社的创始者如下:许启畴(雪航)、陈虬(志三)、陈国桢(仲舫)、金鸣昌(稚莲)、何迪启(苣石)、陈葆善(栗庵)、池步瀛(竹卿)、胡福臣(鹤汀)、周绍基(吟葭)、郭庆昭(融堂)、王象恒(谷如)、郭庆章(梅笛)、林赞勋(楚卿)、曾庆棋(燕卿)、林乙黎(莲舫)、彭瑞龙(荇洲)、叶遇恩(声山)、周珑(伯龙)、蒋梦熊(子渭)、林仁果(养颐)、胡黼堂(筱腾)、陈琮(燕甫)等共26人。参见潘猛补《心兰书社及其创始者》,《图书馆杂志》1989年第6期。
⑥ 陈虬:《拟广心兰书院藏书引》,胡珠生辑《陈虬集》,浙江人民出版社1992年版,第210页。

心兰书社努力购藏书籍，明确阐明其宗旨是"以藏为用"，这与当时瑞安大家的"藏书自用""秘不示人"的惯例，有着明显的不同。就此而言，心兰书社具有鲜明的公共图书馆性质。心兰书社的创办，大大拓展了瑞安士子的读书渠道，瑞安许多读书人也借此步入科举之路，创办21年来，先后有陈仲舫、胡鹤汀、周仲龙、陈虬、郭梅笛、胡蓉村、陈介石、蒋星渔等登科及第。

此后，1886年，心兰书社主要创办人许拙学离世。但心兰书社并没有因此解散，而是由陈虬接过了心兰书院维护的接力棒。遵从许启畴的遗愿，陈虬与何志石、陈黻宸、栗庵等人为上续"吾乡南宋永嘉之学称极盛"，下"竟拙学之志"，乃"重修其学"，"得地于邑之西北隅"，增加心兰书院藏书规模。温郡流风，"延师训子遍匝四境，挟册呻吟无间贫富"，① 但陈虬认为"延师不如买书"，故"宜备洋报、一切西书"，②"听任自择"。③ 再后来，因与心兰书社为邻的精庐寺寺僧不守寺规，被逐出寺院。施主遂将精庐寺赠给了心兰书社，书社规模得以进一步扩大。光绪十九年（1893），陈虬等人更是将书社改名为"心兰书院"，这使书院日益趋向完善，书院章程等也予以重新修订，公之于众，书院影响日趋扩大。④

心兰书社"以集体力量办理公共图书馆事宜"，⑤ 是晚清时期瑞安民间的公共藏书之所，开全国公共图书馆之先河。它面向大众开放，让"一人书变成万人书"，为开启民智、促进瑞安地方文风兴盛做出了重要贡献。同时，心兰书社还是一个布衣士绅团体，许多社员

---

① （明）王瓒、蔡芳编纂，胡珠生校注：《弘治温州府志》，上海社会科学院出版社2006年版，第27页。
② 陈虬：《救时要议·治策》，胡珠生辑《陈虬集》，浙江人民出版社1992年版，第80页。
③ 同上。
④ 宇宛：《中国最早的公共图书馆——瑞安心兰书社》，《瑞安文史资料》第8辑，1990年12月，第119页。
⑤ 周文宣：《陈虬与利济医学堂》，浙江大学出版社2011年版，第53页。

既是求志社社员,又是后来陈虬利济系列的主要参与人,与利济系列等共同促进了瑞安地方文教事业的发展。

## 三 乐清地方保甲与广浚瑞安北湖

陈虬还热心关注地方公益事业建设,如乐清地方治安、浚瑞安北湖等,其议从瑞安实际出发,注重理论与实地的结合,有颇多可采之处。

### (一)乐清地方保甲

光绪十五年(1889),陈虬友人吕文起于温州郡城设保甲局,"人颇称便",惜未能推广。据此,陈虬撰《乐清东西乡宜急设保甲局议》,主张根据乐清东西乡实际,各设保甲局,寓井田于保甲,维护地方治安。

东乡,"民俗犷悍,每多劫掠、敲索、抢夺之案,月有所闻"。[1] 宜村各设局,设"正副董各一,了望一人,司更二人,局勇二十名,均带器械,阖村轮值。略筹油烛、火药之费,如何村有警,即令举火为号,鸣金放炮,各局齐应,皆自守隘口,各穿勇衣为识,不必追剿。顷刻之间,阖乡齐出堵截,贼难飞越,自无漏网矣。傍山沿海等处宜先约定地段,某处有警,某某村局勇当抢先齐列。山麓江干,堵其归路。如遇不测,除报官恤请,列入义勇祠外,另行酌助丧费。其途路被索者,许附近报局查究"。[2] 陈虬从设局内容、剿贼方式、抚恤等方面对之进行了规定。东乡保甲之难在于外来骚扰劫掠者居多,而又与天台、太平及永嘉等地交界,防范之地颇广,所以应该在各村自设保甲局的基础上,注重村局之间的协同合作。

西乡,"地多财富",而"尚无劫掠之风"。"所苦者则在地痞恶

---

[1] 陈虬:《乐清东西二乡宜急设保甲局议》,胡珠生辑《陈虬集》,浙江人民出版社1992年版,第185页。
[2] 同上。

丐"，"可数村设一局，有素赖、恶丐、纠扰者，许报局代为送官究办，免其讼费以杜浇风"。① 西乡治安重点是地痞恶丐，故可数村设一局，对于骚扰之徒，由局严加查办；同时，陈虬指出，西乡"殷富之家亦当于平日以恩义结其村民"，以减少内乱和内外勾结。②

陈虬最后指出："谋国以保富为先，保富以安贫为要。人贫而我势不能独富也。欲得守助之益，宜广收受之策，寓井田于保甲，其犹足壮矣哉！"③ 安居才能乐业，维护良好的地方秩序，是实现保富目的的前提。"保富以安贫为要"，从维护社会治安的角度出发，陈虬主张富者应适当照顾贫者，才能"寓井田于保甲"，实现同富，这难能可贵。

（二）广浚瑞安北湖

北湖，④"一名锦湖"，为瑞安之"县龙"，"在县城北门外，旁有水门，城内水出通湖，环绕城外，接东湖"。⑤ "发源于城北之集云山，合大小二溪，湖流屈曲，入东北两水门，交于署前之正阳桥，分左右二流汇出东水门，东行至九里，复折而北，与郡城之水会，而泄于东山、南河、五陡门。国初时湖流深广，舟行绕山麓北上，可直至岭脚。道咸以来，滋生日众，梯山为田，如棋枰、博卦盘，垦至山巅。夏秋时潦，溪流迅急，挟沙石而下，全湖浑浊，陡涨入城厢，故

---

① 陈虬：《乐清东西二乡宜急设保甲局议》，胡珠生辑《陈虬集》，浙江人民出版社1992年版，第185页。
② 同上。
③ 同上。
④ 《弘治温州府志》："其（水）潴而为潭，流而为渠，止而为浃，环而为荡，汇而为湖，俗语总谓之河。"见（明）王瓒、蔡芳编纂，胡珠生校注《弘治温州府志》，上海社会科学院出版社2006年版，第59页。瑞安方言中，"河""湖"同音，本书从《陈虬集》，沿袭前文，"湖"即为"河"之意。
⑤ （明）王瓒、蔡芳编纂，胡珠生校注：《弘治温州府志》，上海社会科学院出版社2006年版，第62页。

道遂淤。登高四望，中流一线，濂濂如长沟而已，旱潦均受其害。"①《弘治温州府志》也指出瑞安城内水道，"流贯城中，过县前，一街一河，纵横贯通，状若棋枰，雨溢晴涸，常宜疏浚";② 若"再久不浚，下口日涨，如遇大水，南西峤等处皆将有倒灌之虞。往岁治前大火，城内干涸，救火水龙皆临河袖手"。③ 陈虬认为，水之为用，"利赖尤无穷"，除《管子》所言之"利陂沟溃泥，滞通郁闭"外，尚有"蠲疵疠、清犷悍、息水患、振文风"④ 之奇效。"虽小大深浅之不同，其所以沃土壤，饶百谷，运舟楫，济不通，育鱼鳖而殖货贝，钟清明而疏污秽。"⑤

光绪七年（1881），陈虬在实际考察的基础上，提出了浚河条议十二策。开办六策：为设局、商功、筹捐、出土、束沙、包工；善后六策，为丈田、护堤、设准、绘图、计簿、立庙。而"大旨则以包工为要着"，"尤当设局以善其后"。⑥

首先，选取宽敞之地设局，作为浚河的领导机构。"公举练达有名望者为董事，又选副董二人司会计，司事数人供弓算、测绘、立向、分捐、督工及皮藏物件，另雇局工十数名为工头。"⑦ 陈虬特别指出，"总董外皆给薪水"，"令各有地段，职事不得推诿弊混。功成，勒碑记姓氏"。⑧ 这样既可以"责以考成"，责权利相结合，免

---

① 陈虬：《瑞安广浚北湖条议》，胡珠生辑《陈虬集》，浙江人民出版社1992年版，第166页。
② （明）王瓒、蔡芳编纂，胡珠生校注：《弘治温州府志》，上海社会科学院出版社2006年版，第73页。
③ 陈虬：《瑞安广浚北湖条议》，胡珠生辑《陈虬集》，浙江人民出版社1992年版，第166页。
④ 同上书，第169页。
⑤ （明）王瓒、蔡芳编纂，胡珠生校注：《弘治温州府志》卷四《水志》，上海社会科学院出版社2006年版，第59页。
⑥ 陈虬：《瑞安广浚北湖条议》，胡珠生辑《陈虬集》，浙江人民出版社1992年版，第166—169页。
⑦ 同上书，第167页。
⑧ 同上。

于"富者滥竽、材者弹铗",又"为地方谋久远之利似不宜惜此小费"。①

开办之始,要做好对河流的丈量、测算等准备工作。这样"开浚方有把握,不至于茫无头绪"。②筹捐分三项而出,为山厂、田亩、城厢。山厂之家,"按户派工","一例捐钱,准其以工相抵";田亩,"每亩业佃各输若干斤,不必分等";城厢,大户捐银,中户输米,下户免。③除此之外,还需另借公款或罚锾,以为先事之举。城厢湖道则令遵照局章画段自浚,由局中派司事以督之。

出土,即如何处置浚挖河道所出之土。陈虬提出两条建议,其一,"第一山"附近所出之土,就近"迆东接筑沙丘以避牛卧岭之凹风",这样或许可以实现"近岁渐无人烟"的"高家阳等处可生聚"的生态效果;赵家山附近出土,"遮培岩石,直至外陶尖,两处广载松桧柳杉",则也可实现"葱郁成林"以护河堤的长久效果。④其二,"不尽之土","以西门外竹排头江边为尾闾,先行楗木(在河堤缺口处打下竹木桩),旋以桩橛杂料,而后填筑沙土,大可置田置屋"。⑤陈虬特别指出,填土置田过程中,不要堵塞小浃,不要填"百岁坊"新潭,因该潭接通大湖,可以起到蓄水缓解河水流量从而免于泛滥之效,这颇具生态眼光。然后要搞好束沙之策,即"浚旧潭以为束沙入潭","非唯潴水备旱,兼取束沙放淤"。⑥陈虬为之经过专门的实际查看,并一一列举必浚之潭,每岁仅"兜淘数次",且"较易为力",即可免除泥沙淤积之患。

---

① 陈虬:《瑞安广浚北湖条议》,胡珠生辑《陈虬集》,浙江人民出版社1992年版,第167页。
② 同上。
③ 同上。
④ 同上。
⑤ 同上。
⑥ 同上。

包工为浚湖之关键，"宜令局工数人自行先浚一处，约每工日可出土几方，每船可载几千斤"，① 作为一个基本的计量标准。然后，"分段令浚，计船给值，出土远近仿此"。陈虬特别指出，"须就募捐所及之处招工，不可远募，以示调剂"；"当令就近居民包估出土，万不可画段计值"，为的是免除地豪"承浚"，以致妨碍"局章"；"而施工之先后则以出土出水之远近为次"，不可同步展开。②

浚湖完成后，需要做好善后事宜：按照鳞册"丈田"，"凡民田被浚者，照时值给价"，原先居于河床中者，"入局招佃"；河堤"皆令栽树"，而"画地招佃承管"，这样"四时掩映，可增风景"，既可以"护堤身"，使"全湖日久方无移占之虞"，又"尽可兼收其值以裕经费"；沿河陡门等处，"详定水则，转设闸夫，示以启闭之节"，以解决城厢干旱问题，又可于夏秋时节免于大湖之水倒灌稻田；分绘北湖、城厢两图，开方测绘，存局备稽考；将工程账目人员等进行详细登记，并转派司事十数人常年轮管湖务。最后是立庙，以祀水神，"湖田堤产概充庙祀"。③

陈虬对浚瑞安北湖的建议，如通过局工亲身疏浚，得出计量的标准；湖区就近移民，浚湖劳工就近招募；设专门的湖区资金，沿河广植绿被等，甚是完备，有诸多合理之处。

## 四 扶弱解困之慈善事业

陈虬肯定人人皆有为善之心，只要善于倡导运用，就能善行广布，风尚为之一变，"人性之善犹火之附薪，无以发之则不明"，"以

---

① 陈虬：《瑞安广浚北湖条议》，胡珠生辑《陈虬集》，浙江人民出版社1992年版，第168页。
② 同上。
③ 同上书，第169页。

火分人，则愈分愈广"。① 因此，他积极投身扶弱济困的地方慈善事业，表现为光绪十年（1884）的创建女婴堂和次年（1885）的创建利济医院。此外，如义渡、废疾院等也多有所议。②

同时，陈虬高瞻远瞩，他认为："地方一切义举，均当委之公正练达之绅董，地方官不得从而掣肘，但奖励其成而已。""天下事有虽公而不可归之官办者，有虽琐而必当归之官办者：婴堂也，义渡也，粥厂也，医院也，文成会也，借钱局也。"育婴堂、医院之事，虽是琐事，但应由官府主办，"一归于官，则董绅辄不得自由，往往良法美意，仅足供里胥、土豪牟利之薮，而实际之及民少矣"。③

（一）女婴堂

陈虬对社会上被遗弃的女婴给予很大的关心。1884 年，他撰《女婴堂议》，为女婴的前途和命运谋划，并建女婴堂，次年改名为育婴堂。④ 陈虬指出，育婴堂本属善政，但时下却存有一些严重问题："办之者往往不得其法，男孩尚易为功，女婴每苦无术。虐之如鸨，豢之如豕，人遂视婴堂如废疾院。纵至出堂之后，或取为假女、养媳，邻右亲串亦耻为伍，终其身不能自拔。"⑤ 这就导致女婴堂呈现出诸多弊端，或"经费不充"，或"刻削衣粮"，或"暗任贩卖"等。⑥

陈虬对此极为同情，建议在城中选取清净之处建女婴堂："自雇

---

① 陈虬：《善举尽可计礼以图扩充说》，胡珠生辑《陈虬集》，浙江人民出版社1992年版，第176页。
② 同上。
③ 陈虬：《上东抚张宫保书》，胡珠生辑《陈虬集》，浙江人民出版社1992年版，第338页。
④ 同治十二年（1874），孙衣言、孙锵鸣兄弟在瑞安杨衙街（今瑞安公园路）慧福庵内创办育婴堂。光绪十年（1884），陈虬在瑞安县城建女婴堂；次年，改名为育婴堂。1888年，又有人在城东（今瑞安丰湖街）创建孤老堂，又名仁寿堂。光绪三十一年（1905），育婴堂与仁寿堂合并为养济院。是为瑞安福利事业之基础。
⑤ 陈虬：《女婴堂议》，胡珠生辑《陈虬集》，浙江人民出版社1992年版，第180页。
⑥ 同上。

壮盛乳妇,期以十月为率,济以粥糜、洋乳",以哺养女婴;"六岁以后渐督以女工";"年届十三,各令夜课文史及算数",五年之后,"董事亲试优劣,各加赏罚";"定期十九而遣嫁"。①

至于女婴堂所需经费来源,陈虬提出三个途径,其一,"选劝殷实铺户,日捐数钱,中户米月数升,约里千户,岁一千贯,不难致也";其二,女婴六岁以后渐督以女工,十一岁则每日令缴计工作钱十文,每年各加五文,加至三十文则不再相加;其三,出嫁时,"令婿家捐堂费三十千",出嫁之后,"每年劝出堂捐三元以为折礼";而"夫家子嗣殷实者,劝其续捐以广堂产"。②

陈虬指出,女婴堂其善有七,其一,"收其身价而吾不伤廉,缴足堂费而人无辜思。予以更生之路,开其自新之门";其二,"女婴聪颖者,五年夜课即一生受用不尽,人争求娶";其三,"督作女工,每日限钱,则自趋勤俭。目前即可消邪念,即为他日持家张本";其四,"勤干善撙节者,约计嫁期约有私蓄数十千,婿家并无破钞";其五,"女婴既略识书,将来即可教子诵读,可省父师数年之力";其六,"人人视为天堂,不致猥弃,并可令良家妇女附课";其七,"堂产既裕,逐渐推行,俗美风良,蒸为郅治"。③

从陈虬建女婴堂的目的来看,他还是把培养贤妻良母作为教养女婴的最终目的:督促女工,则自趋勤俭,"为他日持家张本";既略识书,将来可教子诵读。但是,他关注社会底层妇女命运,主张不仅要养活女婴,更重要的是要培养她们日后的生存能力,这是很值得肯定的。

(二) 医院议

陈虬认为,"医,关人之生死,而道贵精。然非幼学壮行,则技

---

① 陈虬:《女婴堂议》,胡珠生辑《陈虬集》,浙江人民出版社1992年版,第180页。
② 同上书,第180—181页。
③ 同上书,第181页。

必不专，而实非建院以督之不可"。① 他二十岁有志于医，② 为瓯越名医。1884 年，与陈黻宸、何志石、陈栗庵等，在瑞安城东杨衙里创建利济医院。第二年，医院建成，"举通博有志者董其事"，有诊室、药房、③ 藏书阁及客房等。此后又于 1895 年，在郡城温州设立分院。④ 而医院的得名可能来自陈虬建院的宗旨——"利己济人。"⑤

陈虬认为医院之设，其利有八：其一，"医道专精，贻误自少"；其二，"书籍、师友，随处获益，修德进业，人得自立"；其三，"院设药房，考验本草，得其泡制、收藏之法，不特伪药可捐，亦且深谙物性，别资启悟"；其四，"院设客房，以便养疴，既可免其投亲租寓之烦，又可省其远地延师之费；况有花木亭沼颐养性情，病当易愈"；其五，"减润出诊，病家既省医药之费，医者又得薪水之便，人己两利"；其六，"学徒在院，一满十年，每年既可坐致三十六千；节省者可纾内顾，专心志学"；其七，"院医工便，庸医自绝，医道消长，民命所关"；其八，"院中既得良师益友，附骥益彰；道苟不朽，俎豆长留"。⑥

利济医院还充分考虑到医院运行的资金及技术等问题，实行灵活

---

① 陈虬：《医院议》，胡珠生辑《陈虬集》，浙江人民出版社 1992 年版，第 178 页。

② 关于陈虬习医，笔者推测，有如下两个原因：其一，因病习医，"虬自庚午（1872）患病，始志于医"；"二十以后，留心经世，旋以过劳，得咯血不寐症"，遂以学医。又，"年逾立境，始专心身心性命之学，思范文正'良相良医'之旨，一意于医，治之又十年矣！"（陈虬《上东抚张宫保书》，胡珠生辑《陈虬集》，浙江人民出版社 1992 年版，第 330 页）。其二，"吾少怀陈项志，先母戒吾曰：'汝目有杀气，恐不得其死，原自义抑敛，借医自隐。'"（刘久安《陈蛰庐先生行述》，胡珠生辑《陈虬集》，浙江人民出版社 1992 年版，第 394 页）

③ 陈虬《瑞安利济议院股份票》："本医院创自光绪乙酉，戊子（1888）开设药房，筹集资本。"见胡珠生辑《陈虬集》，浙江人民出版社 1992 年版，第 430 页。

④ 陈虬《瑞安利济议院股份票》："乙未，郡城设立医院。"胡珠生辑《陈虬集》，浙江人民出版社 1992 年版，第 430 页。

⑤ 陈虬去世后，弟子殷锴挽联："制字创教，开将来国度头等文明，何期大厦忽倾，顿使同洲齐震悼！利己救人，是我师建院一生宗旨，却恨仞墙初傍，未能医学衍心传！"见胡珠生辑《陈虬集》，浙江人民出版社 1992 年版，第 451 页。

⑥ 陈虬：《医院议》，胡珠生辑《陈虬集》，浙江人民出版社 1992 年版，第 178 页。

第二章　宗法治天下、关注地方建设与强固国防　❖　73

的出应诊制度，以照顾到医生的利益从而带动其积极性，医生"午前在院轮值，午后各自出诊，日以十五人为限"；"在院满十年者视所入医资多少，不足三十六千，则院中代为补足其数"；"每人岁计所入提还二成归院充公费"，"公费除添给薪水外，以五成购书，以五成置业"。①

医院对患者实行灵活的减润应诊制度，地域不同，费用也不同。他说："院中所定应诊章程，专就温郡、瑞城两处而言，并非定例。如在别处，可视该地通行医例通筹酌减几成。务使贫富均沾利益，方为本院建院本怀，当先行向院报明核准照办。"②

综合来看，利济医院之设药房，"平价便民，余资购置共产，以其息为舍药之资"；客房，即住院处，"待远来之就诊养疴者"，又有花木亭沼，"为怡养地"；"院中润笔之资视常行酌减，贫者免"。③这样，医、住、养等诸方面问题都予以考虑到。明确提出减免患者医药费，还考虑到医术问题，实为一大善举。利济医院作为浙东南最早的医院，并且运行情况很好，在民间深受欢迎，很大程度上也归功于此。

笔者认为，"善举计利以图扩充"，是陈虬各项公益活动的指导思想。陈虬并非贪利之人，他为瓯地名医，1876年始出诊，医治无数，虽减润而诊，但也家境富裕，"家门二十余口，岁需五百余金，倚虬以活"。④他行善取利，非为一己之私，而是为了进一步扩充善举，"以天下之利公之天下而己无所私"，"即酌收薪水亦属取不伤廉"。⑤

---

① 陈虬：《医院议》，胡珠生辑《陈虬集》，浙江人民出版社1992年版，第178页。
② 陈虬：《利济医院习医章程》，胡珠生辑《陈虬集》，浙江人民出版社1992年版，第239页。
③ 陈虬：《医院议》，胡珠生辑《陈虬集》，浙江人民出版社1992年版，第178页。
④ 陈虬：《上东抚张宫保书》，胡珠生辑《陈虬集》，浙江人民出版社1992年版，第331页。
⑤ 陈虬：《善举尽可计礼以图扩充说》，胡珠生辑《陈虬集》，浙江人民出版社1992年版，第177页。

为此，陈虬提出"开常捐""收工价"① 等筹资之法。所谓"开常捐"，意为开展经常性的捐助，"开办之始则尽可权其子母以为久远之计"，要留有一定的资本，通过资金周转以实现善举持久；其"可捐"，并不是带有强制性、普遍性，而是具有选择性的，"遇家道隆裕者亦当令其自行酌捐"。② 所谓收工价，是指受益者要付出一定的劳动，以其工钱作为善行周转扩展的资本。据此，是否可以这样认为，这反映了陈虬最初的资本主义经营理念。

陈虬还认为，行善举，可以"使人人皆得以自励"，合"立法之初意"。进而言之，"一人行为之学术，举世效之为风俗，将喜气洋溢，蒸为太和，翩飞吱息，各得其所，体天地好生之仁，弥尧舜犹病之憾"。③ 行善将引起社会风气的极大改善，这和其"更服制、简礼节"的主张是一致的，凡目之所及，耳之所闻，心之所思，皆是一派新气象。如此，从基层民众生活的层面上扫除旧迹象，呈现新的社会风尚，这当是其善举计利以图扩展的最终目的。

## 第三节　强固国防

陈虬出身以军功起家的家庭，父叔即因镇压太平天国而被授予军功。他自幼"好为兵家言"，生逢山河破碎、民族危难之际，他也在积极探索思考抗击强敌侵略的国防战略。其军事思想主要体现在《报国录》中，此外《经世博议》中的《筹海》与《筹边》体现了他的海防和边防思想。

---

① 陈虬：《善举尽可计礼以图扩充说》，胡珠生辑《陈虬集》，浙江人民出版社1992年版，第176页。
② 同上。
③ 同上书，第177页。

## 一 "治兵"与"团防"

1883年,中法战争爆发,法国军队在中越边境挑起战争后,同时沿海路进犯。1884年3月,法舰到达宁波镇海口游弋,浙江告急,沿海戒备。陈虬满怀忧国之心,写出了以加强国防、抵御外敌为目的的《东瓯防御录》四卷。后来战争结束,《防御录》也未经实践。甲午中日战争发生后,时任温处道宗源瀚招陈虬等筹划东瓯防务,陈虬遂将《防御录》重加修订后,改名为《报国录》,以上当事。陈虬提出加强军事的措施,其立足点还是着眼于冷兵器时代的"舍治兵不能以立国,而制实莫善于团防",[①] 企图通过"治兵"以加强士兵素质,通过组织"团防"以抗击外敌入侵。

陈虬的治兵之策,含有挖掘中国人民巨大潜力、动员广大民众参与御敌卫国斗争中去的意图。他指出:"泰西人人皆兵,犹得古人寓兵于农之意。"[②] 故应"养兵以卫民",只有"以兵止兵,乃可以致太平",坚信"上下戮力示以必胜"。具体来说,其一,定新操以练士兵技力。"兵,重务也,亦危事也。非力不举,非胆不壮,非技不精,而实非壮年不能办、日操不能成。请易旧法,黜洋操,而于水陆重定新操之制。"[③] 可以说,陈虬所拟的训练水陆二军之操法,着眼于气力、技术的训练;而于西方新的技战术,对新的热兵器的采用,还没有引起他足够的重视。其二,"限地"以使士兵专心军事。晚清士兵参军多出于经济目的,这必然影响战斗力,"今入伍者类多习业之徒,借名粮以卫身家,计饷银以当产值,月费粮米,即可免操,私顶私

---

[①] 陈虬:《〈报国录〉自序》,胡珠生辑《陈虬集》,浙江人民出版社1992年版,第83页。

[②] 陈虬:《经世博议·变法十一》,胡珠生辑《陈虬集》,浙江人民出版社1992年版,第36页。

[③] 同上书,第35页。

替，勒定粮价，有终身入伍、不识校场为何地者"。① 为此，陈虬提出"限地"之法，"凡补伍者，须离家在百里以外"，② 希望以此杜绝士兵的私念，以提高部队战斗力。其三，提高将官文化素质，陈虬重视将官的文化素质与实战经验，建议"将官皆当略通文义，……而非亲历行间者不得补主帅"，③ 选拨将官要注重实践。

此外，《报国录》中还提出提高部队战斗力的各项措施，大致如下：崇圣，联师儒以安万民；养廉，以激发文武大臣天良，使之公而忘私，报效国家；优待士子，养其德器，练其材识，为国家做栋梁之资；罢徭，从役法征发扰累之积弊一解其症结，免除扰民之苦；蠲贷，减赋薄征，藏富于民，以为战时之资；采办，国家采购物资，皆定价报销，如此，则百姓"修我戈矛"，"当必有深明袍泽之义，起而应制造军需之用者"；赏兵以激励将士，恤囚以激发囚徒之爱国情义；裁嫔或许会出现娘子军，增大战争力量；战后予以褒忠，为国死难者予以纪念，以激励后者。④

关于团防，鉴于晚清以来作为正规军的八旗军以及绿营兵的腐朽不堪一击，陈虬主张根据国情，"变法改制"，重建正规军，提高战斗力。保甲乡团，寓兵于民，他建议，应仿照正规军进行演习训练。"兵事即起，当于城内适中之地或附近治所设一海防总局"，⑤ 作为战事的领导机关。重视民兵，民兵不仅可以作为正规军的后补来源，而且在战时也是配合作战的重要力量。此外，陈虬还建议"练僧兵"，淘僧尼不可能一下子去掉，完全可以"因而用之"。僧尼平时练拳自

---

① 陈虬：《经世博议·变法十一》，胡珠生辑《陈虬集》，浙江人民出版社1992年版，第35—36页。
② 同上书，第36页。
③ 陈虬：《救时要议·强策》，胡珠生辑《陈虬集》，浙江人民出版社1992年版，第76页。
④ 陈虬：《报国录》，胡珠生辑《陈虬集》，浙江人民出版社1992年版，第85—120页。
⑤ 同上书，第92页。

第二章　宗法治天下、关注地方建设与强固国防　77

卫，其骁健远在兵勇之上，只要"晓以大义，示以激劝，亦可收其指臂之效"，可"令其中杰出者练成一军，假以义僧军之名，使之自率所属以备军旅"。①

大敌当前，陈虬军事思想的主要着眼点是对付外敌入侵，扬己之长，积极防御。他说："夫治国之道，有备无患，用兵之策，先发制人。吾不能禁敌之不来，要在吾有以制之而已。"② 西人长于水战，中国地大物博，应避敌水上而诱之内地，发挥我方陆战优势，予以围歼。同时，要积极应战，加强沿海沿江之守卫，诸如"扦港"之策，"使水流变曲，则敌难直驶，而两岸炮台皆可迎头轰击矣"。③

## 二　边防思想

鸦片战争以来，闭关锁国的中国被迫打开国门。为攫取利权，西方各国纷纷来到中国，边防问题突出，而重点是满、蒙、藏地区。"满、蒙、卫藏，在中朝则如木之有本，衣之有裔，尤为今日边防之首计。"④

对中国陆防构成严重威胁的首先是俄国，其次是英国。"俄与我接壤之区，东西几二万里"，对中国的蒙满等威胁极大；且"近又筑西卑利亚（西伯利亚）铁路，可由俄京而达东省"，⑤ 故是中国边防的首要敌人。陈虬指出，若俄罗斯用兵于我，"必当数道分出以疲吾师"：东则出珲春以窥吾东三省，西则出倭穆司克以窥吾新疆伊犁，

---

①　陈虬：《救时要议·强策》，胡珠生辑《陈虬集》，浙江人民出版社1992年版，第78页。
②　陈虬：《经世博议·筹边》，胡珠生辑《陈虬集》，浙江人民出版社1992年版，第59页。
③　陈虬：《报国录》，胡珠生辑《陈虬集》，浙江人民出版社1992年版，第98页。
④　陈虬：《分镇——救时十二要策之一》，胡珠生辑《陈虬集》，浙江人民出版社1992年版，第288页。
⑤　陈虬：《经世博议·筹边》，胡珠生辑《陈虬集》，浙江人民出版社1992年版，第57页。

南由俄都近畿而托穆司克、而恰克图，斜探蒙古而窥吾直北之边，直逼高丽。同时，为防止各国出兵援助中国，俄国可由黑海出兵，用以牵制。西藏为我西南之藩篱，对于拱卫内地意义非同小可，朝廷虽然在西藏设有驻藏大臣，然用于羁縻之策尚可，而于抵抗外敌则无济于事。英国对之虎视眈眈，且"俄近屡遣使臣相视藏地"，卫藏之策不可不行。故综合来看，"诸夷，癣疥也，俄罗斯则心腹之疾也"，俄罗斯占据地利，且已占我大片土地，不能不早做预防。①

1888年，陈虬提出了他的筹边之策：分设四部经略大臣，"东北则保满、蒙以卫本根，西南则护卫藏以固藩篱"。②重点是防御俄在东北、英在西南的侵犯，全面铺开，重点设防。

他说："仿筹海遗意，特设四部经略大臣，各练骑兵数万，辅以铁路，以为策应游击之师。用人行军，朝廷不拘以文法资格，予以全权，使得便宜行事。"③在满蒙、藏之地"设分东、西、北及三藏为四部，而各设经略大臣以为控制"④之策，以加强边疆地区之防卫，御敌于外。

四部经略大臣分辖不同边疆地区。东部东起混同江及吉林、盛京全省辖境，西至贺兰山，南界长城，北据瀚海，中间辖内蒙古六盟，驻地为伯都讷城。北部东起黑龙江，西界阿尔泰山，北界俄罗斯，南界瀚海，辖黑龙江全境、外蒙古四盟地，驻地为土谢图。西部东起阿尔泰山，西尽新疆，北界俄罗斯，南以喀什嘎尔河、塔里木河为界，驻地为塔尔巴哈台。三部之间，东部与北部为防范俄国之侵犯，互为"辅车之依"。对于西藏，"三藏之地并驻藏大臣为经略，而驻后藏之札什伦布以便四面策应：北控青海、和阗"。经略既设，然后可以

---

① 陈虬：《经世博议·筹边》，胡珠生辑《陈虬集》，浙江人民出版社1992年版，第57页。
② 同上。
③ 同上。
④ 同上。

"兴屯保甲",筑城、掘濠、树杂木,以防敌骑之冲突;"招外洋华工以实边","徙内地囚犯以垦荒","绳之以法,使之成军",行军屯,兵农合一,农有田,官有俸禄,"生聚教训",以守为战。则"二十年后,北庭、南部非复俄英有矣"。①

在经略官员的任用上,考虑到既要符合边境地区的特点,又要根据官员的能力,还要注意有利于边境之稳定。故应"择取京外满汉晓畅兵事、通达防务、耐劳苦者,使之娴习所部内外语言文字以备边材,而设驾部郎、参赞等职",无定员,"人数视所部广轮"而定。② 其中,"驾部郎则分巡所部,凡边邮之险塞、防务之张弛、将领士马之贤否强弱,一一周知",③ 同时,要给予经略官员之充分之权力,"假以举劾之权,优者后入为参赞以规画机宜"。④ "到部未三年者不得补,已补者不得改调别部及内省。勤干久任者仿宋人五等之制计功,给屯田为世禄,示激劝。年届六十者,经略各官皆告退。"⑤ 陈虬特别指出,筹边之要,重在得人,得人之后应"予以全权,使得便宜行事",这样方不至于重蹈历史之覆辙。"先前,朝廷于东省、新疆防务亦似力求整顿,而各部则置若罔闻",原因就是没有得到很好的人选;明末熊廷弼经略广宁与清之在东三省之防务,"弊在十羊九牧,事权不一"。⑥

陈虬同时指出,边疆之设四部经略,"用人行军,朝廷不拘以文法资格,予以全权,使得便宜行事"。⑦ 军政合一,等同于在边疆设立封建藩镇,目的是以之防护内地,捍卫国家领土的完整及国家权力

---

① 陈虬:《经世博议·筹边》,胡珠生辑《陈虬集》,浙江人民出版社1992年版,第58页。
② 同上。
③ 同上。
④ 同上。
⑤ 同上。
⑥ 同上书,第59页。
⑦ 同上。

的统一，不会造成国家的分裂。不同于在内地设封建，"封建之制，创制需时，当行之于全盛无事之日；应变救猝，似以添设经略为当"，① 若于内地行封建藩镇，当此乱世，中央集权本就无力，则可能会造成内地割据势力形成。对于封建与郡县，同是浙籍的近代朴学大师德清俞樾的表述，可谓颇合陈虬此议，他在《封建郡县说》中指出，"吾谓封建必以郡县之法行之，郡县必以封建之法辅之。两者并用，然后无弊"，"内地郡县而边地封建，固有天下者之长计也"。②

## 三 海防思想

自古以来，中国的外患主要是来自陆地边疆。鸦战以来，西方列强挟坚船利炮从海路而来，特别是1874年日本侵略台湾以来，海防问题突出，朝野上下更是掀起了海防边防孰轻孰重之争。

陈虬主张海防与边防并重，根据敌强我弱的国情，振兴海军加强海防，以御外侮。

首先，设经略统筹部署指挥全国海防，"就海军衙门特简经略大臣以辖之"。在海军官员任用上，"仿效西法考补"，"破除积习，超补一皆以技"，"皆亲身驾驶，以技而升，不阶别级，无弃材，无躐等"。③ 旅顺、台湾的战略地位非常重要，陈虬特别指出要在两地各设经略大臣行署，分驻半年。同时，"罢沿海防汛，更营制，设兵轮，分海疆为四"："自成山以北至辽沈为北洋，而设提督行署于登州之威海卫"；"成山以南至闽之五虎门为东洋，而设提督行署于浙之招宝山"；"五虎门以南之广东乐会县为南洋，而设提督行署于琼州"；

---

① 陈虬：《经世博议·筹边》，胡珠生辑《陈虬集》，浙江人民出版社1992年版，第60页。
② 俞樾：《封建郡县说》，见龙应台、朱维铮《维新旧梦录——戊戌前百年中国的"自改革"运动》，生活·读书·新知三联书店2000年版，第112—113页。
③ 陈虬：《经世博议·筹海》，见胡珠生辑《陈虬集》，浙江人民出版社1992年版，第54页。

## 第二章 宗法治天下、关注地方建设与强固国防

"再练外洋水师一枝,游驶新加坡、苏门答腊等处,无事则保护华民出洋,有事则断其归路"。①"每洋各设水师提督一,南北迭巡,按季轮防,使得平时练习南北沙水风线",② 这样沿海北自鸭绿江南至广东乐会县,皆有水师巡防。至于内港,则"另筹渔团海军以备不虞"。③

难能可贵的,陈虬还提出了建立远洋舰队的设想。"再练外洋水师一枝,游驶新加坡、苏门答腊等处。"④ 无战事时,远洋舰队保护华民出洋,以及保护中国在东南亚的商业利益;战事起,则可用来截断敌方退路。⑤ 他提出要将这一巡驶常态化,要实现"兵商"合一,武力护航,保护国际商业航运往来。"经费稍裕,自备兵商巡船数号,每年环球一周,商以贸易,兵以测量,纠合公司,逐渐添置",⑥ 五年之后必致富强。就此而言,陈虬是中国近现代史上较早提出建设远洋海军者,建设目的是以商、战并重,大大突破了同时代人的构想,难能可贵。

其次,"御敌之道,当以柔克刚,以小制大"。⑦ 制兵船与改炮台

---

① 陈虬:《经世博议·筹海》,见胡珠生辑《陈虬集》,浙江人民出版社1992年版,第54页。
② 同上。
③ 同上。
④ 同上。
⑤ 关于"有事则断其归路",同时代的宋育仁的行动则当是对其最好的注释。1894年,甲午战争之际,宋育仁正出使西方四国,当他获悉平壤陆战、黄海海战皆失败后,心急如焚。遂积极与公使馆参赞杨宜治、翻译王丰镐等密谋,拟借外款300万英镑,购英国欲卖与阿根廷、智利两国的兵舰五艘、鱼雷快艇十艘,其他辅助舰艇若干,在澳大利亚招募水兵二千名,由曾经做过北洋水师提督的威琅里少将为统令,组成一支舰队,伪装成澳国商团,佯称保护商队,经菲律宾北上,直攻日本长崎。"万舰齐备,整装待发。"但没过多久,中日议和,用精悍水师远袭日本的计划胎死腹中。清廷得知宋育仁"招募袭日"事后,责以"妄为主事",将其所筹之事一概作废。宋育仁将此记入《借筹记》。见黄宗凯、刘菊素、孙山《宋育仁思想评传》,西南交通大学出版社2007年版,第8、161、216页。
⑥ 陈虬:《经世博议·筹海》,胡珠生辑《陈虬集》,浙江人民出版社1992年版,第54页。
⑦ 同上。

实为克敌关键。曾亲身参与对英斗争的林则徐，早已指出"剿夷而不谋船炮水军，是自取其败也"。① 陈虬认为"扼之于外海则有兵轮，御之于内港则恃炮台"。② 西方皆有铁甲船之优势，中国除既有兵轮外，可略购英之碰船、快船；然后"编取蚊子小舟，③ 以渔勇为之，蜂屯蚁附，四散游徼，相机而动，困之于水，使不得锐意登陆"，此为上策；一旦敌人进入内地，则充分发挥我军陆战优势，"四面包抄，以逸待劳，聚而歼之"。陈虬建议在内港备置炮台，过去添置的炮台仅限于保护台基、升降炮位，并不能杀伤敌人，应该改变旧法，"于沿江地段较长、扼要必由之处，平筑铁路二道，炮座皆施活架，随船上下，左右更换。如此则炮位无定，敌难轰击，炮必不多，而沿江有备"。④ 陈虬提出相地形而构筑炮台之法，以更有效地抵御外敌：有山之处仿效英国因山为台，"因山为炮台，故坚不易摧；炮位不覆以屋，故烟不自蔽；穴山以储火药，故不为敌炮所燃；兵房建于山凹，故能以山自障"；⑤ 无山之处仿效比利时炮台构筑之法，"炮台分内外、上中下三层，中空而圆，砖石向内砌毕，外四围皆培以土，斜拖而下，而覆其顶，每层数步，留炮眼，远视但见大土堆而已"。⑥ 为掌握海防的主动权，陈虬还主张"战船炮弹必须自制"，⑦ 才不会受制于列强。

再次，编练渔团与开发海岛。海防要充分利用渔民的力量，陈虬

---

① 林则徐：《遣戍伊犁行次兰州至姚春木王冬寿书》，此处引自张俊纶《王柏心传》，崇文书局2008年版，第40页。

② 陈虬：《经世博议·筹海》，胡珠生辑《陈虬集》，浙江人民出版社1992年版，第55页。

③ "蚊子小舟"，疑为炮艇，英文 gunboat，译为"根驳轮船"，或"根驳"或"梗婆子"，也称作"水炮台""蚊子船"。

④ 陈虬：《经世博议·筹海》，胡珠生辑《陈虬集》，浙江人民出版社1992年版，第55页。

⑤ 同上。

⑥ 同上书，第55—56页。

⑦ 同上书，第55页。

对左宗棠创办渔团大为赞赏,认为渔团必不可撤,"可汰水师各兵,就渔户中挑选丁壮补充足额,练成海军",这样,可以留住那些其"杰而有材者",为国效力。其余渔民,设立渔团局管理,"给以薪水,各授以操练之法,沿海七省,十万人不难致也"。① 同时,陈虬提出改变清初以来的"迁海令",迁民于沿海诸岛,"一一经理,添设官汛,升科起税",既可"以其费充海军之需",又可杜绝"县胥营弁资为利薮,而国家无丝毫之益"之钻营。② 陈虬指出,如果此事迁延不决,则恐怕又会出现西方列强乘虚侵占香港、澳门之事。

最后,陈虬指出,"海战"乃海防之"命脉"。洋务以来,国家慎重海军,"购铁甲""设炮台",特设海军衙门以为之统,又有南北洋水师之"会操制";然而"宏纲虽举,而目则未详","议及海战,则皆谈虎色变"。一味照搬西制,重军械而不求精其造船之法,"事事仅知摹仿门面,未尝深求其命脉、弊病之所在极力整顿、改弦更张、实事求是之故也"。③ 重海防而畏于实战,正是洋务运动海军筹建30年没有实效的原因所在。马尾之败并没有使清朝洞察其弊,几年后的甲午惨败恰恰证明了陈虬所言之准。

## 第四节 铁路建设与治河三策

陈虬的铁路建设与治河思想,也主要着眼于国防,"固国家之基业"。④ 他说,"铁路者,行军之要务,辅以商务为养路之费";⑤ "铁

---

① 陈虬:《经世博议·筹海》,胡珠生辑《陈虬集》,浙江人民出版社1992年版,第56页。
② 同上。
③ 同上。
④ 陈虬:《经世博议·治河》,胡珠生辑《陈虬集》,浙江人民出版社1992年版,第49页。
⑤ 陈虬:《救时要议·强策》,胡珠生辑《陈虬集》,浙江人民出版社1992年版,第76页。

路者，军国之大计，非商工之末务"，铁路为"筑炮台，更练营，设商局，精制造"之"纬"，"无铁路以为之纬，则呼应不灵，终归无用"。①《治河》三策，也并不局限于治理黄河自身，而是颇有"大治河观"之谓，"利及万里，功在当时"：② 上策以治河为实边，中策区内外蒙古为水陆二防，下策才是治理黄河水患。

## 一 铁路建设

外敌入侵，中国水战之利尽失；陆战又在兵员调集、战略物资集运等方面存在诸多不便；兼之邻邦如俄国等，亦新添七千余里铁路，因此中国应"思急为变计"，修筑铁路实为当代之"非常之功"。

晚清时人对铁路建设多有建言，皆认为铁路修建对中国大有益处。李提摩太《新政策》中其"养民之法"认为修建铁路是一"养民之善法"，"铁路马路，遍国通行，则货物流通，岁省无穷之运费，居者行者，皆获大益，买者卖者，无一偏枯矣"。他说："既有铁路转运灵通，各省矿产，均可开采，地中无用之泥土，皆变为地上有用之金银矣。"又说，铁路可转运移民开垦西北及东三省无主之地。③

陈虬直言不讳地指出："欧邦之创铁路也，其始只取便商，而后乃假之行军。中国则当以军务为急，而辅以运载。"④ 因此，他反对仅在通商口岸修筑铁路。提出：铁路建设应该与陆路之传统舟车，及水路航运相结合，主要建于内地，"当视轮舟不及之处，宜先由西北而后及于东南"。⑤ 具体而言，"东南沿海、临江之区既设有海军、长

---

① 陈虬：《腹地广置木路议》，胡珠生辑《陈虬集》，浙江人民出版社1992年版，第60页。
② 陈虬：《治河》，胡珠生辑《陈虬集》，浙江人民出版社1992年版，第49页。
③ [英]李提摩太：《新政策》，见朱维铮编著《维新旧梦录——戊戌前百年中国的"自改革"运动》，生活·读书·新知三联书店2000年版，第193页。
④ 陈虬：《腹地广置木路议》，胡珠生辑《陈虬集》，浙江人民出版社1992年版，第61—62页。
⑤ 同上书，第60页。

江之师矣，轮舟四达，形势利便，似不虑其单弱。所可虑者，独西北之策应不灵耳。万一江海道梗，轮舟之利与敌共之，则倚为臂指之助者非秦、晋、川、楚之兵而谁耶？古来兵冲四要之区，得之则足以制人，失之则足为吾患"。① 以铁路辅之陆战，由陆战之胜进而谋求全胜。故曰：内地之设铁路，"取道似纡，用费似繁，然实有深意存乎其间焉"。②

在《救时要议》中，陈虬还指出，当前国家财力低下，"全路猝不易办"，宜按照轻重缓急，"则由潼关循河东行至郑州，由郑州至郾城，历遂平、应山下达汉口与津、通三百里，此路必不可缓"。若此路建成，则自长江沿水路而上至武汉，再由武汉沿陆路可直至陕西潼关，则"声势自壮，而内地无单弱之虞矣"。③

《经世博议》又对内地若干铁路干线建设，作了详细规划："请由宛平、良乡、涿州、正定（计六百六十里），出井陉（计一百五十里）、寿阳、榆次至山西太原（计四百里）。循汾河南下而至潼关（计一千零七十里），达西安（计二百二十里），过商州、商南、郧阳而迄襄阳（计一千一百十四里），之江陵（计五百五十里），以为干地，计长四千一百六十四里。再由西安至咸阳，西北由兴平、乾州达甘肃皋兰，西南由兴平、武功、沔县达成都，此备之于西北也。复由潼关循黄河东行至郑州、归德以及宿州，而以宿州为一汇。由宿州、滁州北上历滕县、济宁、德州、景州、保定达通州以卫神京。再由宿州、凤阳历滁州、江浦达江宁，由江宁北达扬州，南达江苏而止于浙江。如此而东南之声势壮矣！复由郑州至郾城，历遂平、应山下达武昌，再由郑州、许州、陈州、太和、寿州、庐江而至安庆，由安庆至

---

① 陈虬：《腹地广置木路议》，胡珠生辑《陈虬集》，浙江人民出版社1992年版，第62页。
② 同上书，第61页。
③ 陈虬：《救时要议》，胡珠生辑《陈虬集》，浙江人民出版社1992年版，第76页。

九江达南昌，再由九江东行至铅山、广信、玉山左达浙江、右达福建，复由九江南下至临江，由新淦达广东，由新喻、袁州达广西，星罗棋布，节节可通，而全路成矣！"①

陈虬提出，既然目前无力构建铁轨，可暂用木制车轨来替代铁制车轨，故称木路；待条件成熟时，再改为铁轨。木路之设，其利有十："能速成，利一；成费大省，利二；销磨甚少，利三；能易行弯曲之路与斜路，利四；如正轮忽断，则辅轮能受车体之重，行甚稳当，利五；车行时并不摇动且不发响，利六；因各项之费用少，则运客之价可便，而主人易于得利，利七；木条内地充足，无须洋铁，财不外渗，利八；木作、木工易仿，民无失业，利九；木厂视铁厂简易天渊，便利速成，利十。"②

关于铁路建设的费用，陈虬认为并不足虑：其一，开西北之富源，获利无算，"西北膏腴之地，素称天府，特无铁路以开其风气，其利岂真薄于东南哉！"③ 建路、养路之资皆可无忧；其二，仿效西方"每有大事必告贷于民"、④ 编制财政预算，参照《救时要议·富策》中言及"定国债""权度支"之策，"以天下之财办天下之事，尚何有支绌之日哉"，⑤ 可予以参考，解决建路之资；⑥ 其三，以木轨替代铁轨，花费不大；"利源稍裕，再易铁路，当易为力"；⑦ 其四，

---

① 陈虬：《腹地广置木路议》，胡珠生辑《陈虬集》，浙江人民出版社1992年版，第61页。
② 同上。
③ 同上书，第62页。
④ 陈虬：《救时要议·富策》，胡珠生辑《陈虬集》，浙江人民出版社1992年版，第72页。
⑤ 陈虬：《腹地广置木路议》，胡珠生辑《陈虬集》，浙江人民出版社1992年版，第62页。
⑥ 陈虬：《救时要议·富策》，胡珠生辑《陈虬集》，浙江人民出版社1992年版，第69—75页。
⑦ 陈虬：《腹地广置木路议》，胡珠生辑《陈虬集》，浙江人民出版社1992年版，第62页。

铁路修建，视主次重要程度及修建难度，按照一定次序进行，"可先就干地次第举行，而后及支路"，"山径过峻、水道较阔、猝难施功者，不必穴山架桥，视平地告竣始行从事"。① 这样，可以大大节约建设资金。

对于铁路建成之后的功效，陈虬也毫不掩饰地指出，如同昔日秦皇筑万里长城以备胡，"全路若成，辅以轮舟，十八行省之兵征调往返，不旬日而麇至阙下，靖内寇，御外夷，节饷需，裕利源，进可以战，退可以守，岂非万世不拨之基哉！"②

## 二 治河三策

黄河发源于西藏，流经藏、青、甘、宁、内蒙古、陕、晋、豫、鲁等多个省份，绵延五千余里，最后注入渤海。黄河流域是中华文明的主要发祥地。古有大禹治水以求水利，然自汉魏以来，全河之利尽失，数千年来而靡有定。殷忧启圣，去害兴利，历代治河思想不断。

河防与治河，是古人所谓经世之学的重要内容。陈虬的治河观见于《经世博议》之《治河》，他着眼于不同的方面，以河为防，分上中下三策："循北干大界水之旧，顺地脉而循天纪，竟神禹四千年来未竟之功，故谓之上策"；③"据中外之形势，固国家之基业，利及万里，功在当时，故曰中策也"；④ 下策则着眼于根治黄河水患。

### （一）以治河为实边

所谓上策，即"导源葱岭，横绕北徼，率顺水性，循山入江，扼中朝内外之防，开塞外富强之源，以治河为防边"。⑤ 陈虬主张"徙

---

① 陈虬：《腹地广置木路议》，胡珠生辑《陈虬集》，浙江人民出版社1992年版，第62页。
② 同上。
③ 陈虬：《治河》，胡珠生辑《陈虬集》，浙江人民出版社1992年版，第49页。
④ 同上。
⑤ 同上书，第42页。

河塞外",既解决内地水患,又以水实边,启西北富强之利源。

陈虬认为,"欲明水道,先考山脉",①"天下之山,以西藏极西之冈底斯山为祖,居天下之脊,众山皆其分脉,分干有四",为西北、北、中、南四干。②陈虬所言为"北干水道",主张分天山北路与南路两道,沿山势走向,循山导水入江。"由天山北路伊犁河西北图尔根河起,逾博罗拉达河、库尔喀喇乌苏河、安集海河、和尔廓斯河、苇河、乌陇古河、布尔干河、德伦时河、锡拉河、墨特河、推河、塔楚河、翁金河,循达尔罕山北麓入喀噜伦河、塔尔河,穿戈壁数十里,通科勒苏河、达敖嫩河入黑龙江";"其由天山南路者则由葱岭循乌什城河,沿开都河、博斯腾泊入阿尔辉河、托克逊河、蒲昌海、哈密河、布隆吉河,过花海子,入居延泽,穿阴山,达塔楚河,曲曲入江"。③

陈虬认为,此举除根治水患之外,尚有三大功效:其一,"扼中朝内外之防",④ 主要是要防范俄国人的侵略。陈虬指出,"俄人逼处吾后,逾兴安岭而南与吾争东省三江之利,又西北新疆之地,膏腴尽为所占,东西横亘万余里,防不胜防",⑤ 一旦"山险既失,则当退而守河";⑥"若能特开新河,挖土筑堤以置铁路,征兵运饷,一水上下,俄虽强,不足虑也"。⑦ 其二,"开西北富强之源",西北为"秦陇之屏障、燕晋之藩篱",地理位置重要,虽有新疆之设行省,但人烟稀少,制约其发展,"若大开河道,使舟车直达,则地大物博,懋迁自众,将来练兵筹饷,不患无措,且由此大修屯政而吾圉固矣"。⑧

---

① 陈虬:《治河》,胡珠生辑《陈虬集》,浙江人民出版社1992年版,第42页。
② 同上。
③ 同上书,第44页。
④ 同上。
⑤ 同上。
⑥ 同上。
⑦ 同上。
⑧ 同上书,第45页。

其三,"全河外徙,则内河可垦之田当以亿万计",招募民众仿军屯之例而垦,则既可"使人得占田自力",又可"拔尤使卫边",民众自食其力,免于流民战乱,有利于社会秩序的安定,又可卫固边防,"利益岂有涯哉!"①

至于开挖河道、引流水源所面临的"资""具"——资本与技术问题,陈虬认为"患其无资,不患其无具也"。②关于治河所需的技术,他认为不应该为"一隅之见"所局限,要大胆采用西方先进科学技术,"泰西机器百出,穴山而启铁路,入海而穿电线"。③至于资费,陈虬提出解决之道:其一,"招内地流民以实边,准其自占地利";其二,委托外商承包经营,"托泰西豪商以包工,许其酌操利权,经之营之"。如此,则"十年之后,河道大开,沙漠之地,水草沃饶,富庶可坐致也"。④

陈虬认为,北干之水终须北流,"终不能以人力挽之使南也"。其所提出的治河思路中的"导源葱岭,横绕北徼",是"率顺水性"而为,故具备极强的可行性。"山不离祖,水必归壑"乃水之本性,英国人之治印度河,德国人之治莱茵河,埃及人之治奈而河,正因其顺水性而治,虽"水患突过黄河",但因"一例顺轨",故治理成功。⑤中国历史上,黄河改道于北野者占十分之八之多,此为水之性,不可逾改。他反对黄河之河道不可更改之说,他指出,黄河自周定王五年(前602)南徙以来,已非"禹之故道",所以"三千年中屡修屡决",故"河,大禹之所道也。圣人作事为万世功,通于神明,恐难更改"⑥之观点,实未为信。

---

① 陈虬:《治河》,胡珠生辑《陈虬集》,浙江人民出版社1992年版,第46页。
② 同上书,第45页。
③ 同上。
④ 同上。
⑤ 同上书,第46—47页。
⑥ 同上书,第46页。

时人孙宝瑄所持观点也与陈虬同。孙宝瑄在《忘山庐日记》中说："黄河宜北流，不宜南流。元明以来，余阙、胡世宁，本朝之孙文定、裘文达及胡渭、孙星衍辈，皆知之。顾皆无如漕舟直达之无策，由其时尚未有灌塘济运之法，故言改河北流，世至道光间行之始万全无失也。魏默深力主其说，又云：一人倡议，众人侧目，自非一旦河自北决于开封以上，国家无力以挽回淤高之故道，浮议亦无术以阻挠建瓴之新道，岂能因败为功，邀此不幸中之不幸哉。其后咸丰中时，河决铜瓦厢，河经大清河入海，果不出默深之所料。盖自元人断北流后，至是始复故道。"① 孙氏认为，黄河终须北流，此为河之本性，自元人改南流以来，北流之说一直流行。黄河北流，可以收漕舟直达之利。

（二）区内外蒙古为塞外河陆二防

外蒙古居于塞外，朝廷虽设有办事大臣，增添卡伦，然而驻兵无几，且近来颇呈衰微之势。"蒙古之衰，敌之所喜而吾之所甚忧也"，故朝廷"欲收为唇齿之益，当重以腹心之寄，非大兴水利而实边防不可"，"国家有莫大之利……塞外之河防是矣"。② 陈虬提出他的治河中策：引黄河水至塞外，以内蒙古为水防，外蒙古为陆防，共同固卫中朝。

具体而言："拟堵黄河南行故道，使由河套北路图尔根河东北行，达德布色黑河，绕墨灰图驿，逾察罕鄂博入昭哈河，堵东洋河，达七七哈黑河，逾哈那台河，沿哈拉马苏河，改穿内务府镶黄旗牛群牧场，循察汉托罗海岭北麓，疏乌兰克勒、大马库朝。古者五河为数不及百里。堵五可儿河，而汇五河之水入乌兰城上都河，北流转东，复折而南，浮于库儿奇勒河；于郭家屯北堵滦水，截使东北行，循郭里

---

① 孙宝瑄：《忘山庐日记》，上海古籍出版社1983年版，第373—374页。
② 陈虬：《治河》，胡珠生辑《陈虬集》，浙江人民出版社1992年版，第47页。

岭东行，穿虾蟆岭，如英金河，沿西剌木伦河，达大辽水入海。"①简言之，自内蒙古黄河河套处引水东北行，沿途连接诸多小流，穿内蒙古中部，至内蒙古与直隶北部交界郭家屯处堵滦河水，然后北行内蒙古东部至巴林左翼旗接辽河水，而于辽宁西部入海。这样做的目的，很明显，即"区内外蒙古为水陆二防，以外蒙古为江北之濡须"，②内蒙古大兴水利，以水为防，而外蒙古依然是以陆防为主，"舟车四达，接应便利"。

陈虬认为，"疏凿水道，改宽河身"，③大兴水利于塞外，有八利："汇万里来源，环卫神京，外固长城，以作金汤，其利一。区内外蒙古为水陆二防，以外蒙古为江北之濡须、淮南之合肥，舟车四达，接应便利，其利二。黄河自郑州合龙以后，时有决口，随其北行之性，则畿辅有渐车之虑；挽就东进故道，则东南无安堵之期；若改道使出河套，则河身尽占为田，堤埝悉令种植，五年之后，富可敌国，其利三。水草沃饶，荒漠之地顿致富强，备边之道莫大于此乎此，其利四。地辟人众，货物充牣，关外铁路由此大开，其利五。全河外徙，则秦、晋、兖、豫四省水利不能不开，开渠置闸，人自为力，四省之地可期富庶，其利六。河北岁修之费往时定五百万，近经裁节犹六十万，而意外之费不与焉。度支有常而漏卮无底，病国厉民，曷其有极，若全河北徙，百弊尽蠲，其利七。俄国近于西比利亚新造铁路，横亘新疆、蒙古、东三省，上策或难猝行，得此河亦可少折其锋。昔粤、捻诸逆窜扰曹、济，几无虚日，然未能过黄河一步。以河为防，不无少补，其利八。"④可以见出，此八利，当首重于国防，其于经济、民生等亦服从服务于国防。

---

① 陈虬：《治河》，胡珠生辑《陈虬集》，浙江人民出版社1992年版，第47页。
② 同上书，第48页。
③ 同上。
④ 同上。

治理黄河，以收水利之功，这是晚清士人的一个普遍想法。近代著名学者孙宝瑄肯定水利之效，曾云："我国富饶之区，首推东南，其所以致此者，以水道四通八达，物产易流通，农商之业易兴也。西北无水道，故地方贫瘠异常。然则水道之功，不亚于铁轨也。"① 孙宝瑄的观点代表了部分士人的观点，他认为中国南北贫富差距明显，原因就在于交通问题；若于黄河大兴水利，水道兴，南北物资流动，工商业皆可兴，北地富庶可期。

（三）治河应治其源

自世传大禹治水以来，六百年后至商代始有水患，最初采取的措施是"迁都以避之"，迨至周秦，河患不绝于书，历代治河层出不穷。清代因漕粮主要依靠运河，加之治河官吏中饱私囊，河患尤甚。流行的治河之法，不外是"镶扫筑坝""戗水圈埝""重堤于淤""包滩下扫"等，其大旨不外汉代贾让"增高陪薄"、明代潘继驯"束水归槽、借水扫沙"之成规。陈虬认为治河应治其源，他同意陈继本②的治河之法：上下流分杀水势，入海口扦桩以去淤的治河方法。

具体而言，上流要做到"蓄水放淤"，"河虽决于东南，然其源固自西北来也"，故应"于山西、陕西、河南等处归入黄河之大小支流，添建水闸，以时启闭，杀水上流之势"；"若能于上下流分杀其势，则自顺轨"，③"当于内地上流多浚大渠，相地形之高下，定渠底之浅深；下流设石闸，以时节宣。离闸数里，先筑小坝一二处，不必过高，底视闸口略深，留淤不使外放"，④ 小坝为潴留泥沙之用，"沿

---

① 孙宝瑄：《忘山庐日记》，上海古籍出版社1983年版，第374页。
② 陈继本，字华亭，浙江山阴人，幕游山西二十年矣，刻意考求河道，庚寅年（1890）来山东，条陈河务，遇于济南。见胡珠生辑《陈虬集》，浙江人民出版社1992年版，第50页。笔者按，《治河》初成于1888年，陈虬1890年于济南遇张曜、陈继本后，加入张曜、陈继本治河之法，可见《治河》1890年后有所改动。
③ 陈虬《治河》，胡珠生辑《陈虬集》，浙江人民出版社1992年版，第50页。
④ 同上。

渠居民岁使淘沙挖泥各一次"，① 则既可实现水清又可清除黄河之上游所携泥沙之效。

对于下流，陈虬反对"分黄入马颊河"② 之议，认为考虑到挑河筑堤、迁徙村户与坟墓、估买民田等之巨费，"下流多开支河"谈何容易。陈虬认为，近来全河北趋，阻尾闾之泄者仅山东利津之牡蛎嘴而已，因此，陈虬提出沿用张曜之旧议："于齐河以下李家岸、赵庄之间引河使入徒骇，使由流钟口入海，更于章丘县东山头店东通獭河，汇浒山泊如小清河，此其概也。"③

对于下游入海口之泥沙淤积严重、淤高则倒灌横决问题，陈虬提出"拟于出口之外唇，束竹为桩，扦作三角形，斜入海中，挑水移溜（溜同流，即黄河之水流——笔者），则害自除"，"量口门之宽狭，做角形之长短，则大溜由中直趋出海，而潮水之迎溜而来者自分趋于两边"，④ 所有泥沙皆直出而积于出口之外海，入海口则不会积淤沙泥。陈虬指出，此策若得行，"上流既杀其势，支河又多分其流"，⑤ 水患自是能御。此为下流治河之上。

然后，"西北之广渠既开，东省之支河盛启"，⑥ 若"诚于此时于汾水发源处，使绕管涔山麓通入滹沱河，清北干南条之脉，兴畿辅大利之源"。⑦ 从而治河之"穷其源于未入关之上，竟其委于既出口之下，实事求是，水利或自此大兴乎"。⑧

以今人的眼光来看，对比《瑞安广浚北湖条议》，陈虬的《治河》下策考虑到清淤，根除水患，有其现实意义；但却没有考虑到在

---

① 陈虬：《治河》，胡珠生辑《陈虬集》，浙江人民出版社1992年版，第51页。
② 同上。
③ 同上。
④ 同上。
⑤ 同上。
⑥ 同上书，第52页。
⑦ 同上。
⑧ 同上。

上中游广植草木，以涵养水源、防风固沙。兼之，其《治河》中策与下策，其实施难度极大，大大超出当时社会承受能力。但陈虬着眼于加强边防，并认识到治河与强固边防的关系，这点难能可贵，是应当肯定的。

# 第三章 深洞时艰，疾呼富强以救时

早在甲午战争前，陈虬就已经看到了民族危机之严重，"东事未起，首倡变法之议，挟书走京师，为时诟病，不幸多言而中"。① 他洞察时艰，直言时弊，提出了诸多救时之策。

## 第一节 设议院与"更服制、简礼节"

议院是资本主义国家民主政治的核心，也是与君主专权政治的区别所在。1875 年，《万国公报》第 340 期，对西方民权论做过简单介绍，"泰西各国所行诸大端，其中最关紧而为不拔之基者，其治国之权，属之于民，仍必出之于民，而究为民间所有也。推其原故，缘均是人也"，当权者与平民"同具手足耳目，同需日月风雨，饮食衣服"，"因恍然于治国之法亦当出之于民，非一人自主矣"。②

晚清对外维护国家利权的一系列战争的失败，特别是 1885 年中法战争中国不败而败的事实，使朝野上下有识之士深感单靠坚船利炮、声光化电救不了中国。要救中国，必须从政治这个根本层面上着手进行改革，变更君主专权为立宪政体遂成为知识界的共识。郑观应

---

① 陈虬：《〈经世报〉序》，胡珠生辑《陈虬集》，浙江人民出版社 1992 年版，第 263 页。

② 转引自王尔敏《晚清政治思想史论》，社会科学文献出版社 2003 年版，105 页。

早就认识到，西方"治乱之源，富强之本，不尽在船坚炮利，而在议院上下同心，教养得法"。① 蒋智由说："工商之世，而政治不与相宜，则工商不可兴，故不得不变政。"② 更有宋恕直言："欲教世界少悲秋，不设议院无是处。"③ 其他维新派人士如王韬、汤震、宋恕、陈虬、宋育仁等，大官僚如两广总督张树声等，也都发出了这一呼声。而 1895 年中日战争的失败，则更是加强了维新人士的这一认识。陈虬在《〈经世报〉序》中说："今上纪元之二十一年，东事既平，中朝士大夫始洫然于世运升降、人材消长之故，公私论议率言变法。""夫立国之道，曰政曰教。"④

笔者认为，陈虬的议院思想经历了一个逐步发展的过程。先是在 1883 年《封建议》中，表露出初步的议院制的议政形式；1888 年又在《经世博议》与《救时要议》中较完整地提出设立议院思想；1890 年的《东游条议》，则将设议院置于其首，标志着其设议院思想的成熟。

## 一　设议院以通下情

陈虬认为，顺应时代发展大势，因势利导，变法亦属自然之理。他在《经世博议》中开篇点明要"法天"，谓："法果不可变乎？何官家、民主、君主，古今中西之异局也。"⑤ 他认识到国家富强与

---

① 郑观应：《盛世危言·自序》，中州古籍出版社 1998 年版，第 50 页。
② 蒋智由《风俗篇》，见汤志钧《戊戌变法人物传稿》（增订本），中华书局，第 158 页。
③ 宋恕《题陈志三孝廉〈上山东张抚帅书〉》曰："先生雄才大国楚，五湖三江纳胸腑。偶揖将军条政要，首陈及此良非庸。"见胡珠生辑《宋恕集》，中华书局 1993 年版，第 793 页。
④ 陈虬《〈经世报〉序》，胡珠生辑《陈虬集》，浙江人民出版社 1992 年版，第 261 页。
⑤ 陈虬：《经世博议·法天》，胡珠生辑《陈虬集》，浙江人民出版社 1992 年版，第 18 页。

"民主"与否的重要关系："民主，官天下也，公矣！乃美利坚以民主而治，俄罗斯以择贤而乱。"① 变法的首要就是设立议院，以实现"民主"，顺应时代变化。

1883年，陈虬结合他的官制改革提出了初步的议政思想："法以今省、府、厅县之大小，为公、侯、伯、子、男等国。国有君，君有傅，曰：太师、太傅、太保，是谓三公。凡国之大事，君以为然，三公以为否，则格不行；君以为然，三公或然或否，则诏本科太宰及左议曹参议，谋众乃从。"② 可见，陈虬此议的目的，不外是保证政令决策的正确性。但就议院制的分权来看，"谋众乃从"这一原则，明显包含着限制君权，扩大官僚权力的目的。此外，需要强调指出的是，从陈虬《封建议》与《大一统议》统治秩序的设计来看，各地方之上，设备封建国，共同受天子之监督，对天子负责，故行此议政方式的机关不在地方州县，而在中央。

1888年成书的《经世博议》和《救时要议》，则较完整地表露了陈虬的设议院思想，将设议院的机关延及地方州县。他在《经世博议》提出："县各设议院，大事集议而行。凡荐辟、刑杀人，皆先状其事实于议院，有不实不尽者改正。"③《救时要议》又进一步对之具体化："令各直省扎饬州县，一例创设议院。可即就所有书院或寺观归并改设，大榜其座。国家地方遇有兴革事宜，任官依事出题，限五日议缴。但陈利害，不取文理。议式附下：为承以某某事，窃以为其利益有几，其弊害有几，实系利（害）多害（利）少，似可（难）举行。□□年月日某都某处某某谨议。择尤（优）议行，院中列名。某年月日，某事遵

---

① 陈虬：《经世博议·变法》，胡珠生辑《陈虬集》，浙江人民出版社1992年版，第19页。
② 陈虬：《封建议》，胡珠生辑《陈虬集》，浙江人民出版社1992年版，第5页。
③ 陈虬：《经世博议·变法二》，胡珠生辑《陈虬集》，浙江人民出版社1992年版，第21页。

某某等几人议行,三年汇详,分等请奖。"① 地方大事,皆须集议而行,地方官要亲临议院,"与地方父老周咨详问,互相驳辩,议定而后行。务使上下之间煦煦昧昧,如家人父子之自议其私"。②

陈虬还提出在中央设立一种新的监察机构,"京师设都察院衙门,主以三公,中设议员三十六人,每部各六,不拘品级,任官公举练达公正者。国有大事,议定始行。试办有效,视大小加恩赏赉"。③ 把议院溶解在监察机关里,并将其置于公卿控制之下。地方上也专"设巡检一",及时发现弊害,"秩视判官,巡视境内,检举利弊以达于县,县再下议院",④ 以利政令的畅达。这样,中央与地方构成连续一贯的监察体系,以便当政者能更好的决策,实现国家富强。

1890年,陈虬又在《上东抚张宫保书》(《东游条议》)中,提出"创设议院以通下情",条目本身就表达了其设议院的目的——设议院通下情,以实现国家富强。难能可贵的是,陈虬认识到了洋务运动所学皆西学之末,而真正的富强之道应该是政,是设议院。陈虬指出:"国家威德覃敷,怀柔所至,泰西各国竞以长技入输,当道诸公师问官之意,即节取其寸长,以为土壤涓流之助。如矿务、铁路、电线、制造诸法,以及广方言馆、水师、武备等学堂,皆一一仿行。虬愚以谓泰西富强之道在有议政院以通上下之情,而他皆所末。"⑤ 陈虬提出:"请于省垣外札饬各州县一例创设议政院,即就所有书院或

---

① 陈虬:《救时要议·治策》,胡珠生辑《陈虬集》,浙江人民出版社1992年版,第79页。

② 陈虬:《上东抚张宫保书》,胡珠生辑《陈虬集》,浙江人民出版社1992年版,第331—332页。

③ 陈虬:《经世博议·变法二》,胡珠生辑《陈虬集》,浙江人民出版社1992年版,第21页。

④ 同上。

⑤ 陈虬:《上东抚张宫保书》,胡珠生辑《陈虬集》,浙江人民出版社1992年版,第331页。

## 第三章 深洞时艰，疾呼富强以救时

僧道寺观归并改设，大傍其座，与民更始。"① 在这里，陈虬提出的设议院的机关是地方各州县。二者发生了变化。但需注意，陈虬是极为重视州县在国家政权体系中的作用的。② 他认为州县得民为强国之本，若各地州县治理得好，则实现国家富强当不是难事。

就此，笔者认为，陈虬的设议院思想前后有明显的变化：其一，最初拟于中央设议院以收限制君权之实效，但或许是考虑到阻力太大，在1888年后，又不得不改由在州县设立议院"以通下情"。其二，从议员身份及选举方式来看，《封建议》中是国君与"三公"及"本科太宰及左议曹参议"，议员为掌握一定行政权力能对国君意见行使否决权的官员。而后者，则多是择优选拔的通晓"近时利弊疾苦所在与兴革之方"之人，以进士、举人、秀才等士绅为主，仅限于"遇有大事则克期集议"。每次集议时，州县主宰都要亲临议院，以营造出一种融洽的氛围从而利于"通下情"，因此议员必须服从和服务于州县令宰，这纯粹是提供州县令宰决策意见的咨询人员。其议政方式也是极为规范和严格的，"一年四课，每季一考，于书院经古之外，另策以尽是利弊所在与兴革之方，论议策答，随题而施。卷面令直书姓名，不准捏名冒替。拨取前列数名，不时延请入署，慰问劝勉"。③

基于此，笔者认为不能简单地将陈虬所倡设的议院认定为是仅供皇帝治政的一咨询机关：④ 前期三公可否决君主决策，已涉及政治权

---

① 陈虬：《上东抚张宫保书》，胡珠生辑《陈虬集》，浙江人民出版社1992年版，第331页。

② 这从陈虬的一些列撰述中可以看出来，如1897年9月所撰《治国之强弱系于民心，民心之向背系于州县，宜以州县得民为强国之本》，重视州县在得民心中的重要作用；《经世博议·变法二》中提升县令品秩，"改知县为五品"，而不再是七品。以上分别见胡珠生辑《陈虬集》，浙江人民出版社1992年版，第21、297—299页。

③ 陈虬：《上东抚张宫保书》，胡珠生辑《陈虬集》，浙江人民出版社1992年版，第331—332页。

④ 王栻认为，陈虬与康有为、汤震等，在1885—1890年提出的议会制度，"还只是皇帝的咨询机关，而不是一个权力机构"；但到了1890—1895年，大多数维新人士"要求在君主立宪下，有一个具有政治权力，而不仅仅作为皇帝咨询机构的议会制度"，但王栻并没有在此明确指出陈虬是否如此。见王栻遗著《维新运动》，上海人民出版社1986年版，第85页。

力的转移；后期确切地说应该是州县令宰治政的咨询机关。

由此，探讨陈虬设议院思想的缘由与目的：其一，限制君权与通下情。[1] 陈虬认为"圣人以一人安天下"，"而后世乃以天下奉一人"，他认为这不合"造物立辟之意"，[2] 主张限制君权。他说："中国君主之权，乾纲独揽，政令皆自上出，下尺之一符，疆臣喘喘奉命不敢后。"[3] 他还认为官僚体制有诸多弊病，中央集权束缚地方智力过甚。他说："后世名法家倡为尊君之说，于是乾纲独揽，居其位者辄以犬马之道驭其臣民，威福自专，复佟然日从事于声色、苑囿、狗马之娱，而篡弑之祸烈矣。"[4]"今牧令以数千里外语言不通之人，贸贸然亲临其上，父事兄事，猝不得其要领，不得不委之无识之吏胥。于是施其鬼蜮狡狯之计。蒙蔽长官，吓诈平民，上下壅格，而弊不可胜言矣！"[5] 吏胥专权造成了上下隔绝，君恩难以下达、民情无从上闻，带来严重的社会危机。因此，在政治上"去塞求通"就成为陈虬关注的重点。他在接触到西方议院制时，便认为找到了最好的通上下情之工具，明确提出在中国开设议院。他认为这样可以解决中央集权束缚地方过重的问题，从而实现国家富强。

其二，议院来自中国，今宜变通其法而行。中国古代虽无议院之名，但早已大行其法。像同时代的许多人一样，陈虬也认为西方议院的建构源于中学："议院之设，中土未闻，然其法则固中国之法也。考之传记，黄帝有明堂之议，实即今议院之权舆。《管子·大匡篇》：

---

[1] 通下情以实现国家富强正是陈虬主张开设议院的指导思想。王尔敏认为，陈虬、郑观应是为富强而采取议会制度，而康有为则是为"个人有自主之权"而力主采用议会制度。王尔敏《中国近代思想文化史论》，社会科学文献出版社2003年版，第29页。
[2] 陈虬：《大一统议》，胡珠生辑《陈虬集》，浙江人民出版社1992年版，第9页。
[3] 陈虬：《分镇——救时十二策之二》，胡珠生辑《陈虬集》，浙江人民出版社1992年版，第282页。
[4] 陈虬：《封建议》，胡珠生辑《陈虬集》，浙江人民出版社1992年版，第7页。
[5] 陈虬：《上东抚张宫保书》，胡珠生辑《陈虬集》，浙江人民出版社1992年版，第331页。

'凡庶人欲通，乡吏不通，七日囚。'子产不毁乡校，其知此义矣。盖古圣铎之设，犹轩之使，皆诱之使言，凡以求通下情而矣。"①又说："泰西各有议院以通上下之情，顾其制繁重，中国猝难仿行，宜变通其法令。"②重视民间的意见与人民做主的性质并不一样，中国在沿袭西方议院制时，首先只能从形式上而来，开辟广大言路，沟通上下之解，"事之行否，仍由在上者与主之"。笔者认为，这恰恰反映了陈虬对现实的准确认识，③充分认识到议院制是否具备在中国实行的客观条件。很明显，变通其制"对于减少现实中开议院的阻力，还是有一定积极作用的"。④

其三，开设议院是商通时代之治术，"四千年间，时局三变，治术递更"，⑤应适应时势而转换治术。与"封建"之世相适应的是"天下有道，则庶民不议"；⑥与"郡县"之世相适应的是君主专权统治；而商通时代，时局大变，外敌入侵，富强尤为迫切。陈虬认为，设议院是"救亡之道""富强之本"："虬愚以谓泰西富强之道，在有议政院以通上下之情，而他皆所末。"⑦而诸如矿务、铁路、电线、制造诸法，以及广方言馆、水师武备学堂，皆非西方之本。他进一步

---

① 陈虬：《上东抚张宫保书》，胡珠生辑《陈虬集》，浙江人民出版社1992年版，第331页。
② 陈虬：《救时要议·治策》，胡珠生辑《陈虬集》，浙江人民出版社1992年版，第79页。
③ 刘建军对民国初期的地方议会有所评价："自治在这里更像是官治，地方议会只能是军阀政策合法性的工具"（《序》），议员"在官欲官商欲的交替侵蚀下，道德水准也下降得很厉害，政治参与的越深，道德败坏的程度越大"（《序》），"清末民初的自治推行和代议政治的尝试，却呈现出不同于西方的发展景象，越来越沦为摆设"（第1页）。见刘建军《你所不识的民国面相——直隶地方议会政治1912—1928》，广西师范大学出版社2009年版。
④ 熊月之：《中国近代民主思想史》，上海社会科学院出版社2002年版，第211页。
⑤ 陈虬：《〈治平通议〉序》，胡珠生辑《陈虬集》，浙江人民出版社1992年版，第213页。
⑥ 同上。
⑦ 陈虬：《上东抚张宫保书》，胡珠生辑《陈虬集》，浙江人民出版社1992年版，第331页。

指出："考泰西各国讲富强，工制造，虽形下而颇进乎道，且各国皆设议院，尚深得古人议事以制之旨。通商启而议院开，局遂大变，则时为之也。时变矣，而犹欲袭先业，守旧教，恭己无为，坐致治平，是犹持方枘而周圆凿，其不得适也必矣。"① 欲图富强，必行议院。

总之，陈虬倡设的这种议院，不是严格意义上的西方式的立法机构，形式上如议员的选举、议政的方式也不能与西方相比，如连最起码的任期，也毫无涉及。但陈虬更多地考虑从中国实际出发，在满清强力统治下，在统治集团内部扩大建言权力，能够使下民有表达意见的机会，以消除君臣、君民之间的隔阂，实现国家富强之目的。王尔敏指出，1895年以前中国官绅的议院建议，反映出在政治统治下图谋打破上下阻隔的一种努力与呼吁，同样具有时代意义。②

此外，陈虬认为议院是西学之本，其他洋务运动所倡之诸学位西学之末。就此点而言，陈虬思想已明显触及政体组织形式，结合其后创办学堂和学报，因此，简单地把陈虬归入早期维新思想家，是不确切的。

## 二 更服制、简礼节

正朔服色，向来被视为国家根本之所系，是传统礼仪制度的重要内容，"祖宗定之，子孙世守之，举国之臣民便安之"。"因此，变易服饰并不仅仅是个人的兴趣爱好问题，更是一种政治斗争和文化冲突的外在表现"，③ "可以验天下之向背，而民情定矣"。它的更新，往往是社会制度和风俗习尚变迁的一个标志，"一旦尽变其旧，不亦倾

---

① 陈虬：《〈治平通议〉序》，胡珠生辑《陈虬集》，浙江人民出版社1992年版，第213—214页。
② 王尔敏：《中国近代思想文化史论》，社会科学文献出版社2003年版，第27页。
③ 陈旭麓：《近代中国的新陈代谢》，上海社会科学院出版社2006年版，第343页。

骇亿兆之耳目,泯灭累朝之常典"。①

晚清时期,一些力主革新的进步人士常常把易服饰同政治变革相联系,认为改正朔易服色为变法之本:② "改朔易服,以新民之耳目。""中国苟欲变法,亦必自正朔服色始。"③ 姜叔子的话很具有代表性:"政教风俗,所由来者远,民也习而安之,告之以舍旧图新,未必吾听也,申之以文诰,既疑而不遽信,驱之以刑罚,或激以至于乱,故不得不借正朔服色,以一新民之耳目,而与之更始,正朔服色,举国之所奉行,不可须臾离,从而改之,可以反积重之习,于国既不甚费,于民又无所损,朝令夕行,变法之速而能遍,当无逾此矣";改朔易服,可以收多重之效,"不徒可以定民志,并可以联邦交";他建议以孔子之名,趁此未"受制于人"之时,速行改朔易服。④

陈虬提出更服制、简礼节之议。1883年他在《大一统议》中,就提出了正朔服色问题,设立的宣文王之职责就包括"颁正朔、齐冠服",目的就是为了"以齐天下之耳目,以一万民之心志"。陈虬进一步指出,"盖道一风同,固王者之隆轨也"。⑤ 在1888年完成的《救时要议》中,他又明确提出:"何谓更服制?赵武灵王之改胡服,本朝之不守明制,皆深得自强之道。盖褒衣博带,甚不便于操作,且隐消其精悍之气,故便服一切宜用西制……"⑥ 在《经世博议》中,

---

① 姜叔子:《改正朔易服色说》,中国史学会编《戊戌变法》第三册,上海书店出版社2000年版,第200页。
② 姜叔子:《改正朔易服色说》,此处原文为"二君之果于变法,可谓知本矣","二君"指彼得一世与明治天皇。并举日本之例,日本天皇"有自强之志,即学俄皇所以学欧洲者,先从事于正朔服色,日本亦治"。见中国史学会编《戊戌变法》第3册,上海书店出版社2000年版,第200页。
③ 姜叔子:《改正朔易服色说》,中国史学会编《戊戌变法》第3册,上海书店出版社2000年版,第201页。
④ 同上。
⑤ 陈虬:《大一统议》,胡珠生辑《陈虬集》,浙江人民出版社1992年版,第8—9页。
⑥ 陈虬:《救时要议·强策》,胡珠生辑《陈虬集》,浙江人民出版社1992年版,第75页。

陈虬更是直接高呼"衣冠参用西制"。《经世博议》专列一节指出："何谓简礼节？自古帝王崛起及豪杰不羁之材，无不倜傥宽简。盖繁文缛节，非所以待权奇任大之器。今上下苦于仪注，人材遂尔不振。宜一从简易，卑幼见尊长，皆仅一揖，立而白事。文武皆令骑从，禁乘车坐轿。"① 在这里，陈虬实际提出了废除跪拜的主张。他认为"礼束人筋骸而固肌肤者也"，故"礼之用"，"因革之方"也。"夫礼者，经世之大权。故圣人之治天下也，通阴阳消息之机，察风土刚柔之异，原天理，顺人情，损益百王，张弛隆杀，勒为典礼，皆足以定一朝之制而救当时之弊。"② 陈虬并将"简礼节"上升到足以致国家富强的高度，"然则大礼必简，欲讲富强，宜删礼节"，③ 并切实提出了诸多简礼节措施。

温郡之地，婚嫁丧葬之风重视厚财，"郡土狭民贫，人多浮侈，不务丰本啬用，嫁娶以财气相高，丧葬以缁黄自固"。④ 又："温俗新娶妇，纵姻友七昼夜戏谑，量足抚乳至无礼。平时观灯若剧，沿良家门若庙廊，阅评女貌，甚或故以油烛污其衣裳。虽号贤者，往往不免。"⑤ 殊失文明之范。陈虬认为："冠婚之礼所以遂人之生，而丧继则于送死之中寓亲睦之意焉。"⑥ 故其主张"严嫁娶""定丧葬"。⑦ 婚嫁不论钱财，仪式删繁就简，"拟婚嫁禁奁费、酒食、六礼，仅取

---

① 陈虬：《救时要议·强策》，胡珠生辑《陈虬集》，浙江人民出版社1992年版，第75—76页。
② 陈虬：《经世博议·变法十》，胡珠生辑《陈虬集》，浙江人民出版社1992年版，第34页。
③ 同上书，第33页。
④ （明）王瓒、蔡芳编纂，胡珠生校注：《弘治温州府志》，上海社会科学院出版社2006年版，第12页。
⑤ 宋恕：《介石先生行年五十生日寿诗序》，见胡珠生辑《宋恕集》，中华书局1993年版，第456页。又见陈德溥编《陈黼宸集》，中华书局1995年版，第1223页。
⑥ 陈虬：《宗法议》，胡珠生辑《陈虬集》，浙江人民出版社1992年版，第3页。
⑦ 陈虬：《救时要议·治策》，胡珠生辑《陈虬集》，浙江人民出版社1992年版，第81页。

第三章　深洞时艰，疾呼富强以救时　◆　105

问名、亲迎，贫富不得逾三十千，敢以妆奁遣者罚锾，充婴堂公费"。① 具体而言，"嫁女之家不得以奁遣"，婚嫁时"娶妇者自备新衣一件，舆接新妇"；并制定严格的处罚措施，"违者籍其资于宗，而火其无用者"，② "敢以妆奁遣者罚锾，充婴堂公费"，③ "听告发，以二成充赏，特司以主其事"。④ 至于丧葬，则"禁僧道佛事"。⑤ 陈虬此议，希望扭转当时婚丧尚财陋习，从而节约社会资财；婚嫁不论钱财，也有利于使女性摆脱买卖婚姻的枷锁和夫家因娶妇致贫之现象。

针对自周代以来就盛行的完全由男子做主的"七出"⑥ 休妻之论，陈虬提出以"三出两去"之法制室家，他说："妇忤逆翁姑、虐待前妻子与辱詈丈夫者出；丈夫而交匪类与习下流无耻者，妇得自请去。"⑦ 行劫、偷盗、入教党、窝家、逼娼，是谓"两去"之"五条"。在休妻时间方面，陈虬一改宋儒"三日庙见"之说，认为应该是"娶三月而庙见无妇道者还，准再醮"，因为"三日岂能知其无妇道"。⑧ 陈虬还主张限制一夫多妻制，禁纳妾或少纳妾，"人不幸中年无子，许置一妾。三年而仍无所出者退还其妾，准再置。职官一例，

---

① 陈虬：《经世博议·变法十》，胡珠生辑《陈虬集》，浙江人民出版社1992年版，第34页。
② 陈虬：《宗法议》，胡珠生辑《陈虬集》，浙江人民出版社1992年版，第2、3页。
③ 陈虬：《经世博议·变法十》，胡珠生辑《陈虬集》，浙江人民出版社1992年版，第34页。
④ 陈虬：《救时要议·治策》，胡珠生辑《陈虬集》，浙江人民出版社1992年版，第81页。
⑤ 陈虬：《宗法议》，胡珠生辑《陈虬集》，浙江人民出版社1992年版，第3页。
⑥ 最早记载"七出"的文献是汉代《大戴礼记·本命》，亦称"七去""七弃"。谓"妇有'七去'：不顺父母（此指公婆），去；无子，去；淫，去；妒，去；有恶疾，去；多言，去；窃盗，去。"中国古代礼法社会中，规定当妻子符合其中任何一种条件时，丈夫及其家族便可将其休去；但同时又规定"三不去"，"有所取无所归""与更三年丧""前贫贱后富贵"，以保障妇女离婚的权利。
⑦ 陈虬：《宗法议》，胡珠生辑《陈虬集》，浙江人民出版社1992年版，第3页。
⑧ 同上。

犯者重治其罪"。① 官民一例，无分君臣，这在《封建议》中有明确体现，在此不再赘述。虽然陈虬不能从更根本上对原有婚姻制度进行否定，但这毕竟是一个进步；其一改"七出"之议，指出妇女也有主动离婚的权力与自由，令人耳目一新，洋溢着女权进步的气息。

缠足折骨伤筋，误国伤民，给妇女带来了无穷的灾难与痛苦。②宋恕曾指出："元明后，女子无才便是德之说始有，权于支那全社会，而缠足之惨俗始烈。"③ 陈虬认为缠足对女子危害深重，"裹足之禁不严，承平之日已渐遏其生机，乱离之秋无异坑之死地！"④ 他从扩大社会劳动力出发，主张严禁裹足，"山乡女多大足，故可代工作"；并把妇女裹足与国家的强弱相提并论，认为"中国生人根基渐弱，未必非母气被遏所致"。⑤ 中日甲午战争后，有识之士把禁缠足作为国

---

① 陈虬：《救时要议·强策》，胡珠生辑《陈虬集》，浙江人民出版社1992年版，第78页。

② 缠足风气始于10世纪时的晚唐宫廷，作为一种文雅和上层阶级的标志，此后渐渐传播到宋代的上层阶级中，明代汉族妇女大多有人为的小脚，清朝皇帝曾多次在谕示中申斥缠足恶习。乾嘉江苏无锡人金泳（1759—1844）在所著《履园丛话》中，叙述了缠足的历史，批评缠足一违天性，二害妇女，三误国家。（转引自熊月之《中国近代民主思想史》，上海社会科学院出版社2002年版，第154页）缠足大大降低了社会生产力，妇女的才华"没有机会成长和施展"，从而使"社会的基础非常脆弱"（［美］费正清《伟大的中国革命》，刘尊棋译，世界知识出版社2000年版，第88页）。郑观应早在洋务运动后期就提出了禁缠足的主张，他在《盛世危言·女教》中将有关缠足之害进行了比较深刻的论述，他说："至妇女裹足，合地球五大洲万国九万余里，仅有中国而已……独此事酷虐残忍，殆无人理"（中国史学会编《戊戌变法》第一册，上海书店出版社2000年版，第76页）。又如，秋瑾曾对缠足进行深切控诉："……没到几岁，也不问好歹，就把一双雪白粉嫩的天足脚，用白布缠着，连睡觉的时候都不许放松一点。到了后来，肉也烂尽了，骨也折断了，不过讨亲戚、朋友、邻居们一声'某人家姑娘脚小'罢了……"（秋瑾《敬告中国二万万女同胞》，《秋瑾集》，上海古籍出版社1979年版，第5页）陈虬严禁裹足，绝非空谈，而是从自家女儿做起，次女苞姑就未缠足。

③ 宋恕：《介石先生行年五十生日寿诗序》，陈德溥编《陈黼宸集》，中华书局1995年版，第1223页。

④ 陈虬：《救时要议·强策》，胡珠生辑《陈虬集》，浙江人民出版社1992年版，第77页。

⑤ 同上。

家强盛的重要内容推广,相继在上海、潮州、福州等地成立不缠足会。① 陈虬对之极为推崇,他建议将弛足会改为禁缠足会。在给汪康年的信中,陈虬写道:"前贵报中有《不缠足会章程》,祥确深至,条理秩然。此举若行,足挽中国二千年来弱习,钦佩无似!"② 并表示愿意加入此会,"贵会俟颁到定章,同人当可从入"。③ 陈虬还建议:"鄙意贵章中小分会似可酌裁,每省设一总会,各府州县但设分会,即系以府、州、县之名,使人无称名不足之意。"④ 他认为,不缠足会日后当会有所发展,不应只限于该会,而应推广到女学、医院、报馆等。

此外,陈虬还提出很多从社会基本生活习俗方面入手的改革措施,颇有新意。诸如:"汇祀典",通过"罢淫祠而改祀名宦乡贤","教忠教孝","可以作民志气,实足隐消疵疠于无形",弘扬乡里正气,鼓舞民众志气,"此亦燮理之要务也"。⑤ "正词戏","改令肄习以作男女之气,而一切长欲导淫与无稽鄙野者,设禁以治之",⑥ 选取"史传中忠孝节廉,急公好义、确有其人者"⑦ 作为戏本,从大众娱乐与公众信仰等基层方面弘扬社会正气,营造出真善美的氛围。"新耳目",提出于"一切服饰、旗帜、阶涂,耳目所接之处,皆当焕然一新,有蒸蒸日上之势","国家励精图治,与民更始,上下皆当振刷精神","更官制以振国宪,变要塞以挫敌谋","齐冠服以昭等威,定启闭以节筋力",如此,则"中兴之机庶有望

---

① 以上海不缠足会影响最大,此会于1897年由梁启超、谭嗣同、汪康年、麦孟华等创办。
② 陈虬:《致汪康年书》,胡珠生辑《陈虬集》,浙江人民出版社1992年版,第346页。
③ 同上。
④ 同上。
⑤ 陈虬:《救时要议》,胡珠生辑《陈虬集》,浙江人民出版社1992年版,第81页。
⑥ 同上。
⑦ 同上。

乎"。①"申诰命",认为当今之时"边境日削,诸夷又屡肆要挟",国家应将内外情势及时告知国民,否则"万一有事,则上下均受其害,不可不先图自强","宜令有司于宣讲圣谕之余,告以外寇窥伺,内匪未靖,天灾时行",以"激发天良,孜孜图治"。②皇上"亦当下罪己诏","日以国事、夷氛诏监史",③臣民一道,共同致力于国家富强建设。

形式主义的背后,自有其深刻的道理。"王者改制,必易服色",中国"守旧者固结甚深,非易其衣服不能易人心,成风俗,新政亦不能行"。④改"裒衣博带"为西制服饰,既便于操作,提高生产效率;又可以长"精悍之气",提高战斗力。废除跪拜,去除繁文缛节,可以昌振人材,实现国家富强之目的。陈虬毫不掩饰行此议的效果,"以中国行省二十有三,丁口四百余兆,主圣臣贤,上下戮力,大一统之治何难再见哉!"⑤此后1892年,陈虬好友宋恕提出了"三始一始"说:"变法之说,更仆难终,请为相公(李鸿章)先陈三始:盖欲化文、武、满、汉之域,必自更官制始;欲通君臣官民之气,必自设议院始;欲兴兵、农、礼、乐之学,必自改试令始。三始之前,尚有一始,则曰:欲更官制、设议院、改试令,必自易西服始。"⑥二人皆把易服饰视为"富强"前提,可谓息息相通。陈旭麓对此予以高度评价:"藉此以扫除千年积重,造成一种向西方学习的人文环境,推进政治的革新。"⑦

---

① 陈虬:《救时要议》,胡珠生辑《陈虬集》,浙江人民出版社1992年版,第81页。
② 同上书,第82页。
③ 同上。
④ 康有为:《波兰分灭记》卷六。转引自陈旭麓《近代中国社会的新陈代谢》,上海人民出版社1992年版,第329页。
⑤ 陈虬:《救时要议》,胡珠生辑《陈虬集》,浙江人民出版社1992年版,第82页。
⑥ 宋恕:《上李中堂书》,胡珠生辑《宋恕集》,中华书局1993年版,第502页。
⑦ 陈旭麓:《近代中国的新陈代谢》,上海人民出版社1992年版,第329页。

## 第二节 分镇迁都，固卫中朝

晚清中央政权软弱无能，内政外交一误再误，一系列对外战事均告失败，以致"属国尽割，沿海尽割"，直接有亡国之虞。满清政府占据统治之位，大权独揽，却不能担负保国之重任；地方民众虽欲御侮，却遍受束缚。陈虬提出分镇与迁都之策：一为增加抵抗外侮的主体，一为实现战略重心的转移。二者目的一致，都是时局困危之下的自保自救之策。

### 一 分镇以扩大自卫的主体

1897年9—10月，陈虬在《经世报》第六、八、九三册上，刊发他的《分镇》三篇，提出他的"分镇"之说，并自认为是"救时之策"。他提出在外患日逼、国势日蹙的情况下，以洛阳新京为中心，分各直省为十八郡，每郡之主皆"隆以王爵"；最主要的八部，皆封给宗亲，"改制自强，郡得便宜行事"，这样"星罗棋布，拱卫神京",① 以实现"中兴"之世。

陈虬认为，周行封建，东迁之后，虽"战国驿骚，攻取无虚日，灭亡相继"，然周王室"犹得绵文武之祚于八百年之久"，是为行封建分镇之效。② 因而，陈虬提出仿周代分封制，迁都中州，"众建亲贤，分设重镇，永藩王室"；"星罗棋布，拱卫神京，隆郡以王爵，听其择贤举亲，表请承袭，各留质子，食采畿内；而岁上其贡税备正供"。③ 清朝国力远超前代，若行分镇之议，则"周宣、光武中兴之

---

① 陈虬：《分镇——救时十二策之二》，胡珠生辑《陈虬集》，浙江人民出版社1992年版，第283页。
② 同上书，第284页。
③ 同上书，第283页。

盛"① 不难致也，故可资借鉴采用。

具体而言，以洛阳新京为中心，"分各直省为十八郡"，"要郡凡八，悉以封宗亲而别简勋贤；锡以十郡之地，内外拱蔽，永藩王室"：洛阳之东设淮南、江宁二郡，之西设涪陵一郡，之南设沔阳、九江、澧阳、南海四郡，之北设西河、泾阳二郡；东北设渔阳、渤海、临淮三郡，东南设临海、清源二郡，西北设天水、酒泉二郡，西南设浔江、合浦二郡：这样四隅四维皆备。②

关于镇之所在，陈虬主张"滨水立郡""用水而不用山"。至于原因，其一，封建之世所采用"首山镇而次川浸""阻山为固""王者之立国也必于大山之下"的用山而不用水的观点，而今处据乱之世，"唯处以四战之地，则人自为守，众志方可成城，所谓置之危地而后能存"。其二，以地理风气之说阐之，"界水所在，生气环焉"，"于四中之地设立重镇，聚南北农野朴秀之众，联为一气，教练偶合，隐相削补，此真自强之甚矣"。其三，陈虬指出"行省之建，视时局为转移"，"昔之所患在内寇，故跨江立郡，越汉置省，以辖境之力，保一水而有余"；"今所患者在外夷，江、淮、河、汉之间，万一驿骚，而吾分防则力弱，且声势遥隔，策应不灵，一有疏虞，而内地恣其蹂躏矣"。③ 又"于四中险要之处又各设重镇便策应，无事则坐镇都城，有事则出临镇地"，④ 以收"假封建之名，收郡县之实"之分镇目的。"多设军路，添设都督府，相时布置，假以岁时，以守为战"，以水为界，既以自卫，又可相互拱卫，"合两郡以障一水，吾则以逸待劳，敌则左右奔命，胜负之机不待智者而始决矣"。⑤ 故

---

① 陈虬：《分镇——救时十二策之二》，胡珠生辑《陈虬集》，浙江人民出版社1992年版，第284页。
② 同上书，第283页。
③ 同上书，第289页。
④ 同上。
⑤ 同上。

"滨水立郡"既能自存，又能抵御外敌，无违于原先设行省之深意。

分镇主要着眼于"攘外"。陈虬看到中央集权不能应对内忧外患的危机局势，希望分镇，假地方以权，调动人民的爱国积极性，反对外来侵略。陈虬认为："夷之乘吾也，利于水而不利于陆"，我可扬长避短，纵使水战失利，"敌若舍舟登陆"，"则前后皆为吾所制，如鱼入罾，可使只轮不返，不难也"。① 对于可能出现的列强瓜分中国之可能，陈虬说，外夷敢倡以瓜分中国之说者，以为中国不能自强也。"吾若改制自强，郡得便宜行事，豪杰并起，鹿逐鲸吞，谓泰西可唾手而得吾尺地，未敢信也。"② 此前法国通过军事手段得到越南，茹费理内阁却因法国人民的抗议而垮台；日本割占台湾，激起台湾人持续至今的反抗。况国难之下，中国众多有识之士自是不同于亡国之波兰、突厥，必会因受忠义激发而奋起抗争。

分镇之设不会造成国家的分裂，中央政府平日要注意施行"仁政"，同时要牢牢控制险要地势，"扼虎牢、荥阳、陕川、潼关之险，则可以进窥河朔；严亳州、颍上、归德、怀远之守，则可以东制两淮；用兵于唐、邓、兴安，则扼江汉之咽喉；取道于临潼、商阳，则取秦、蜀如掌握"。③ 如此，则足以保证对分镇的控制，各郡之地，虽"纵横各数千里，财力雄厚"，也不至于出现"尾大不掉"之势。至于内部民众叛乱，因多发生于"兵威所不及"之偏远之地，分镇之后，"水陆设防，腹地又建重镇"，④ 故足以靖内，亦不足虑。

陈虬的分镇思想明显不同于晚清自立思想。二者虽都产生于晚清困局之时，分镇目的是继续巩固清朝国家的统一，不会造成国家分裂；而自立则主张地方脱离中央，结果可能如康有为所言，"听任疆

---

① 陈虬：《分镇——救时十二策之二》，胡珠生辑《陈虬集》，浙江人民出版社1992年版，第290页。
② 同上。
③ 同上。
④ 同上。

臣各自变法"，① 效果是帝国必亡而中国不免于亡。

又，晚清时人不乏"自立"之议，如广东人区渠甲力言"广东自立"，他说："故窥现今之势，莫如各省先行自图自立，有一省为之倡，则其余各省，争相发愤，不能不图自立。各省即图自立，彼不能自立之省，必归并于能自立之省。省省自立，然后公议建议中国全部总政府于各省政府之上，如日耳曼联邦，合众国联邦之例即谓全中国自立可也……"又说："一省自立即为中国自立，人人视其省为中国之土地，而图自立，则视此中国，自为切实，将来联合，亦即容易。"② 区渠甲所言之自立主张带有明显的排满复汉之色彩，而陈虬之分镇自立主张则并不排斥清朝统治，相反却是出于巩固清朝统治的目的。这是由陈虬的维新思想家的属性决定了的。

分镇之议，实为形势所迫，不得已而为之。康有为曾说："夫直省以朝廷为腹心，朝廷以行省为手足。同治以前，督抚权重，外人犹有忌我之心。近岁督抚权轻，外人之藐我益甚。"③ 康氏着眼于扩大地方权力，促使地方改行新制，一改被外人所轻之局面。受局势所决定，陈虬的分镇思想首先着眼于军事目的，出于国家的保全与统一。在他看来，外敌的军事威胁是最大的，应该分镇以图自保，"国事仓皇之际，类皆设镇分藩，冀收捍卫之力"。④ 陈虬指出，君主高度专权，严重限制了官民智力，而以朝廷之孤力，必不能挽救危局。"今诸夷之环伺吾旁"，对我百般恐吓要挟，"始而通商传教，继而租借让地，甚至近又修其瓜分之说"，外人之所以如此待我，"彼盖习见

---

① 康有为：《上清帝第五书》，中国史学会编《戊戌变法》第 2 册，上海书店出版社 2000 年版，第 196 页。
② 太平洋客（区渠甲）：《新广东》，张玶、王忍之编《辛亥革命前十年政论选》第一卷上册，生活·读书·新知三联书店 1977 年版，第 270 页。
③ 康有为：《上清帝第五书》，中国史学会编《戊戌变法》第 2 册，上海书店出版社 2000 年版，第 196 页。
④ 陈虬：《筹边》，胡珠生辑《陈虬集》，浙江人民出版社 1992 年版，第 58 页。

## 第三章 深洞时艰,疾呼富强以救时 113

夫中国君主之权,乾纲独揽,政令皆自上出……疆臣喘喘奉命不敢后",其间虽有洞悉形势而力主抗争者,终以迫于君权之威势,而"椎心结气,嗫无所施","故朝廷不能获其丝毫之力"。"板荡危急之际,必先求百年之计,而后可以巩一统之基","有分天下之权者,始可以求百年之合"。① 陈虬举例说,譬若勇士为蛇咬指而毅然断臂,智士江湖遇暴而慨然解囊,"囊、臂非不足惜,所全有重于囊、臂者;囊、臂不足虑矣,则所谓救时之策也"。② 总之,"封建非圣人之意也,势也"。③ 国家危亡之际,先苟求国家的存在,尽管地方权力的壮大有失国家的最终统一之遗患,但也优于亡于外国的结果。

建立统一的中央集权是中外历史发展的大趋势,是已被历史实践证明了的真理。中国历史上发生过不少封建割据造成国家分裂的例子,如汉之七国之乱、晋只八王之乱、唐之藩镇割据、明之"靖难之役"、清初三藩之乱。近代以来,日本通过"废藩置县"、德国通过实现统一,而均走向富强。陈虬并不主张地方完全摆脱中央政府的辖制,其分镇的目的,是希望扩大地方权力,充分发挥地方的积极性,由地方担负起抵御外敌的重任,增加反抗外来侵略的主体,从而在极端艰难的国际生存环境下获取民族生存发展的最大动力,这较当时康有为仅仅依靠皇帝和中央政府进行变法的要求,有明显的进步。

陈虬的分镇思想实为"自立与分封的混合体",他一再表述:"假封建之名,收郡县之实,则所谓分镇之计也。"④ 虽然没有明确提

---

① 陈虬:《分镇——救时十二策之二》,胡珠生辑《陈虬集》,浙江人民出版社1992年版,第282—283页。
② 同上书,第282页。
③ 柳宗元:《封建论》。
④ 陈虬:《分镇——救时十二策之二》,胡珠生辑《陈虬集》,浙江人民出版社1992年版,第282—283页。

出地方自立,但就扩大地方自主权力、①地方可自行"改制自强"而言,与历史上的分封是一致的;但就分封宗亲为王而言,又有些分封制的遗韵。熊月之认为:梁启超地方自立思想的产生,可能不只是受西方地方自治、联邦制度的影响,也受到从冯桂芬到陈虬的复乡职、分镇等思想的启发。②

## 二 迁都以实现战略重心的转移

首都是一个国家政治、经济、文化的中心,是国家最高权力和最高首脑所在,为国家根本。首都的安危,直接关乎国家的兴衰。迁都也从来具有政治的敏感性,被认为是国家气运所系。当此国家存亡,迫及国都之时,常常采取迁都以避眼前之危,冀图国家中兴或免于灭亡。

近代以来,各口通商,西人轮舟直达。"而吾财匮师单,险要尽失。"③加之北京地处临海,偏离国家地理中心。"四夷交逼,据我肘腋",④北有俄罗斯"逾兴安岭而南,划江为界,逼近东三省,而且左顾高丽,右眈蒙古";⑤东有日本,夺我琉球、侵我台湾,狼子野心,早已暴露无遗。万一战事爆发,敌可偏师直入,威胁都城,恐有"澶渊之祸"。因此,通过迁都实现国家战略重心的转移,势在必行。

1889年,陈虬撰《拟建洛阳为西京议》,提出仿照汉唐旧制,建洛阳为西京,"欲固祖宗万年之基,当广汉唐之法,请择根本重地,

---

① 与其分镇思想一致,废州升县、扩大地方权力、重视州县在国家富强中的作用,也是陈虬一贯的思想主张,在多篇论述如《封建议》《分镇》《治国之强弱系于民心,民心之向背系于州县,宜以州县得民为强国之本》等中均有所及。具体参见《陈虬集》上述各篇。
② 熊月之:《中国近代民主思想史》,上海社会科学院出版社2002年版,第296页。
③ 陈虬:《迁都——救时十二要策之一》,胡珠生辑《陈虬集》,浙江人民出版社1992年版,第278页。
④ 同上。
⑤ 同上。

## 第三章 深洞时艰，疾呼富强以救时

改建洛阳以为西京"。① 其固卫之法有：其一，"开铁路，练兵勇，备器械，广积贮"，既可御外敌，又可固守；其二，"令简亲王镇守，以曲突徙薪之计，为深根固蒂之谋"；其三，"皇上又仿热河避暑故事，裁减卤薄，岁幸其地，纬武经文，增其式廓"。如此，则"我国家万年之基巩于磐石矣！"②

清入关前之兴京、盛京二都因处"辽沈门庭"，故不能作为新京之选。"形胜系于时局"，历来皆谓形胜之地如金陵、武昌、太原、长安、洛阳等，可为王业之基，而不可为危局之都。通商以来，"长江之险已与敌人共之"，故金陵、武昌不足恃也。太原、长安"僻处西北，在今日仅为自守之国，欲以规复东南，难矣"。③"洛阳居天下之中，形势利便，而且远离海口，无引敌之患，虽四冲之地，以守则不足，而进则可以从事湖湘，退可以入关自卫"，④ 况且若"铁道一成，佐以火车、轮舟，则秦晋吴楚之师可指日而麇至阙下，所谓以守为战，以退为进"，⑤ 足以御外敌，当为新京之首选。新京之设，实为先天下之忧，谋国之道也，"乘舆不出，则圣人坐镇四海，而无烦动之劳；銮舆或出，则大臣居守九重，而无回顾之忧"。⑥

甲午战争后，形势大变，若不事迁都，恐不免于亡国之续，"抑任其屋其宇，犁吾庭，瓜吾国，灭吾种，甘为突厥、波兰之续也？"⑦ 1897 年，陈虬出于战略考虑，提出迁都郧阳，"为今日国本之计，非

---

① 陈虬：《拟建洛阳为西京议》，胡珠生辑《陈虬集》，浙江人民出版社 1992 年版，第 63 页。
② 同上。
③ 同上。
④ 同上。
⑤ 同上书，第 64 页。
⑥ 同上书，第 63 页。
⑦ 陈虬：《迁都——救时十二要策之一》，胡珠生辑《陈虬集》，浙江人民出版社 1992 年版，第 280 页。

先事迁都腹地，众建亲贤，重造皇图，以为制中驭外之举不可"。①陈虬指出，"先事易为力，后事难为功"，宜效法俄日，"中叶迁都"，国势或将为之一振，"亦能得志于天下"。②

陈虬指出，"定天下之大计者，在审古今中外形势之缓急以固国本而已"，③国本者，首都也，国家统治之根本也。建国之初，"大难初平，群雄殄灭，天下一家，非择上游形胜之地不足以资控制"。④入关之后，清朝迅速定北京为首都，后方稳固，"遂为中国四千年来帝王所未有"，⑤"可谓得制中之长策"。⑥

陈虬明确指出"迁都河南（黄河之南）"，建都郧阳的举措和根据以及其效果，"割陕西之东南、安徽之西北两境地益之，而建都城于湖北之郧阳"，⑦这样郧阳之地"包嵩、华而襟江、汉，形势便利，三面界水，改名汉京，升为新京，纵横约得六千万里"，陈虬乐观地指出，"此诚中兴不世之基也"！⑧

与洛、汴相比，陈虬指出，"洛、汴滨临大河，一苇可航"，西方长于水利，故"未为安土"；而"郧阳居豫、陕之间，北通宛、洛，西走商华，左据方城之固，右扼武关之要，中岳后峙，丹水前交，南

---

① 陈虬：《迁都——救时十二要策之一》，胡珠生辑《陈虬集》，浙江人民出版社 1992 年版，第 278 页。
② 同上书，第 279—280 页。
③ 同上书，第 278 页。
④ 同上。
⑤ 陈虬：《拟建洛阳为西京议》，胡珠生辑《陈虬集》，浙江人民出版社 1992 年版，第 63 页。
⑥ 陈虬：《迁都——救时十二要策之一》，胡珠生辑《陈虬集》，浙江人民出版社 1992 年版，第 278 页。
⑦ 清代于湖北境内设郧阳、宜昌、施南、襄阳、荆州、荆门、安陆、德安、汉阳、黄州、武昌十一府。郧阳府治在郧县，辖郧西、十堰、竹溪、竹山、房县、保康等地。参见中国历史地图集编辑组编《中国历史地图册》（第八册），中华地图学社 1975 年版，第 46—47 页。
⑧ 陈虬：《迁都——救时十二要策之一》，胡珠生辑《陈虬集》，浙江人民出版社 1992 年版，第 279 页。

阳余气、三户遗风犹有存者""多事之秋，江汉实当其枢纽，郧阳其倚点也"。形胜而足以占尽地利，"况循周汉之故都，据荆楚之上流，以守则固，以战则顺"，若以建都，则"足以宰制于宇内""徐图进取"，实为"圣清中兴之基"。①

## 第三节 以"求富"为中心的经济维新思想

陈虬的经济维新思想主要包括在《经世博议》《救时要议》等著述之中，涉及农工商和财政、金融等多个经济部门的分析和建言，它以求富为中心，主张农业采用新技术，商业重视对外贸易，并提出主动开放通商口岸、采用西方先进的经济管理制度等，"基本宗旨是主张采取各种改良性的政策推动资本主义经济的发展，以实现中国的繁荣富强"。②

### 一 农业维新思想

陈虬的农业维新思想可以分为前后两个时期，前期主要是从土地制度和农业生产两个方面提出限田、垦荒和兴地利的思想主张，后期是具体参与务农会的创办等工作。

（一）限田、垦荒与兴地利

晚清人口的剧烈增长，不可避免地带来人地矛盾。针对土地兼并严重、流民无地可耕的现状，陈虬提出了以增加耕地面积、实现"耕者有其田"为目的的限田和垦荒等措施。

陈虬所谓的限田并不是"限民田"，而是指限制官吏占田。陈虬

---

① 陈虬：《迁都——救时十二要策之一》，胡珠生辑《陈虬集》，浙江人民出版社1992年版，第279—280页。
② 蔡志新：《清末浙江维新思想家陈虬的经济变革理论》，http://economy.guoxue.com/article.php/21632。

认为，"平民辛苦起家，尚属自食其力，其富宜也"；"唯士人一行作吏，即满载而归，产业多从贪墨所得，不可不为之定限"。① 具体如下："印官服政之初，着地方官查具实在产业（田地店铺）"；"册报备核，区分九品为九等，不许违限"；一旦违反定制，则予以严惩，"定赏格，听告发，得实，籍其家"。② 对于民间地主和富农兼并土地的行为，陈虬建议通过给予他们不同程度的功名等级，鼓励捐献资财并严格限制其高消费的办法来加以解决，"富民入赀，封为尚义郎，论品顶戴，奉朝请，严定品制：衣服、宫室、冠婚、丧祭，不使逾越，则多财无所用，而兼并之风或庶乎熄矣"。③

垦荒，即增加耕地面积。具体办法有：其一，"招民佃种"。"井田之法猝不可复"，故"买官田"以扩大农田面积之说根本行不通。宜采用招民佃种荒地之法，"就近濒海之涂田，失主之山田，报而未垦者悉籍之官，官自招佃"，"另开屯田于边塞"及"葑田于泽国"。④ 陈虬认为："东南荒僻未垦之处亦尚不少，宜令户部分饬司员，协同省委各官逐处履勘，招民佃种，地方官督劝居民赴佃，量给遣费，到佃后，官给籽种，三年始行科则。"⑤ 这样不仅能增加农田面积，还可解决"田有主而欲并而入官，与田在民而官自向买，势或有所难行，情或有所不顺"⑥的人地矛盾，而且收入增加，"十年之后而官禄不假外求矣"。⑦ 其二，安置流民垦荒边疆。曾纪泽曾认为："满洲、蒙古、新疆，均有宽阔荒地，向无农工开垦者，中国人丁虽兴旺，即安插之，而尚有余地，故中国所应为者，不再使民谋食于外

---

① 陈虬：《经世博议·变法六》，胡珠生辑《陈虬集》，浙江人民出版社1992年版，第25页。
② 同上。
③ 同上。
④ 同上。
⑤ 陈虬：《救时要议·富策》，胡珠生辑《陈虬集》，浙江人民出版社1992年版，第72页。
⑥ 陈虬：《经世博议·变法六》，胡珠生辑《陈虬集》，浙江人民出版社1992年版，第24页。
⑦ 同上。

国，乃设法将民分置于国内，而迁百姓诣该处垦荒，为富国之一上策，亦军防之一要务，而不能不行者。"① 李提摩太也说："东三省及西北各省，均有闲荒，道路不通，悉成废地，既有铁路，移民开垦，以无主之地，养无业之民，何致困苦流亡，流为盗贼哉！"② 陈虬所议与此相通："天灾流行，国家代有。故安集流民，不可不先为之防。近遇灾害，流民辄千百成群。所过州县，沿途纠扰；其荒僻之乡则大肆劫掠。宜于西北及关外等处安插，使有定所，督令垦荒食力。"③ 此外，陈虬还提出要招抚华商，其华商之余部，可以以之实边。④

在农业生产方面，陈虬提出"兴地利"。他认为"地利之在中国者，即种植尚多未尽"。"瓜果、桑麻、竹木非如药材之当确守道地"，宜仿效日本"相土宜而广药材，则利益更大"。可采用区田法、沟洫制⑤等传统农业技术，因地制宜种植各种农作物，"田少人多，则示以区田之法；场地荒阔，则为讲沟洫之制；水泽之区，皆可植桑；内地塘塍，须种杂树"。陈虬还提出由政府进行指导采用西方农业先进生产技术，"每省各派精通化学、植物学者巡视辖境，专办其事，视有成效，册报存档，优以不次之赏"。⑥

---

① 曾纪泽：《中国先睡后醒论》，见龙应台、朱维铮编《维新旧梦录——戊戌前百年中国的"自改革"运动》，生活·读书·新知三联书店2000年版，第165页。
② ［英］李提摩太：《新政策》，见朱维铮编《维新旧梦录——戊戌前百年中国的"自改革"运动》，生活·读书·新知三联书店2000年版，第193页。
③ 陈虬：《救时要议·富策》，胡珠生辑《陈虬集》，浙江人民出版社1992年版，第73页。
④ 陈虬：《经世博议·变法十三》，胡珠生辑《陈虬集》，浙江人民出版社1992年版，第40页。
⑤ "区田法"又叫"区种法"。汉成帝时氾胜之行此法，把农作物种在带状低畦或方形浅穴的小区内，便于蓄水保墒和田间管理。现在我国北方旱地农民种谷、麦的方法，与区田法类似。沟洫是指中国古代用以除涝抗旱的排水灌溉系统，小者为沟，大者为洫。据蔡志新《清末浙江维新思想家陈虬的经济变革理论》，http://economy.guoxue.com/article.php/21632。
⑥ 陈虬：《救时要议·富策》，胡珠生辑《陈虬集》，浙江人民出版社1992年版，第72页。

## （二）广泛参与务农会等活动

《马关条约》签订后，巨额的赔款加剧了民族的贫困，"振兴农业已成为人们的共识"。① 同年，孙中山在广州筹建农学会，并撰写《创立农学会征求同志书》，广泛讨论改良中国农学农政问题，举凡西方植物、土壤、肥料、机械等知识，以及养殖、畜牧、造林等技术，以至农业资本与展览、农学书刊之翻译等，均有论及。1896年，梁启超主笔的《时务报》在上海创刊，同年罗振玉等人联名在《时务报》刊出公启，发起成立农学会，刊行《农学报》，为现代农业改良思想的实践。由于孙中山建立农学会②后，遭清军追捕，被迫出走海外。因此，罗振玉的农学会起到了介绍、普及新农学的先导作用。陈虬广泛参与农学会的组织工作，并为之撰写一系列重要文稿，所起草的《兴农会章程》后来成为戊戌变法时期农业诏令的重要参照文本。③

光绪二十三年（1897）春，朝廷下振兴农务诏，上海正式创设务农会，陈虬、洪炳文等16人加入该会成为会员。浙江各地也闻风而起，黄绍箕、黄绍第、孙诒让等在瑞安发起组织"农学会"，在与上海务农总会取得联系后，改名为"上海务农会总会瑞安支会"，陈虬也参与其中。④ 根据总会"采用西法，以兴天地自然之利；讲求农学，以植国家富强之原"的宗旨，瑞安务农会创办《农学报》，招收会员，筹集股金，翻译农书，开办学堂，研究推广西方农艺、蚕桑、

---

① 白寿彝：《中国通史》第19册，上海人民出版社2005年版，第381页。
② 孙中山建立的农学会，实际是"以研究农业科学为掩护而进行起义部署"的秘密机关，即为1895年广州起义的部署机关。参见《近代中国史稿》编写组编《近代中国史稿》，人民出版社1976年版，第501页。
③ 1898年五月十六日（7月4日），戊戌变法期间，光绪帝命地方官振兴农业，兼采中西新法，着刘坤一启送上海农学会章程，饬各省学堂广译外洋务农诸书。
④ 胡珠生：《陈虬年谱》，胡珠生辑《陈虬集》，浙江人民出版社1992年版，第474页。

畜牧和新型农具等，购地试种湖桑、瓯柑，着手改良地方农作。①

这一时期，陈虬的农业思想主要表现为：在强调农业基础地位的同时，主张采用近代西方发达农学理论，逐步改变中国近代农业技术和农业生产的落后局面。他说："环球巨利，百谷为首。刍狗树艺，国将萎瘁。西土先觉，神明兹道……建农院，则新理于焉日出。吁嗟我夏！稼穑维艰。耕敛不足，补助乏闻。荒歉一遇，饿殍载途。振作稍缓，斯艺恐枯。近日报章，率多议及，录辑其要，不无裨补。一则可以兴中华固有之利权，一则可以敌外洋勃起之商务，斯亦有志之士所乐观乎！"② 这里的"中华固有之利权"应是指中国历史悠久的农业生产，"外洋勃起之商务"应是指外国对中国的农产品输出。采用近代西方先进的自然科学技术和农学理论，指导中国的农业生产，扩大生产与出口，以抵制外国农产品输入，扭转贸易逆差，维护中国利权，这当是陈虬农业维新的目的。

## 二 以"讲懋迁"为中心的工商业思想

中国几千年来延续下来的小农经济和政治体制严重束缚了工商业的发展。陈虬认为国家富强，首在富民，并具体提出了以讲懋迁为中心的促进工商业发展的建议。

所谓"讲懋迁"，即采取多种措施发展出口贸易，以扭转日益严重的外贸逆差。陈虬认为商通时代，"重商"为其时代特征。欧洲新兴资产阶级兴起后，强调"国家利益"，不论内政还是外交，重商都是他们的行动纲领。同郑观应提出商战思想一样，陈虬也认为当务之急在大兴商务，以同外国资本主义国家争利，并坚信商战一定会胜利。陈虬指出，自通商以来，洋货广销，中国利源日竭，"道光末岁

---

① 瑞安地方志编纂委员会：《瑞安市志》，中华书局2003年版，第1624页。
② 陈虬：《〈农学琐言〉序》，胡珠生辑《陈虬集》，浙江人民出版社1992年版，第260页。

鸦片行时，中国银钱输入外洋者八百万。今洋货广销，每岁漏出者且四万万，长此以往，其何以国？"① 因此，通过对外贸易与外商争利，扭转对外贸易逆差，是关系国家存亡的大事。

陈虬认为，中国之货同样为西方所喜爱，"今中国习用洋货，其实中国之器玩，西人亦嗜之若渴也。丝、茶、大黄，无论矣。此外如苏州之顾绣、处州之冻石、江西之瓷器，西人皆啧啧称赏。苟再能设局采购各省新奇可喜之器玩，载以出洋，当可获利"。② 为此，他提出了扭转外贸逆差的四项办法：（1）设立商务局"采购各省新奇可喜之器玩，载以出洋"，以开风气；（2）"设商务各官以总其事，开商报局，刺取西国器用之习尚与其制作之大概、价值之情形，附以图说"，作为商务局组织生产、采购货物的参考；（3）"内地小件（货物）附销者，准报官搭卖，并小为大，交商运销，所得羡余，公同匀分"；③（4）官府除"广修洋舶，争利于彼都"外，还应用"减税保护，酌加奖励"的办法帮助商人"自整洋舶"运货外销。④ 他认为，只要依其法行事，"中国百千之货皆可外达五洲，人人觅利于外洋，风气一开，而内地之财不可胜用矣！"⑤ 从而实现挽回利权、抑制外国商品入侵的目的。陈虬的"讲懋迁"，很明显具有贸易保护主义的典型特征。但陈虬并不是单纯的逐利之人，他从长远的观点出发，明确提出在对外贸易中应由官府出面严禁货物私运出口，以维护国家利权。

陈虬还建议统治者应当用"奖励之道"提高工商业者的社会地

---

① 陈虬：《经世博议·变法十三》，胡珠生辑《陈虬集》，浙江人民出版社1992年版，第40页。

② 同上书，第39—40页。

③ 同上书，第40页。

④ 陈虬：《救时要议·富策》，胡珠生辑《陈虬集》，浙江人民出版社1992年版，第73页。

⑤ 陈虬：《经世博议·变法十三》，胡珠生辑《陈虬集》，浙江人民出版社1992年版，第40页。

位,"视商如士",而不应该再把商看作"四民之末"。他建议清政府实行如下奖励办法:首先对工商业者的制造、贩卖业务进行登记备案,"给照存执";然后通过"奖励之道"提高商人地位,根据商业业绩加官封爵,"每人总销至百万者,以税则三分为率,是国家已收其税银三百两矣。宜奖以九品。二百万者八品,三百万者七品,四百万者六品而止。皆赐以利名郎,志乘列名。逾四万万者爵以通侯,赐名裕国,国史列传。"① 这些办法虽然带有传统社会等级身份制的局限性,但在当时的情况下,若能付诸实施,也确能提高工商业者的社会地位,有效激发他们创造财富的积极性。

此外,陈虬的"讲懋迁"还有一深层含义,就是希望在国内建立一个以市场调节为主、以官府干预为辅的安全有序的商品流通环境。具体而言,一是政府应对事业的主体即商人实施保护,确保其出行安全,"商贾挟百金之值"外出经商,由于"水行需舟,陆行需车",还得投宿,结果常常遭到交通、旅店从业者的"任意留难",即使亏折钱财也只能"隐忍吞声"。因此,官府应加强相关管理,使其免于被动。二是政府不应过多干预市场运行,如对于商人必须付出的差旅资费,不可由官府定价,因为官府定价"过多则群相争役,过少则农忙无人应役,暗中阻碍",反而不利于商人经商。陈虬强调说:"市井一切物值,官但可治其已甚,过烦则扰矣!"② 以做到市场与计划的有机结合,最大限度促进工商业的发展。

## 三 开新埠与招华侨

"开新埠",即主动开放通商口岸,这是陈虬为抵制西方国家对中

---

① 陈虬:《经世博议·变法十三》,胡珠生辑《陈虬集》,浙江人民出版社1992年版,第39页。
② 陈虬:《上东抚张宫保书》,胡珠生辑《陈虬集》,浙江人民出版社1992年版,第337页。

国的经济侵略而提出的一条积极方策。陈虬与一般士人不同,他不仅看到了通商口岸对中国经济的侵略,还看到了对中国经济文化等独特的刺激作用。① 他看到:西方国家强迫清政府签订不平等条约时,都会提出"添设口岸"的要求。其每"得一埠",又都"极力经营,置洋房,开马路,整饬华丽,出人意表",结果"百货辐辏,士女如云,商务因之日起,而彼得坐收十倍、百倍房租、车税之利"。②"西人舍宇,楼阁峥嵘,缥缈云外。"③ 现实的强烈对比使陈虬深受启发,他虽出身士大夫阶层,却超出传统观点,并不单纯从爱国排外的立场出发,而是提出在已开放的商埠附近,"别开新埠,一仿洋式",以便在与外商争利中掌握主动权。

招募海外华侨回国定居兴业。随着西方资本主义的发展,侵入中国以来,当他们"需要劳动力的时候,他们不惜用各种欺骗、利诱乃至拐带、绑架的无耻的手段",④ 诱骗华人去西方劳作,而华工也为当地的经济社会发展做出了不可磨灭的贡献。而当资本主义国家陷入经济危机的时候,他们为了转移国内"工人斗争的目标",便恶毒地说是中国工人夺去了他们国内"工人的饭碗",遂提出排华办法,来欺骗本国工人,"到处煽动排华事件"。⑤ 19 世纪末期,西方各国掀起了排华浪潮,英、俄、美、法、德等国皆有禁华工之议,凌虐华民无所不至。"对于中国人的民族自尊心也都是莫大的刺激"。⑥

---

① 费正清:"对于通商口岸外国特权的经济效果如何,看法不同,有些方面对于当地的经济发展是压迫的,另一方面又有刺激作用,帝国主义就像是一种药,一方面能治你的病,另一方面也可以把你搞垮"。见费正清著、刘尊棋译《伟大的中国革命》,世界知识出版社 2000 年版,第 47 页。

② 陈虬:《经世博议·变法十三》,胡珠生辑《陈虬集》,浙江人民出版社 1992 年版,第 40 页。

③ 王韬:《漫游随录》。

④ 吴玉章:《辛亥革命》,人民出版社 1969 年版,第 67 页。

⑤ 同上。

⑥ 同上。

以美国为例。本来，美国西部的许多金、银、煤、铁、矿山和许多铁路、城市建筑都是华工用血汗开辟出来和修建起来的。1894年，美国国务卿葛礼山（W. Q. Gresham）与清朝驻美公使杨儒在华盛顿签订《限禁来美华工保护寓美华人条约》，共六款。其中规定：居美华工离美期限超过一年者，不得再入美境；不准华人入美国籍；居美华工都须按照美国国会通过的苛待华工条例进行登记。此约以十年为期。这个限制华人赴美的条约即通俗所称的《中美华工条约》。条约大大伤害了中国人的民族自尊心，对在美国的华侨也是一个迫害。而清朝统治者对华侨的悲惨遭遇却无动于衷。

陈虬站在中华民族的高度，对华侨非常同情，认为"同为皇家赤子"，清朝应该关心华侨事务，怎能"任其推之沟壑，坐之涂炭，叫天无辜，曾莫之援？"① 同时，从振兴中国工商业的立场出发，陈虬认为这是发展工商业的难得机会。"夫华工之久在西国者，于制造、机器、矿务诸西学濡染既深，当能得其指要"，② 其中不乏富商。中国若能抓住时机及时招华侨回国，充分借助其资本与技术，可以弥补国内工商业发展之不足，实现振兴之目标。他建议清政府对侨商"设法保护调剂"，以促成其回国，"特饬各钦使晓以祸福，因势利导，设法招回内地，自行开采、铸造"，用其所长，中国"将自此而并兴其制造之利"。③

## 四　采用西方先进管理制度

19世纪60年代以来，清廷在与西方打交道的过程中，认识到西方科学技术的先进性，以"自强""求富"为核心的洋务运动随之而

---

① 陈虬：《经世博议·变法十三》，胡珠生辑《陈虬集》，浙江人民出版社1992年版，第40页。
② 同上。
③ 同上。

起。当时的企业以官办和官督商办为主,经营生产方式也是传统的封建把头式管理,生产效益低下。陈虬生活的时代正是洋务运动兴起的时代。他提出,应准许企业民办,采用专利制、股份制公司等西方先进的生产经营管理方式。

陈虬主张工商业要鼓励实行民营。他认为,洋务运动开启中国资本主义工商业发展的先河,但它兴办多年成效不彰,原因就在于它主要采取企业官办,而没有充分调动民间的力量。"国家自各口通商以来……皆知自强之道首在理财。于是海上之招商局、开平之铁路……皆次第举行。顾办之近20年矣,而权其得失,或入不偿出者,则以要领之未得也。夫利出一孔者富,事属众擎者举。"① 陈虬察觉到洋务运动的失当之处,强调应通过官民携手来振兴民族工商业,为中国的富强奠定雄厚的物质基础,以"与泰西争衡,收其利权",这当是其经济维新思想的独到之处。陈虬还鼓励华侨积极投身企业创办,"保险、信局、铁路、矿务、织布等局,官力所未及办者,可准华商包开,许其专利若干年"。② 如此,则既可裕国,又可利民。

陈虬认为设立公司是国家富强的根基,其《利济较经》云:"自强基,在公司。"③ 还提出仿效西方成立公司。他认为,设立公司可以保护小贩的商业活动,对于国计民生皆有巨大益处,他说:"通商以来,天下大局皆以强并弱、以大并小。久而不知变计,将土产小贩日窘,中国利源日竭,长此不返,将何以国?"④ 温州之地,自古"七山二水一分田",物产不丰,"杂粮鱼盐、麻桑油铁,皆足自卫";"出产实苦无多","阖郡出口之货以药材、茶、矾、瓯柑为四大宗,

---

① 陈虬:《经世博议·变法十三》,胡珠生辑《陈虬集》,浙江人民出版社1992年版,第38页。
② 同上书,第39页。
③ 陈虬:《利济教经》,胡珠生辑《陈虬集》,浙江人民出版社1992年版,第131页。
④ 陈虬:《温州出口土产宜设公司议》,胡珠生辑《陈虬集》,浙江人民出版社1992年版,第184页。

岁约百数万金"。① 出口的物品本身不是很多，况且"近年类多折阅"。陈虬认为原因就是"盖无公司以持之"，他提出在温州和上海成立公司的具体设想：由"练达绅富主其事"，"一切出口货物皆分设公司。郡城、上海各设一局，拣正货物，平定价目，分次出口"。②他强调必须保证产品质量，以保持产品的竞争力，如茶叶，当时印、日、俄、美等国日渐广植，国际竞争激烈，陈虬建议聘请谙练茶师，先在郡局自行严拣，分等装箱，"务使瓯茶质量可靠"，"庶瓯庄名目大振，将来获益可无算也"。③ 陈虬认为只有通过公司统一主持对外贸易才能做到"以我驭人，而不为人所驭，方可稍持利权"。④ 考虑到现实，陈虬的创设公司之法，也是主张"略为变通"。他说，"郡城设局收买，不得故意刻削，致碍士民。愿入股分者，先将货物按时酌值，计数给与股票，由局运货到沪，沪局自行分等另议价目。综计本值及一应局用外，所赢子钱若干，照数派还以昭大信"；"再为定私销之禁"，严禁走私。⑤

公司实行股份制，经营方式以民营为主。1898年，陈虬在《呈请总署代奏折稿》中，明确提出反对官办与商办，主张采用股份制鼓励民众参与。以兴办矿务为例，他说："官办则上下之后情不通，商办亦客主之势各异，不仅成本短绌已矣。今宜略事变通：省设总局，如得矿地，先就同府之人集股承办，股本不足，由公局凑集，减轻股份，每股十两为率，易于蒇事。前后三十里以内，居民附股者概减二成上兑，务使土著多沾利益，则附股渐多，一切损伤龙脉之说不攻自破矣。"⑥ 让

---

① 陈虬：《温州出口土产宜设公司议》，胡珠生辑《陈虬集》，浙江人民出版社1992年版，第183页。
② 同上。
③ 同上。
④ 同上。
⑤ 同上。
⑥ 陈虬：《呈请总署代奏折稿》，胡珠生辑《陈虬集》，浙江人民出版社1992年版，第314页。

居民多多参与股份,一个好处就是减少现实中的实行困难。

陈虬提出的股份制改革,并在他的利济医院中亲身实践。1885年,创设瑞安利济医院,"筹集资本,分为十股"。① 利济系列的创办和经营需要大笔资金投入,加之其运营也不是以营利为目的,随着规模的扩大,经营上出现不可避免的资金困难。于此,陈虬与几位同志创办股份制力图挽救其经营状况。1901年,又发行利济股票,"新制利济股票三百张",陈虬认购100股,其余三人认购100股,"每年所入,除提二成归院外,余均照股匀摊"。② 其《利济学堂报》也为集股创办。这当是较早的股份制实践。

陈虬还主张采用西方的专利制度鼓励机器的发明创造,凡"能自出新意、制器利用者,造成报官给照,酌准专利年分。其或确能利用者,准世其业,物勒工名",③ 如果机器发明者无力自措资金投产,政府一应扶持,出示招股,使新的发明创造者直接转化为生产力,加速机器制造业的发展。

陈虬的经济维新思想有其鲜明的特色,它以"与外洋争利"为目标,重视发展工商业,主张企业以民营为主,方式为股份制公司,同时重视专利。大力发展农业生产,促进出口,扭转贸易逆差。招募华侨归国创业,主动开放商埠等。

## 第四节 陈虬论晚清外交

外交是一国政治的延续。晚清国际生存环境严峻。同治十三年(1874),李鸿章形容中外形势:"江海各口,门户洞开,已为我与敌

---

① 《瑞安利济医院股份票》,胡珠生辑《陈虬集》,浙江人民出版社1992年版,第430页。

② 同上。

③ 陈虬:《经世博议·变法十三》,胡珠生辑《陈虬集》,浙江人民出版社1992年版,第39页。

人公共之地","实为数千年来未有之变局","轮船电报之速,瞬息千里,军器机事之精,工力百倍……又为数千年来未有之强敌"。①严峻的形势,搞好外交有利于中国的生存与发展。

陈虬的外交思想集中于《拟援引公法许高丽为局外之国议》(1892)、《论俄国帮助中国》(1894年6月)、②《论外交得失》(1897年12月)、《论西国既设弭兵、太平二会,宜急先削去公法中之默许法而专力行性法》(1897年9月)等著述。他对当时中国的现状和当时的国际大势相当熟悉,对许多问题的思考也由来已久,他结合晚清实际,就朝鲜问题、正确看待俄国对中国的侵略、"以夷制夷"及晚清外交政策等,表达了深刻而独到的见解。

## 一 朝鲜问题与均势之议

朝鲜地域广大,多山环海,"国境东西二千里,南北四千里,为道者八,统郡凡四十一、府三十三、州三十八、县七十,三面环海,北界鸭绿江"。朝鲜一直是中国的附属国,"于藩封中臣服最久,贡献每年不绝"。③

中国在朝鲜面临的对手首先是日本。1876年,日本强迫朝鲜签订《江华条约》,强迫朝鲜开放釜山、仁川、元山等三处为通商口岸,而时任清政府驻朝鲜大臣却违背相关规定,竟"准与各国通商,听其自立和约",令清朝"几失保护之权"。④ 1884年,朝鲜发生洪英植之乱,日本又以保护朝鲜王宫为由,直接进入平壤。加上朝鲜内

---

① 顾正龙、叶亚廉主编:《李鸿章全集》,时代文艺出版社1998年版,第1062—1063页。
② 胡珠生辑《陈虬集》(浙江人民出版社1992年版)第221—223页录有《论俄国帮助中国》。据《陈虬集》,本文录自《皇朝经世文三篇》卷七八。又见郑振铎编《晚清文选》页309—310。均未注明写作时间及原始出处,写作时间系编者胡珠生据文中信息推出。
③ 陈虬:《拟援公法许朝鲜为局外之国议》,胡珠生辑《陈虬集》,浙江人民出版社1992年版,第64页。
④ 同上。

部的东学党之乱，朝鲜局势陷入极不稳定的状态。

清军虽驻防朝鲜，且设有泰安、镇海、操江、湄云等四舰，于仁川、常川轮流驻港，又"于山海关新开铁路"。① 但与俄日相比，力量还是薄弱；兼之自朝鲜三口通商以来，"五洲兵商轮驰毂至，防不胜防"。② 对此，陈虬指出，"日、俄之欲逞志于高丽也屡矣"，一旦朝鲜有事，中国恐难自保，"俄攻高丽，必数道而出以牵制我新疆、满、蒙、东省诸师"；日本自维新以后，"兵船铁甲颇足自雄"，"若以数艇先扰江浙，而潜出二军，一由对马直趋釜山浦为正兵，一由箱馆渡青森入图们江，北拊其背，前后夹攻，而吾分防则兵单而力弱，南北疲于奔命，一有疏虞，恐顾指失臂"。③

陈虬指出，若想改变这种被动局面，当以提高朝鲜的军事力量为要："开铁路，练海军，设炮台，兴军屯。久任驻防大臣，九年一更，六年之后许其自举属员帮办。任满，即以其人奏请换防，唯参赞简自朝廷。部属一定，怵以兵威，相机而动，使不敢再萌异志者，此为上也。"④

而现状是清朝本身尚不能自保，况于朝鲜。权衡得失，陈虬指出，可参照"欧洲均势之议"，准许朝鲜为"局外之国"，"若自揣力不能办，则莫如明告各国以公法——欧洲均势之议。请照摩尔达、袜拉几、塞尔维、以阿尼、戈拉告五邦旧例：许高丽为局外之国，各国共相保护，布告天下，不许他国强犯！无论何国兵旅，无论何故皆不得过其疆界，当亦公法之所许也"。⑤

陈虬此议的出发点是，保存朝鲜，使之现"中华三千年前之衣

---

① 陈虬：《拟援公法许朝鲜为局外之国议》，胡珠生辑《陈虬集》，浙江人民出版社1992年版，第66页。
② 同上书，第64页。
③ 同上书，第65页。
④ 同上书，第64页。
⑤ 同上书，第65页。

冠"。他简单地认为"泰西最重古迹",而"琉球、日本、朝鲜"三国为"中国衣冠文物犹存古制者",而今"中山夷为冲绳,倭奴改从西制","独朝鲜片土犹存箕子遗规"。倘若"诚能按照公法,推均势之例",共相保护朝鲜,那么"使地球之上永存三千年前之衣冠,以视赛珍会罗列古玩,当更别有利益"。① 陈虬认为这或许是"泰西诸雄国所欣欣然乐从者"。② 显然,陈虬此议的首要原因是在清政府无力保护的情况下,维系朝鲜的独立存在地位,使之不免于如琉球之灭亡。其次是可以再现三千年前之中华衣冠诸象,为朝鲜文化(中华古文化)保留一片生存的土壤。

陈虬所说的另一个对朝鲜扩张的国家是俄国。沙俄地处偏远,靠近北极,领土大部分并不适宜居住和农作,国土面积虽然庞大,但出海口很少,尤其缺乏优良的不冻港。因此,俄国在东西方向加强了对土耳其和中国的侵略。俄国在西方的扩张,遭到英法等国的抵制,土耳其被沦为欧洲诸国的保护国,成为均势政策的牺牲品。俄国在欧洲的扩张因英、法抵制而受阻于土耳其后,又将侵略目标转向中国的东北边疆。蚕食鲸吞,俄国通过种种卑鄙的手段,攫取了黑龙江以北的大片中国领土。接着又把朝鲜作为他的下一个侵略目标,"近又营铁路于西伯利亚,将次告成,由俄京达高丽十五日耳"。③ 俄国在朝鲜的侵略扩张与日本产生了矛盾。英国奉行"光荣孤立"的外交政策,推行均势,认为俄、日在朝鲜的争夺将损害其在东亚的既得利益。为防范俄国,牵制俄国在亚洲的扩张,1885年4月,英国出兵强占巨文岛。"先占巨文一岛以扼其吭,俄人遂知难而退。"④ 但同时,英国

---

① 陈虬:《拟援公法许朝鲜为局外之国议》,胡珠生辑《陈虬集》,浙江人民出版社1992年版,第66页。
② 同上。
③ 同上。
④ 陈虬:《论俄国帮助中国》,胡珠生辑《陈虬集》,浙江人民出版社1992年版,第221页。

认为在东亚无力继续扼制俄国的侵略势头,转而襄助中国扼制俄国的扩张。兼之朝鲜及其当时身为朝鲜宗主国的清朝的艰难的外交努力,英军于1887年2月底撤出巨文岛,并"与中国订约:此地不得使他国屯兵",① 事实上英国承认中国对朝鲜的保护国地位,此即"巨文岛事件"。

欧洲均势之法,对于维系世界局势之间的平衡,扼制某一强国的扩张势头,有其现实意义。均势取决于对立双方的实力的平衡,"五洲诸国皆有约纵之意,故俄欲出红海并欧洲,则英、法扼之于土耳其。俄既不得志于西,将鼓棹东向朝鲜,英人又据巨文岛以制之",② 而事实上,应该是,俄国在远东的扩张,侵害了英、法等国的既得利益,所以才予以制约。

陈虬特别强调指出,"中国之保高丽,非贪其土地也,亦仅欲相安无事,永为吾国之东藩已耳",③ 许朝鲜为局外之国后,希望朝鲜能强大起来,还是像过去那样作为中国的"东藩",卫障中朝。虽"许以局外,而中朝仍不失保护之权","公之万国,而泰西可遂均五洲之势,环球之安危系焉,岂仅中、高唇齿之虑而已哉!"④

陈虬提出援引公法准许朝鲜自主,实际上就是准许朝鲜独立,按照陈虬的观点,这样做有其好处:一方面,可以使朝鲜不因清朝之衰敝而累及自身,进而寻求自强之策,免于被列强的侵略,有利于朝鲜的稳固发展;另一方面,又可以使清朝免于朝鲜之累,不至于分散力量护卫朝鲜,以集中有限的国力致力于本土建设,增大与列强抗衡的力量。从而,免于一损俱损。

---

① 陈虬:《论俄国帮助中国》,胡珠生辑《陈虬集》,浙江人民出版社1992年版,第221页。
② 陈虬:《拟援公法许朝鲜为局外之国议》,胡珠生辑《陈虬集》,浙江人民出版社1992年版,第66页。
③ 同上。
④ 同上书,第66—67页。

陈虬以土耳其因英、法、俄之间推行均势而不亡之例,来类比朝鲜。土耳其处俄国与欧洲之间,英法为抵制俄国的扩张,而推行均势,土耳其遂得以不亡,欧洲得以相保。朝鲜处中、俄、日之间,但中国不是英、法,朝鲜也不是土耳其,以中国之力,是断不能与俄、日抗衡的;以均势之议而准许朝鲜自主,则无异于"以肥羊投之于馁虎",直接陷朝鲜于孤立无援的国际情势中,或俄或日将直接吞并朝鲜;列强一旦占据朝鲜,接下来的侵略目标,无疑将是中国。无论如何,朝鲜和中国都免不了被侵略的命运,几年后的甲午战争以及几十年之后的抗日战争便是对此最好的证明。

很明显,陈虬对西方扩张政策认识不足,为欧洲均势之议表面上的和平所迷惑,而不知国家实力决定国家地位。中国倘不急行变法,不但朝鲜不保,自身尚且难保。许朝鲜为局外之国,名义上有助于朝鲜的生存,清朝也可免去诸事之累,而事实上,以朝鲜之力,在俄、日夹缝中,终难免有被灭亡的命运。唇亡齿寒,户破庭危,失去了朝鲜这一"中朝卫障",中国本土的安全问题也迅即成为影响中国发展的重要问题。

虽然,19世纪晚期,亚洲普遍进入民族觉醒的阶段,但陈虬是否认识到这一点,笔者还一时难以论断。但陈虬站在宗主国的立场上,提出"援引公法许朝鲜为局外之国",尽管是出于不得已固卫中朝的目的,但无论如何是需要很大勇气的。

## 二 对"俄国帮助中国"的揭露

俄国对中国的侵略主要是陆地领土的侵占。中俄两国本不接壤,自彼得一世以来,沙俄侵略成性,致力于扩张,俄国的后继者们秉承这一夙志,逐渐扩张成一个横跨亚欧的大帝国。1689年,中俄《尼布楚条约》就中、俄之间的东段边界走向做了大致的划分,两国以额尔古纳河、额尔必齐河至海为界,包括外兴安岭、库页岛在内的广大地区都属中国的领土。而对于西段的边界则基本基于习惯法的沿袭，葱岭以西的广大领土都属中国。近代以来，随着俄国国力的强盛，清朝国力的衰微，沙俄以战争威胁的方式，巧取豪夺，强迫清政府签订了一系列不平等条约，攫取了中国160多万平方千米的土地。

1894年6月，朝鲜爆发东学党之乱，日本为与中国争保护之权，也出兵朝鲜，很快内乱平息。随后，围绕撤兵问题，中、日矛盾一触即发。一时间，各种议论纷纷。英国照会中、日，"请拟去驻扎朝鲜兵士"，愿"为两国调停，俾之言归于好"。俄国抛出了它极具欺骗性的观点，《俄罗斯日报》说："俄国应襄助朝鲜俾得有权自主，倘日本欲强为干预，则俄国须会同中国为之保护。"中国舆论界纷纷传之为，"俄亦愿助中国以拒日本，使之不预朝鲜之事，亦一面止中国之兵，一面止日本之兵"。①

陈虬认为，此事若"果由英国出为调停，其事不难料定"，"中日之争端可以弭，中日之和局可以成"。②而对俄之言论表示怀疑，他撰《论俄国助中国》一文，认为俄国"固处乎嫌疑之间"，③与日本一样，都在图谋朝鲜，实无襄助中国之说，并强调指出，要防备俄国对中国的侵略。

陈虬对日、俄、英在朝鲜问题上的行径进行了深入细致的分析，他认为明治维新之后的日本仿效法国而致力于对中国的侵略；英国推行均势，反对俄国过分扩张；俄国碍于英、法均势政策，转变侵略策略，转向通过暗中支持日本而实现控制朝鲜的目的。法国在19世纪80年代，通过战争等种种手段占据中国的越南、暹罗等国，日本"羡之慕之，竟起

---

① 陈虬：《论俄国帮助中国》，胡珠生辑《陈虬集》，浙江人民出版社1992年版，第221页。

② 同上。

③ 同上。

而则效之"。① 日本随着国力的不断强盛，起先不断找人"联盟"，以扩大侵略权益。它首先提出与中国一起瓜分琉球、朝鲜。李鸿章不同意，结果日本就对中国动武，吞并琉球，侵占朝鲜。俄国不甘心其在朝鲜的扩张被英、法压抑，转向"于西伯利亚广兴铁路（1891）以直达于珲春、黑龙江"，"大有窥视我东三省之意"。② 甲午战争后的日本希望与沙俄结盟，要共同瓜分朝鲜，共同瓜分中国，沙俄不理睬日本。日本转向与英国结盟，于1904年发动日俄战争，将中国东北变成它的势力范围。故陈虬指出，日本"其所以敢于欺中国者，以恃俄国为助。日本之所恃者实惟俄与法"。③ 总之，在侵占朝鲜的问题上，日、俄立场一致，都是致力于夺取对中国朝鲜及东北的权益，二者一明一暗，先取得对朝鲜的主导权，再为日后的实现侵略扩张中国东北的目标做准备。

日俄联合，为英国所惧，遂"出为中日两国调停，俾仍言归于好"。④ 英国远离远东，况为世界强国，奉行光荣孤立政策，"欧洲诸国，群推英执牛耳，英之遏俄于土耳其，则原为欧洲大局起见，其志实在顾全商务"，⑤ 所以，英国"亟出弭中、日两国之兵，所以保全朝鲜，实所以止遏俄人，亦仍助土耳其以扼黑海口之一法也"，⑥ 从均势之议来看，这与其在欧洲的政策是一致的，陈虬认为"其说可信"。

陈虬进一步指出，俄国为争夺世界霸权而大肆扩张的势头，打破原有的世界格局，在舆论方面处于极为不利的地位，故不得不转为暗中图谋。"俄人当襄助朝鲜有权自主，则仍是日本之意，欲使朝鲜为自主之国也"，⑦ 先使朝鲜脱离清朝保护，成为自主国，进而可以轻

---

① 陈虬：《论俄国帮助中国》，胡珠生辑《陈虬集》，浙江人民出版社1992年版，第222页。
② 同上。
③ 同上。
④ 同上书，第221页。
⑤ 同上。
⑥ 同上书，第222页。
⑦ 同上。

松占据朝鲜;"日本如欲强为干预,则俄国须会同中国为之保护,则犹是日本之意"。① 陈虬深有洞见地指出所谓的"欲与中国同保朝鲜",实际上是"同保之,则同属之矣","日后乃以借口而与中国争保护之权,则是为朝鲜拒一日本人,反为朝鲜招一俄人",② 以中国之力,断不能与俄国相争,如此而言,既非朝鲜之利,亦非中国之利,实为中朝之祸患。陈虬进一步指出,俄国之扩张欲望"非朝鲜所满其欲壑者",日本若果真与俄国联合侵占朝鲜,"不得志则日受其祸";若暂时得以实现侵占朝鲜的目的,则"将来必且为俄国所并!"③ 可怕的是,俄国在控制朝鲜后,进一步扩张的目标就是日本!"由朝鲜取日本,途至捷也,事至便也",④ 攻取日本,取道朝鲜与取道中国东北相比,则相对简单得多! 而日本未必能认识到这一点。如此而言,所谓"俄人亦与中日排解,请两国撤兵"⑤ 之议,不排除其暗授日本"明撤而暗不撤"之计,而"给中国而误朝鲜",⑥ 出卖中国和朝鲜的利益。如此之计,恐仅于俄、日有利,最大的赢家还是俄国。

还有一种情况,即俄国附和英国调停之议,"以与英人同执牛耳以为异日之后图"。⑦ 虽不确切,但俄国势必以侵占中国和朝鲜、扩张其利益为其根本目的,而丝毫无助于中国。无论如何,所谓的"俄之助中国",实为侵占中国,断不可信。

又,据说,晚清重臣李鸿章临终时,曾对前来探视的周馥说:"我国将来如长期贫弱,惟有联俄;倘能富强,则宜拒俄。"⑧ 李鸿章活跃于晚

---

① 陈虬:《论俄国帮助中国》,胡珠生辑《陈虬集》,浙江人民出版社1992年版,第222页。
② 同上。
③ 同上。
④ 同上。
⑤ 同上书,第223页。
⑥ 同上。
⑦ 同上。
⑧ 孙宝瑄:《忘山庐日记》,上海古籍出版社1983年版,第466页。

清政坛几十年，此语可谓深得俄人之对华外交之切骨认识，颇可玩味。

时人孙宝瑄曾与1901年针对此事论及"以夷制夷"，他说："夫以我国积弱之势，何力与俄抗，且东三省在俄手中，苟不允其约，于俄人无损也，彼惟有永据不还而已。失东三省，犹小焉者也，若列强效俄之尤，肆其瓜分，我国何以待之？两害相形，则取其轻，许俄约而各国欲均沾利益，害之小者也；不许俄，则俄人不还地，而各国将效其所为，害之大者也。请问海上诸君子，宁各国瓜分土地乎，抑愿各国均沾利益乎？二者必居其一。"又说："今日之联俄，非联也，事俄而已。俄兵强马壮，形势利便，他国不能与争。我国不得已而俯首屈节，以礼敬之，正犹韩、赵、魏之事秦，无可如何也。能缓俄之兵，使俄不骤据我之土地，则瓜分可暂免，我能发奋自强，犹可以国。今若与俄启衅，俄之举兵灭我也甚易，各国既不能助我，必不许俄人独揽土地，则争调兵以取南方，而亚陆果无华世界矣。"孙氏用一句话点明各国外交的实质："要之各国外交策，皆在利己，断无不利己而利人之事。"① 此言诚不失公允。

## 三 "以夷制夷"之否定

一般认为，近代中国最早的外交政策是"以夷制夷"。② 源于魏

---

① 孙宝瑄：《忘山庐日记》，上海古籍出版社1983年版，第416—417页。

② "以夷制夷"之外交政策，近人多有论述。魏源在写于1842年1月的《海国图志》序中提出，此书为"以夷制夷而作，为以夷款夷而作，为师夷之长技以制夷而作"。此外，还有阮元写于1841年7月7日的《用咪（美）夷制暎夷策》，是文早于魏源《海国图志》一年半。梁章冉《合省国人市中国考》也反映出一个问题："可以看出鸦片战争期间，凡持'以夷制夷'论的官绅，何以总想联美制英。"（参见龙应台、朱维铮编《维新旧梦录——戊戌前百年中国的"自改革"运动》，生活·读书·新知三联书店2000年版，第96—102页）康广仁写于1898年3月的《联英策》（中国史学会编《戊戌变法》第3册，上海书店出版社2000年版，第92—95页），主张以铁路矿务之权，结英拒俄弭日，然后图变法。唐才常《论中国宜与英日联盟》（中国史学会编《戊戌变法》第3册，上海书店出版社2000年版，第100—106页）认为，联俄与联英、日，于中国皆有害，但两害相衡取其轻，主张联英、日拒俄图存。陈虬对"以夷制夷"之策的观点见其写于1897年12月的《论外交得失》（胡珠生辑《陈虬集》，浙江人民出版社1992年版，第301—304页）。又如，英国强租威海卫之际，督办铁路大臣盛宣怀公然主张"莫若以威海租英，借以牵制俄德"。

源《海国图志》提出的"以夷攻夷""以夷款夷""师夷之技以制夷"以及"以民制夷、用商制夷、以夷制夷"策略。① 80 年代后，中、俄伊犁纠纷，中、法越南之争，以及中、日在朝鲜问题上的竞争，当时负责外交重任的李鸿章深感中国无力取得对外战事的胜利，考虑更多的是如何利用西方国家间的矛盾——如英、俄与英、法间的竞争，采取"以夷制夷"的外交政策，以谋取中国的和平与国家领土主权的完整。如其朝鲜政策，目的在于利用西方国家与朝鲜立约，彼此牵制，维持均势。

陈虬结合中国外交的实例，对"以夷制夷"之外交政策予以彻底否定。

1895 年后，俄、日成为威胁中国最大的敌人，各种联合某国以抵抗俄、日侵略的观点层出不穷，甚嚣尘上。陈虬结合甲午战争及"三国干涉还辽"事件，指出这些策略均无益于维护中国固有之权益。

"结俄以拒日"不可行。甲午战争中国败于日本，割地赔款，加之日本蛮横无理，中国上下莫不引为奇耻大辱。此时，俄国以纠合德法迫使日本归还辽东半岛有功，博取了朝野人士的好感，"联俄拒日"乘势而起。陈虬一针见血地指出，俄国并不是真的帮助中国，"但以日得据辽，则大海之阻，日人专之，固知其非俄利"，② 因为一旦日本占据辽东半岛，对俄国扩大对中国东北的侵略极为不利，所以才强迫日本放弃辽东半岛，"而非愤其为中害也"，丝毫没有从中国方面考虑。因此，从这方面来说，俄国既不是"亲日弱中"，也不是"扶中以摈日"。③ 而是与日本一样，都是中国的敌人，都想极力扩展

---

① 胡绳认为最早提出"以夷制夷"策略的是林则徐，并为此专作"以夷制夷论"。见胡绳《从鸦片战争到五四运动》，上海人民出版社 1992 年版，第 575—585 页。
② 陈虬：《论外交得失》，胡珠生辑《陈虬集》，浙江人民出版社 1992 年版，第 302 页。
③ 同上。

在中国的侵略利益，二者并因此而产生矛盾。中国即便没有日本的侵略，也难免俄国的侵略，即"中即无日，而中之隐祸方长矣"。① 所以说，若"结俄以拒日"，犹不可行。此后，形势的发展验证了陈虬观点的正确性。自联俄以来，西欧国家纷纷向中国索要土地。而清政府一时依赖的俄国，不但不帮中国，反而乘机强占中国土地，如其1898年强行租借旅大港，其侵略东北野心已暴露无遗。

联俄失望后，朝野观点转向联英，想以英制俄。陈虬指出，"结英以拒俄"，虽"颇为近之"，却也不可行。五口通商以来，"中国利权让英独握"，中国极力结好与英国的关系，"所以输英奉英，而惧失欢于英者，亦不为不至矣、不尽矣！"② 因此，从道义上来说，中国有事，英国应予以帮助。然而从中日甲午战争以及其后的"三国干涉还辽"事件来看，英国不但不助中国，"犹阴为日助"，一再"为萎靡不自振之中国拘祸强敌"。③ 此外，还有一个不容忽视的事实，"俄德之交最固"，"英所为日结欢于德人"，④ 英国为了日本而和德国交好关系，很明显，英国不顾与俄国的矛盾，还想交好俄国！故"结英以拒俄"之策根本不可行。

至于"联美和日，因英通德，以拒俄法"，⑤ 陈虬认为，此议"可施之旅顺未破、台湾未割之日"，⑥ 而于今日却未可行。甲午战争前，"我之虚实未尽为白人所识，张我邦强大之名，为亚洲辅车唇齿之助，率古人远交之旨，以淡诸雄国弱肉强食之心，或亦一时权变之谋欤？"⑦ 经此役后，鸦片战争以来特别是洋务以来苦心经营"数十

---

① 陈虬：《论外交得失》，胡珠生辑《陈虬集》，浙江人民出版社1992年版，第302页。
② 同上。
③ 同上书，第303页。
④ 同上书，第302页。
⑤ 同上。
⑥ 同上书，第303页。
⑦ 同上。

年勉强支持、万端掩盖之局",被日本"一战得之","彼白人方且悔谋之不预,而甘让日本以先鞭之着矣?"①甲午战争前,假使"江红不割,科干部界,北方之铁路不通,则我之险阻犹足自固",倘再行"外益其助,内强其民"之策,"或可徼幸于一奋",但现在情形不同了,门户洞开,沿海军事险要尽失,只能屯兵于腹地,原先"我所恃以拒人者,人且得以并我、蚀我、属国我而瓜分我矣!"②美国远离东亚,"又尝与中国为相助之约",然而中日战争期间,"不惟不助中而已",反而"输日饷",资助日本。德国与中国最无恩怨,甲午战争爆发之初,英国曾"挟德议和",而"卒阻于德而止",致使日本获胜;战后,"德既见中国之弱,终亦垂涎一方",率先掀起瓜分中国的狂潮。③总之,无论俄、日,还是英、德、美、法,在侵略中国的立场上都是一致的,都想获取本国在中国的最大权益。故甲午战争后,"联美和日,因英通德,以拒俄法",犹不可行。

"联欧抗俄"也不可行。陈虬以土耳其为例,指出中国之情形不同于土耳其。中国一旦被俄吞并,"俄有一统全亚之势,而诸欧犹能自立",④而"俄苟并土,欧洲之祸立至",⑤故土耳其之不亡,有赖于欧洲推行"均势之议",而中国绝不会从西方列强之间的均势矛盾中获取丝毫的生存余地,只能会沦为列强共同的侵略目标。土耳其虽被许"为自主国,而入公法而予以保护",⑥而实际上是欧洲各国为防备欧洲被俄吞并,而采取的牺牲土耳其的暂行之策。土耳其虽暂时得以不亡,而欧洲各国"犹将土国辖地十分其五",可以说"土未蒙

---

① 陈虬:《论外交得失》,胡珠生辑《陈虬集》,浙江人民出版社 1992 年版,第 303 页。
② 同上。
③ 同上。
④ 同上。
⑤ 同上。
⑥ 同上。

诸邦保护之益而先被其毒也",① 国家权益早已被侵占。

"以夷制夷"之外交理念,将中国的希望寄托在列强的身上,企图利用列强之间的利益纠葛,使之互相牵制;希望能够借助于他国的强势来制止另一国对中国的侵略。实际是外人借此而更加扩大了对中国的侵略,结果只能是自主权渐失,任人摆布,遂成弱国无外交之局面。

以三国干涉还辽事件来看,1895年4月17日《马关条约》签订,俄国认为日本占领辽东半岛阻碍了它对中国的侵略,遂纠集法、德于4月23日"劝告"日本放弃对辽东半岛的占领。日本屈服于三国的联合压力,虽"放弃对辽东半岛之永久占领",但条件却是中国再向日本增赔3000万两白银。外人首先考虑的是其自身国家利益的实现,至于能否维护中国的权益,则仅是属于事件客观结果的一个层面而已。所谓的清政府的"得利",最终只是一种阿Q式的自我安慰。一个国家如果自身没有实力,那就是一只纸老虎,当清政府的目的被列强看破之后,他们必然联起手来瓜分中国。

1902年,为了共同抵制俄国势力的扩张,在西方,英国与法国结盟。在东方,为了抵制俄国势力对中国主要是中国的东北地区的扩张,英国又与日本结盟。同时,甲午战争后,日本意欲与沙俄结盟,以共同瓜分朝鲜和瓜分中国。但沙俄不予理睬,沙俄想独吞中国东北和朝鲜,日本遂转向与英国结盟,最终于1904年发动了日俄战争。

时人颇受其迷惑,认为可以依靠英国抵制日本对中国的侵略,对此,杨度在写于1902年的一文中就此指出:"他国不必论也,日本者,与我同洲同种同文之国,近又以英日联盟保全清韩两国著称于地球上,而印入于我国民之脑,而生其感戴者也。而山本邦之助曰:'英日联盟,以保支那,实为我工商政策之根本,从此与支那改订通

---

① 陈虬:《论外交得失》,胡珠生辑《陈虬集》,浙江人民出版社1992年版,第303页。

商条约，可乘此机以得和平战争之胜利。我国民不可不猛勇奋进以图之.'故二国之保全中国而与朝鲜并称者，皆其对俄之外交政策，而于我无所用其外交焉。日本如此，他国可知。"① 杨度借用日人山本邦之助之言，很清楚的表露出来所谓的英、日联盟及所谓"以夷制夷"外交理念的虚伪无用。

在侵略中国的立场上，列强是一致的，陈虬说："彼数国者，方且多其与，厚其资，协其谋以垂我敝，而我中国乃适孤立而无徒也！"② 西方列强本就物资丰厚实力远超中国，正思虑着乘中国之弊时如何侵占中国更多的利权，中国提出"以夷制夷"，无疑恰恰给予西方侵略中国以合适的机会，导致其乘人之危，从而进一步扩大其在中国固有之权益。若坚持"以夷制夷"之策，中国恐将难免于被瓜分被灭亡的命运，变为列强支配下的中国各派系军阀的混战，这将是最终可怕的结果。鲁迅对此深刻指出，"以夷制夷"之实质，实为"以夷制华""以华制华"。③

### 四 对晚清外交局势的分析

陈虬撰文坦陈晚清外交，认为"自欧亚通道以迄于今，我直百失而绝无一得"。中国之现状均不及历史上之"盛世"与"乱世"，原因就是"自主之权"丧失，以致甲午以来"泰西蔑视，以野蛮待我，以愚顽鄙我，昔视我为半教之国者，今视我为非洲黑奴矣；昔憎我为倨傲自尊者，今则侮我为聋瞽蠢冥矣"。④ 陈虬指出，坚决维护中国

---

① 杨度：《游学译编序》，张玥、王忍之编《辛亥革命前十年政论选》第 1 卷上册，生活・读书・新知三联书店 1977 年版，第 255 页。

② 陈虬：《论外交得失》，胡珠生辑《陈虬集》，浙江人民出版社 1992 年版，第 304 页。

③ 鲁迅：《以夷制夷》，见《鲁迅全集・伪自由书》，人民文学出版社 2005 年版，第 115—119 页。

④ 康有为：《上清帝第五书》，中国史学会编《戊戌变法》第 2 册，上海书店出版社 2000 年版，第 180 页。

既有之利权，去除外人轻我之心，与西方平等务实外交。

自主之权丧失，导致外人轻我，这是中国现今外交症结之所在。盛世之时，"必中强而外弱，中盛而外衰，中治而外乱"。[①] 乱世之时，如周、晋、宋，虽一再受秦楚、胡羌、辽金之"侵而侮"，"然未能决其孰强孰弱、孰盛孰衰、孰治孰乱"，原因就是"自主之权无失"。[②] 而现在，西人"挠我政令，议我租税，夺我教而专我利"，[③] 清朝虽"蓊然敝然"，却仍一概"与之"，极力满足西方提出的各项要求。倘若不答应，则就会战事相逼。故成"此我九皇六十四氏以来中外一大变局"。[④]

探究外人轻视中国的原因，陈虬指出："中国之外交，其始误于虚矫，而不少予以余地之容；其继迫于要胁，而不预筹夫后患之烈。"[⑤] 具体来说，有主观原因，也有客观原因。

其一，"华夷之见"是造成西人轻我的主观原因。中西交往之初，清廷统治者以天朝上国自居，谓无所不有，自绝于西方。西人至华，如英之马嘎尔尼，因跪拜礼仪之争而慨然拒之，即便鸦片战争之后，遍受挨打，犹不失"虚矫"之姿，"华夷之见"仍然存在。费正清为此指出："欧洲人相信平等的主权国家的多元制，而中国天子则根据钦定的儒家学说统治天下，这一点就能捆住中国，不让它和外部世界的多元统治齐步前进，因为儒教社会是以皇帝为金字塔尖顶的寡头专制"。[⑥] 陈虬为此指出："彼族之初至，亦既艳我、慑我、欣慕我，而非敢遽生戎心于我也！设我稍融华夷故见，开诚布公，甄短师长，无

---

[①] 陈虬：《论外交得失》，胡珠生辑《陈虬集》，浙江人民出版社1992年版，第301页。
[②] 同上。
[③] 同上。
[④] 同上。
[⑤] 同上书，第302页。
[⑥] ［美］费正清：《伟大的中国革命》，刘尊棋译，世界知识出版社2000年版，第42页。

愧于古者柔怀远人之意。"① 那么，陈虬相信，"我知彼资我物产，沾我利益，必将感我之信，悦我之厚，惕我之明，而岂有仇于我欤？"② 显然中国清朝的统治者们没有看到这一点，甚至连"怀柔远人"这一点也没有很好的做到。因为仍不肯放下天朝上国的身价，主观上仍存在"华夷之见"，导致中国在最初处理涉外事务时，"懵然于交涉之宜、外人之情"，虽然有"拂篍德之见绝于疆吏""斯当冬之见尼于部臣"两事发生，于"中国得以无患"。但是随之在其后的香港、澳门事件中，中方明显处于不利地位，特别是"澳门事件"，"澳民之狱，蔽罪肆阁，误伤之辜，议定大辟"。③ 其结果就是"乃令彼之疑我日甚，即彼之叛我亦日亟"，导致鸦片战争之祸，"重门四空，长驱来东，诸白种起，五口商通"。④

其二，迫于要挟，对列强一味满足，这是造成外人轻我的客观原因。一系列战争的失败，清朝通过一味满足西方换取和平局面的延续，"其继迫于要胁，而不预筹夫后患之烈"。⑤ 第一次鸦片战争后，西方列强"始知我易与"，"于是要挟之计益工，恫喝之言屡至，于是有为公法所必不能容者，彼亦百试其端，必思饱其欲而后止"。⑥ 陈虬指出："夫向者彼固疑我之轻彼也，至是而反其术以轻我。"⑦ 西方人本来就怀疑中国轻蔑于他，看到胁迫中国成功，到现在反而开始轻蔑中国了。由此导致中国所面临的外国侵略局面更加严重："乃至安南、缅甸、高丽、琉球诸属国尽沦于敌，而台、澎内境弃以畀日，

---

① 陈虬：《论外交得失》，胡珠生辑《陈虬集》，浙江人民出版社1992年版，第301页。
② 同上。
③ 近代中西交往初期的一些矛盾冲突的记载，可参见梁章冉《合省国入市中国考》，收入龙应台、朱维铮《维新旧梦录——戊戌前百年中国的"自改革"运动》，生活·读书·新知三联书店2000年版，第96—102页。
④ 陈虬：《论外交得失》，胡珠生辑《陈虬集》，浙江人民出版社1992年版，第302页。
⑤ 同上。
⑥ 同上。
⑦ 同上。

而英侵科干,而法划江红,而俄搅西伯利亚铁路,而德亦骎骎乎有中分我国口岸之势。"① 其间,虽有忠义之士万般努力,力图振兴,"然亦不免于斯二者之失",无法挽救晚清困局。

陈虬认为,假如在中西交涉之初,就坚决维护中国之固有权利,断绝西方攫取中华利权之野心,"坚忍不拔,力持大体,关其口而夺之气,则彼又岂能苟逞无餍之求而甘违公理哉!"或许就不会出现如今之困状——"异族接肩,卧榻鼾眠,兵燹四连,矛地剑天。"②

陈虬指出外人轻视中国,"匪自今始也",早自第一次鸦片战争就已经开始了。那么,正确的外交之策应该怎样呢?陈虬指出:"外交之道,亦去彼之所以轻我者而已矣!"③ 具体如下。

其一,针对"天朝上国",视洋务为夷务,一贯轻蔑西人之行径,陈虬认为"一切权谋诈术举无所用,惟能察彼之情而出以公心;持以定力,其约章之可允者允之;如不可允,则虽重兵临我,严词诇我,多方迫胁以误我,而我必坚持以万不能允之意!"④ 一句话,去掉我之虚矫之心,出以公心,坚持维护国家利权的基本立场不变,中外条约坚持国家利益,对于与中国无伤的可以接受;对于侵害中国权益的,即便西方列强以战争相威胁,也断然不可接受。

其二,"私之以利而远其害,予之以虚而靳其实,断未有一朝决裂之势也"。⑤ 不能让西方洞察我中国之实情,也不能贸然和西方决裂,以免列强侵略中国,致无穷之祸,"夫向者固惟惧一朝决裂,而不料其流祸至此也"。⑥ 陈虬说:"且彼所为临我、诇我、多方以误我

---

① 陈虬:《论外交得失》,胡珠生辑《陈虬集》,浙江人民出版社1992年版,第302页。
② 同上。
③ 同上书,第304页。
④ 同上。
⑤ 同上。
⑥ 同上。

者，彼必先有轻我之心，而后敢而为愚我之计。愚之不已，则瓜分之约，突厥、波兰之殷鉴，亦可为寒心已！"① 西方轻我之心早已既有，在列强的共同胁迫下，我若一味不思改变，西方将更加认为中国愚昧不可改，扩张之心不已，中国恐有继波兰亡国、土耳其之续耳！"亡羊补牢，覆车改辙，我其识所从事矣"，② 现在，既然认识到了这一点，就应该加以切实改变。

日本原先弱于中国，1853 年，也遭到了美国等西方国家的侵略，"白人挟制百端，至以细民斗杀小故，赔费盈数百万"。但自明治维新以来，"持之数十年，而彼国交涉之局大变"。原因就在于，"彼向固以日本为可轻，而究未可轻也"。③ 而中国却从未想过如何去掉外人轻我之心，"而苟求助于彼族之庇"，④ 幻想"以夷制夷"，把摆脱困状的希望寄托在外国的身上，从未想到过只有依靠自己，强盛国家，才能去除外人轻视之心。

"上兵伐谋，其次伐交。"⑤ 陈虬指出，伐交其实也是下策，"外交之道，亦去彼之所以轻我者而已矣"。⑥ "但思去彼之所以谋我者而已"，西人之所以对我有所图谋进而得逞，只是因其"轻我也"。⑦ 因此，去掉西人轻我之心理，打消其"谋我"之念想，中西之间自不会有事，当是上上之策。然而，对于如何去除外人轻我之固定思维，陈虬在此并没有明确指出。

综合来看，陈虬对晚清外交局势的分析，不乏独到的见解，其对俄日侵朝的认识，对"以夷制夷"的否定，对中国外交得失的评价，

---

① 陈虬：《论外交得失》，胡珠生辑《陈虬集》，浙江人民出版社 1992 年版，第 304 页。
② 同上。
③ 同上。
④ 同上。
⑤ 按，《陈虬集》中注明引自《军志》。《孙子·谋攻篇》："故上兵伐谋，其次伐交，其次伐兵，其下攻城。"见杨炳安《孙子集注》，上海古籍出版社 1959 年版，第 12 页。
⑥ 陈虬：《论外交得失》，胡珠生辑《陈虬集》，浙江人民出版社 1992 年版，第 304 页。
⑦ 同上。

发人深省。然而国家力量决定外交政策，外交政策以维护国家利益为目标，在晚清困局之下，如何积极寻求变法维新，进而增强国家实力，这才是实现外交政策转变的基础和保障。

# 第四章　投身维新实践，开启民智

戊戌变法的失败，使部分先知先觉人士开始更加具体而深入地反思民族危机的根源。对民众进行启蒙，提高国民素质，从此成为中国思想界的主流。①

陈虬早在戊戌变法前，就开始思考民众是思想启蒙这一问题。变法失败后，他虽受到多方面的打击，② 但并不心灰意冷，而是转向对国民性的深入思考上，这也暗合了戊戌思潮发展的潮流。

## 第一节　保民而心战

陈虬认为，国家存在的根本为人民大众。救国当先从民心入手，他号召振奋国民精神，与泰西进行心战。他于1897年5—6月，撰成《心战》三篇。③ 指出，与西方列强进行心战的主体是人民大众，因

---

① 梁启超力倡"新民说"，成为这一时期改造国民性思想的代表，"戊戌变法失败后，梁启超总结其经验教训，认为政治改革不能单单依靠皇帝个人，也不能靠少数几个英雄，而要靠大多数国民和国民主体意识的提高"。桑咸之《晚清政治与文化》，中国社会科学出版社1986年版，第191页。

② 戊戌政变后，陈虬所办学堂、学报被迫关闭，医院也勉强维持，心情极为低落。杨青《挽陈志三孝廉诗》："戊戌后孝廉更无聊。"见胡珠生辑《陈虬集》，浙江人民出版社1992年版，第433页。

③ 《心战》写于1897年5—6月，分别发表在《利济学堂报》第9册（5月21日）、第10册（6月5日）、第11册（6月21日）的《文录》上，后收入《利济学堂报汇编》一《利济文课》卷二。

此要得民心首先要保民，要重视州县在得民心中的作用。

## 一　振奋精神，与敌"心战"

所谓心战，就是要求国民振奋精神，树立必胜的信心。林则徐尝谓剿匪有八字要言："器良、技熟、胆壮、心齐。"[1] 陈虬撰《心战》，指出："夫人之强也，不强于形而强于神。国之兴也，不兴于声而兴于实。""腹有剑乃利也，肠有轮乃转也，故善战者不战以兵而战以心。"[2]

陈虬指出，今"五洲环处，白人以吸力争天下，慑我以兵，朘我以商，阢我以机，奴我以学"，[3] 泰西挟发达之声光化电，"秒忽之间，靡遽不至"。而"我欲从而战之，乃苦于器之不淬，利之不完，艺术之不精"，"乃至自窒其通，自镕其聪，饮诟含辱"，如此下去，恐有"随非、美黑、红之后，而几于族种之不能容"之地步。[4] 心力之长久坚强，可以之战胜敌人。他说："此心有独灵！""故综天下万物之生，而有质者皆弱而窳而瑕、而暂而死，而心独不弱而强，不窳而良，不瑕而坚，不暂而久，不死而生！"[5]

"哀莫大于心死"。陈虬痛心地指出：经秦焚书、汉宋明党锢之祸，经五胡、蒙元之"乱其俗、亡其祀"、明太祖"毁节义、黜才士、倡后进"之压抑，中国现今"萎软不自振之习，浸淫至于今日而不止，而心斯毁矣、黜矣！"[6] 当此外患日逼、中华危亡日重之际，如果人人还是自私自利，畏死苟生，"以私自域，以畏自毙，以疑自囿，以惰自欺，以虚矫无实自弃"，则真是"有心而无心矣"，"心之

---

[1] 转引自张俊纶《王柏心传》，崇文书局2008年版，第42页。
[2] 陈虬：《心战》，胡珠生辑《陈虬集》，浙江人民出版社1992年版，第249页。
[3] 同上书，第248页。
[4] 同上。
[5] 同上。
[6] 同上书，第249页。

不竟，而遑言战为？"①

欲胜强敌，实现中华富强之目的，应对人心"强之、良之、坚之、久之、生之"。②陈虬强调指出："充心之力之所不能及，虽以包天地、亘古今而有余！"反之，"心之蔽也，乃至败其国，破其家，丧其身，而一无所觉！"③陈虬疾呼，"以我神明之胄，文物之遗，诗书礼乐之教"之中国四万万之众，当有"起而思有所争也"，断不能再"溺心于章句，斫心于帖括，梏心于文法，淫心于干戈，役心于妻孥，游心于利禄"。④

陈虬认为中兴以来，战事一再失败，主要在于士气低下、法令不行。"行军之令，彼严而我弛"，"敌忾之气，彼奋而我怠"，"赏信罚必之权，彼行而我阻"，"指使臂助之后理，彼公而我私"。洋务运动"辄知中法之无用"，而致力于学习西方之长。然而甲午一战，"三十年揣摩简练之兵""卒尽师燔"，"海军之设几同瘤赘"。⑤反之，士气振奋，则"举其弛、药其怠、通其阻而破其私"，如此，若能"严与弛战，奋与怠战，行与阻战，公与私战"，⑥则胜存之理，当属中国无疑。陈虬从振奋士气这一层面上探讨中国战胜西方的策略，充分肯定"心战"之必要性。

如今中国积重难返，"民智犹梏""民俗犹蒙""上下之阂隔犹未通""政教之源流犹未澈"，以致外敌入侵，"蹙国数千里"，"儒夺于耶"；"积之重者返之艰""创之后巨者治之力"，⑦仅靠如今治国者，难以实现富强之大业，还要靠万千民众，而根本上还是在于民众之善

---

① 陈虬：《心战》，胡珠生辑《陈虬集》，浙江人民出版社1992年版，第249页。
② 同上。
③ 同上。
④ 同上。
⑤ 同上书，第251页。
⑥ 同上。
⑦ 同上。

战之心,"是在我心"。

陈虬说,世间万物变化,都可因外界变化而引起内心变动。"士战其才,商战其利,工战其艺,农战其地,兵战其敌,而王者战权,此万国之通例也。"① 中国要改变"不善战"之名,"变通旧法,剃短师长,学堂报章,公私递举",② 多措并举,振奋民心,与敌心战。他豪情满怀,坚信中国必将战胜西方,"我且愿以一行之泪、一腔之血、一滴之灵、一息之魂魄,而与欧洲诸大国决胜于区区之天、星星之地!"③ 浓浓爱国激情,充沛其中。

## 二 保民以得民心

陈虬看到了国家富强与个人之间的关系。他说:"人贫而吾不能独富也,国贫而吾不能徒治也。"④ 早在1888年,他就提出"保民"的口号,"盖治国以保富为先,保富以恤贫为先。"⑤ 而其所保之民,当为贫民大众。

唤醒民众以得民心,成为晚清知识分子的共识。晚清著名外交家、曾国藩次子曾纪泽指出国之强盛不在于兵,而在于民,他说:"一国之强,不在兵多,而在亿万之民,力作以济军实。兵之于国,仿佛躯壳,民则为活泼之心,实能使兹躯壳存立运动。"⑥ 陈虬认为:"治国之强弱系于民心,民心之向背系于州县,宜以州县得民为强国之本。"⑦

---

① 陈虬:《心战》,胡珠生辑《陈虬集》,浙江人民出版社1992年版,第250页。
② 同上。
③ 同上书,第249页。
④ 陈虬:《经世博议·保民》,胡珠生辑《陈虬集》,浙江人民出版社1992年版,第411页。
⑤ 同上书,第41页。
⑥ 曾纪泽:《中国先睡后醒论》,见龙应台、朱维铮编《维新旧梦录——戊戌前百年中国的"自改革"运动》,生活·读书·新知三联书店2000年版,第167页。
⑦ 1897年11月,陈虬撰《治国之强弱系于民心,民心之向背系于州县,宜以州县得民为强国之本》,原载《经世报》第13册,上海市图书馆徐家汇藏书楼珍藏《经世报汇编·本馆论说一》载此文。

自古皇权不下县，而民众主要集中于州县，州县是中国政权统治体系的最基层单位，直接与万民打交道。得民心者得天下，陈虬提出，国之强弱，系乎民心，民心向背，系于州县，宜以州县得民为强国之本。

欧洲诸国之富强，不仅是军事之强，也不仅是由于商业发达，根本原因在于"其士民男女无不爱国，无不忠君"。[①] 英、法、美、德、俄等成为强国，"不以民力，不以民财，而以其民之心矣"。[②] 那么，如何才能得到民心？陈虬指出："善为国者，得其人而用之，乃能得民心。用人而不得其心，尽所取皆弃材，治民而不得其心，尽所有皆非类。"[③] 他还认识到西人民心一致、国家利益高于一切，西方虽有党派之争，"好与君主为难，无与国若敌"，[④] 似乎朝野之间有隔阂，与敌国无异；然而在具体涉及对外事宜及维护国家利益时，则必定同仇敌忾，"而及于邦交大政，有所必争之利，不可或负之势"。[⑤]

陈虬还为其"心战"之说找其历史及现实依据，他认为，西人君民上下一心，根源于基督教"平等博爱"之教义，"夫弊耶有同仁之志，贵贱平视，大小维均，以爱立教"，故能有助于西方君民一心之实现，而免于中国历史上的君民隔阂之状况。在陈虬看来，中国古代的墨家思想与此同，墨家思想崇尚"兼爱""非攻"，与儒教的"仁"一致，这些都有助于君民同心之实现。周治之时，"万善大备"，周代以后，"名教定而中学衰"，六艺诗书百家或亡或焚或黜，"天道于是西行，罗马得政，耶稣降生"，"而西治之日跻吾隆古者"。[⑥]

---

① 陈虬：《论国之强弱系于民心，民心之向背系于州县，宜以州县得民为强国之本》，胡珠生辑《陈虬集》，浙江人民出版社1992年版，第297页。
② 同上。
③ 同上。
④ 同上。
⑤ 同上。
⑥ 同上书，第298页。

因此现今要参照西方"用人"之策及耶教教义,转变现今统治方式,改变"君不暇谋民,民不知爱君"的统治状态。若自督抚以至士绅,若"家视国而亲视君",君民一体,则天下万众,莫不相从。如此,则我"神圣接轨、忠孝馨香之中土"绝不至于"日见凌侮危削于强邻"。①

### 三 保民之策

陈虬指出保民之举,关系重大,关键是州县令宰,"诚得良有司休息生养,煦之以仁,摩之以义,民也激发天良,有输将恐后耳?"②据此,保民之道是"良有司",施以"仁""义"之策,与民"休养生息",则民心将"激发天良",捐财输物,拯国家于危难。

地方最高行政长官的个人素养,对地方治理的好坏具有重要的影响。陈虬极力强调州县令宰的自身修养。他认为:"讲富强当首重县令始。"③

首先,应于治内亲民,无远弗近,"宜视祖宗尺寸之地、炎黄神明之胄为己之田宅恒产、家人胞乳!为人计其稼穑,谋其安居,任其教养事畜";④与万民共商富强之策,"与其智愚贤不肖,一切道中艺西,树内藩外之图,无不尽心力而为之";⑤令宰要自知谦退隐忍,"使民视百里之宰如其父母,为民父母则惨怛谦退","以其民父母吾

---

① 陈虬:《论国之强弱系于民心,民心之向背系于州县,宜以州县得民为强国之本》,胡珠生辑《陈虬集》,浙江人民出版社1992年版,第298页。
② 陈虬:《经世博议》,胡珠生辑《陈虬集》,浙江人民出版社1992年版,第41页。
③ 陈虬:《经世博议·变法二》,胡珠生辑《陈虬集》,浙江人民出版社1992年版,第22页。
④ 陈虬:《论国之强弱系于民心,民心之向背系于州县,宜以州县得民为强国之本》,胡珠生辑《陈虬集》,浙江人民出版社1992年版,第298页。
⑤ 同上。

圣明之君,而自视犹吾君之庶孽季子",① 州县令宰能够做到以民为父母,则是圣明之君;而对于自身,虽极为贤明,却仍将自己看作国君之下极为普通的一员,是为"达则独善其身"。② 如此,陈虬认为将会收富强之效,"其田宅靡不思力保守,其家人靡不知同休戚","同休戚、力保守之国",③ 必定能致富强。扩而广之,陈虬还明确指出,州县之上各上层统治者包括国君,都要重视自身修养,"为州县者与使之为州县者,于强国之道思过半矣!"④

陈虬还提出州县令宰要"为民谋"。他认为"今之郡守,古之诸侯也"。⑤ 陈虬仰慕三代之道,他说,"封建之初,君为民谋,而恐无以遂其生,故井田、学校之制计甚详";反之,"郡县以来民为君谋,而恐无以保其生"。⑥ 具体有四:其一,多设员"分治县事"以利令宰,"县设试用县一,代理一切政治刑赏,而印官主其成。岁终册报本管上司而已。遇有大事得专折奏事。另设判官、主簿、典狱、推官分治县事";⑦ 其二,设立监察机构及人员,"由县而上则为本道刺史,考试而已。道设检法副使,监视县令贤否,以六条计吏:荐辟当、仪制肃、田畴辟、盗窃清、讼狱平、制造兴,上治状于总督";⑧

---

① 陈虬:《论国之强弱系于民心,民心之向背系于州县,宜以州县得民为强国之本》,胡珠生辑《陈虬集》,浙江人民出版社1992年版,第298页。

② 秦晖在《中西会融,结构儒道互补——典籍与行为中的文化史悖论及中国现代化之路》中改"穷则独善其身"为"达则独善其身",意为:"大权在握时尤其要注意权力的自律,而不能凭借权力用自己哪怕是真诚的理想去无限制地律人。"杨念群、黄兴涛、毛丹主编《新史学——多学科对话的图景》,中国人民大学出版社2003年版,第386页。

③ 陈虬:《论国之强弱系于民心,民心之向背系于州县,宜以州县得民为强国之本》,胡珠生辑《陈虬集》,浙江人民出版社1992年版,第298页。

④ 同上书,第299页。

⑤ (明)王瓒、蔡芳编纂,胡珠生校注:《弘治温州府志》,上海社会科学院出版社2006年版,第17页。

⑥ 陈虬:《经世博议·保民》,胡珠生辑《陈虬集》,浙江人民出版社1992年版,第42页。

⑦ 陈虬:《经世博议·变法二》,胡珠生辑《陈虬集》,浙江人民出版社1992年版,第21页。

⑧ 陈虬:《经世博议》,胡珠生辑《陈虬集》,浙江人民出版社1992年版,第21页。

其三，与民共议，多方咨询，"请饬令印官于到任后克期下乡，携带图志，轻车减从，巡阅境内一周。所到之处，延衿耆，问疾苦与一切利弊所在，采访入册"，"回署后择其应先行禁革、兴办者，赴议政院集议举行，条列其筹办之法、年月之期限，其三月内申详"；① 其四，做好上下任之间的衔接，"岁终，着将兴革各项事务，各造四柱清册汇详存档备核。任满而应办事件未了者，协同新任留办，交卸后不得遽行回籍"。② 县令是一方行政等诸项事务的具体负责者，通过德政勤绩的考察，可以促使他们朝着勤政爱民的方向转化，从而实现"为民谋"。

其次，陈虬明确反对安内攘外之策，认为应当"筹之宜豫"，要谨慎处理，万万不可操之过急。五口通商以来，百姓生活极为痛苦，"生民之祸有为吾口所不忍言者！"③ 值此时际，州县官员应求保民，"出水火而欲登之衽席"。④ 保民而王，莫之能御。

最后，明律师，去讼师。陈虬认为："今日扰害平民之类不一，而讼师其首也。出入衙署，交结书差，羽翼既成，辄日肆鱼肉善良之计。被陷之家，其亲友虽有谙成律、怀公愤者，亦怵于帮讼之嫌，不克自伸其气。非无严明之官长招告暗访，然所惩者狐狸而已，豺狼固无如何也！"⑤ 而明正律师，去讼师，可收"举直错枉，化莠为良"⑥之效，是为治平之术。

陈虬指出得民心、强民心的急迫性，"强国之本以广新学、急当务二者为最"，尤以"广新学"居之。民众亦知"新学当务"，然却

---

① 陈虬：《上东抚张宫保书》，胡珠生辑《陈虬集》，浙江人民出版社1992年版，第333页。
② 同上书，第333—334页。
③ 陈虬：《经世博议·保民》，胡珠生辑《陈虬集》，浙江人民出版社1992年版，第42页。
④ 同上。
⑤ 陈虬：《经世博议》，胡珠生辑《陈虬集》，浙江人民出版社1992年版，第37—38页。
⑥ 同上。

不进入我学校而多进入教会学校学习，这归结为"近西教纵横收拾人心"。① 与中国学校相比，教会学校"翻译、算、重、化、矿、农、电、声、光专门之学，视京外公私各学堂较为详备精密"。② 陈虬惊呼"西人以新学当务，夺吾黄人之自强而先夺其心"，因此，"吾欲强国，愈益不能不先强吾民之心也！"③

## 第二节　争民权——言权

争取民权，也成为这一时期维新思想的一个重要内容。陈虬认为，国家富强离不开大众参与，"人人有亡天下之责，人人有救天下之权"，④ 应给予民众言权，发动群众投入国家兴亡的大潮中。

### 一　无言权之现状分析

言权，即要求言论自由的权利。"物莫平于权"，"在上有政权、有教权，在下有言权"。⑤ 议论朝政，对国家前途命运发表意见及提出建议，下层士众也应有此权利，"虽然，我儒不事事，犹当以言救天下"。

上者有言权，而下者却无，这种不平等的现象非始自今日。陈虬认为，秦汉之前，人民有充分的言论自由，遂成百家争鸣之局面。继秦之焚书、汉之罢黜百家后，"一字之讹，笺释积成帙箧；一义之舛，攻击至于万千。绵历千祀，今古一揆"，以致"文人相轻"，尚虚名

---

① 陈虬：《论国之强弱系于民心，民心之向背系于州县，宜以州县得民为强国之本》，胡珠生辑《陈虬集》，浙江人民出版社1992年版，第298页。
② 同上。
③ 同上书，第298—299页。
④ 康有为：《三月二十七日保国会上演讲会辞》，中国史学会编《戊戌变法》第4册，上海书店出版社2000年版，第407—410页。
⑤ 陈虬：《言权》，胡珠生辑《陈虬集》，浙江人民出版社1992年版，第295页。

而卑实,"文明自昔,卑实崇名,主其无权,客喧其座"。[1]

中国贫弱的原因可以归结为人民无言论自由之权,虽有忠言良计,不能上达,谈何付诸实施,"我托诸空言,不若见诸行事之深切著明也"。[2] 近世以来,西人提倡言论自由,渐渐传到中国,"天下之言始变",[3] 陈虬指出,西人正是因此而兴盛,"抑彼族之盛行,乃乘我之中虚"。[4] 现实需要兴言权,以动员广大民众投身拯救国家危难中去。

为何不敢言语,陈虬指出其原因:"顾吾见今之言者,而惧其忧患之深、怨毒之甚,将身之不救,而遑言救人哉!"[5] 如议院之设,就有担心自身安全之"明哲人"直接"斥支那为难行",甚至"目燔书为善政"。[6] 不在其位,难谋其政,上层统治者垄断统治权,将下层民众与国家兴亡割裂开,并以杀身之祸相威胁;下层民众一旦谈及国事,即有人身之危,被迫以"无权"推卸责任。

无言权还深深影响了中学的发展。中学因无"言权"而务"虚",西学因有"言权"而倡"实";"为西言者,又复各持一是,未识折衷"。[7] 在学习西学与中学的关系上,陈虬表现出相当大的卓识。他赞同他人之言,认为"中学倚于虚,西学倚于实",[8] 中学多为名计而务虚,是故越学越虚,"虚者固虚,即以西学之实,而以学中学者学之,是适虚其实也"。[9] 以中学之"虚"为根底,而求西学为之标榜,不仅于学习西学无益,也不利于中学之发展,"吾恐沿词

---

[1] 陈虬:《言权》,胡珠生辑《陈虬集》,浙江人民出版社1992年版,第294页。
[2] 同上。
[3] 同上。
[4] 同上。
[5] 同上。
[6] 同上书,第295页。
[7] 同上书,第296页。
[8] 同上。
[9] 同上。

章训诂之源流,树化电声光之门户,儒者发冢,将不徒诗书为祸矣!"① 因此必须兴言权,给予人民特别是下者之"言权",方能去除中学之虚,一如西学之倡"实",方能振兴中学。

陈虬从中西对比的角度来说明给予民众言权之必要性。"天无偏覆,地无偏载",如今西方兴盛,是历史发展的必然;中国衰弱,是文过饰非,拒人之长的必然结果。"顾乃夜郎自大,区域强分,舍人之长,饰我之短,变夷用夏,陈义甚高。"② 目光狭浅,禁锢人民的言权,得不偿失,"以愤俗之苦心,为锢化之谬论,矫枉太甚,适过其直,何得何失,厥弊维均?"③ 中国之弱在于原先之矫妄自大,自视高人一等,拒人之长,贬低西人,"愚中而智西,于古必疏;轻西轩中,于今曷济?"④

## 二 改变无言权现状之措施

陈虬指出改变中国无言权现状之措施。首先,要保证言者人身自由与安全。"平其不平,斯可以言矣",⑤ 只有消除言语之后可能带来的严重后果,才能使人敢于发表言论,才能做到真正的"广言路","求通民情"。

其次,将言权之主体扩至官员甚至全体民众。陈虬指出,中国有言权者实在太少,"外则督抚,内则科道,始得言事",⑥ 与现实情况是极为不协调,"以中国人民之众,事务之繁,可以言事者不过百人,安望治理?"⑦ 因此,扩大言权主体,"宜令内官自司员、编检,外官

---

① 陈虬:《言权》,胡珠生辑《陈虬集》,浙江人民出版社1992年版,第296页。
② 同上书,第295页。
③ 同上书,第295—296页。
④ 同上书,第296页。
⑤ 同上书,第294页。
⑥ 陈虬:《救时要议》,胡珠生辑《陈虬集》,浙江人民出版社1992年版,第79页。
⑦ 同上。

自各道以上,各许直陈时事,不由本官,直达通政司",非常时期,也扩展至全体民众,"若遇大事变,则下诏求言,无论君民,概许上书"。①

再次,言论自由不仅意味着言权主体的扩大,而且还意味着言论内容的扩大,要容忍异己观点的出现。例如,某些言者大谈西学而忘其儒学之现象,固然是可以指责的,但若从敢于发表言论这一方面来考虑,则是难能可贵的。他说:"矧乃嘘彼烈焰,尘视古书,附耶氏之佞臣,作素王之贼子。越泉善狂,举国皆醉,悲夫!溺旧者鲜通,趋新者忘祖。言如不言,又奚咎焉?"② 陈虬本是强烈坚持儒家思想的主导地位的,但为了争取言权、开启敢言之局面,对此也予以肯定。由此来看,陈虬对晚清内外局势保持着极为清醒而又理智的认识,既要争取权利,又要讲究斗争策略。

此外,陈虬还指出,当政者要善于采纳良计。"我儒无权,而权言之权",③ 希望能"救于斯世"。儒者若有言权,以良计忠言进献于国家,如果不能实施,不能归咎于言者,此则当政者之责也,"若夫有言之权,而卒不得伸其权,茫茫四海,尘尘万古,则又非言者之咎矣!"④

"言者,不平之鸣也",乃"豪杰有志之士所为发愤而作也!""太上有立德,其次有立功,其次有立言","夫功德之衰,嬗而为言","然则言终不得平矣,而宁有权焉!"言语如同风波,既然不能平息,不如给言者以言论自由的权力。这样,人人皆有言论自由,"言哉言哉!其诸平天下之不平者欤!"⑤ 以"言权"收平息"不平之鸣"之效。

---

① 陈虬:《救时要议》,胡珠生辑《陈虬集》,浙江人民出版社1992年版,第79页。
② 陈虬:《言权》,胡珠生辑《陈虬集》,浙江人民出版社1992年版,第294页。
③ 同上书,第296页。
④ 同上。
⑤ 同上书,第295页。

陈虬乐观地指出，生死存亡之际，人人有责，给予民众基本的言权，民众自会奋起抗争，献言献策，断不会再"漠然无动于心"，以"无权"相推卸。"奋其笔舌，则五族为一脉，山海何所不容？揽其胸怀，则同人异心，域畛坚不能破？"① 必胜之心溢于言表。

## 第三节 利济医学堂与《利济学堂报》

陈虬力图通过医学活动来施展其政治抱负，他"寓教于医"，融富强理念于医学活动中，主张通过复兴医学以实现保种兴国之目的；始终恪守"上医医国"之古训，"故当吾世而欲保吾种也，舍医无由"，②"绝而求其续，精其义者翳惟吾医之学"。③ 这是其维新思想明显不同于他人之处，具体体现为利济医学堂及《利济学堂报》的创办。

陈虬创办的医学堂、医院、学报等均以"利济"名之。从中可以看出，"利民济世"是陈虬的行事旨归。对此，陈黼宸曾说："陈志三则以济时利物之说先一时，将救民于水火之中者也。"④ 1885 年，陈虬就创办了利济医学堂，借助培养医士而培养维新人材。1895 年赴京会试后，陈虬维新思想更趋积极，转向报馆的创办及报纸的发行，创办《利济学堂报》，以此传播新思想，提升民智。

### 一 利济医学堂

陈虬主张通过建院来完善医学教育制度，"为医学大开教育"，同时借以提高医疗技术水平。1885 年，利济医院建成。同时，"中座以

---

① 陈虬：《言权》，胡珠生辑《陈虬集》，浙江人民出版社 1992 年版，第 294 页。
② 陈虬：《保种首当习医论》，胡珠生辑《陈虬集》，浙江人民出版社 1992 年版，第 247 页。
③ 同上书，第 246 页。
④ 陈黼宸：《宋平子哀辞》，胡珠生辑《宋恕集》，中华书局 1993 年版，第 1069 页。

设学堂","建阁藏书",自创办以来就开始招收12岁以上的聪颖子弟为学徒,免其束脩,以使之"专心志学",学制10年,以医书及文史为主修课程,是为利济医学堂。为确保医院建成之后的正常运营,陈虬还专门撰《医院议》,作为医院的"章程"。① 这也是我国近代第一份建立中医院和中医学校的计划。

利济医学堂是中国最早的新式中医专门学校,也是中国最早采用西方办学制度、运作方法、并注重中医理论和临床实践的中医学校。它比以前为学界公认的中国最早的中医学校——1915年丁甘仁在上海创立的上海中医专门学校——还要早30年。

利济医学堂中,陈虬亲为主讲,以下分初传、再传、三传弟子,按"道济群生,泽衍万世,津梁广启,执圣之权"② 十六字区分讲师院次,"门下注籍者逾二百人"。③ 此后随着医院收益的扩大,1895年秋,陈虬等人又在温处道宗源瀚资助下于郡城温州小高桥设利济分院,并在周宅祠巷设利济分院学堂,以方便患者,培养更多的中医人才。此后又陆续在永嘉瞿溪、平阳等地设立分校,利济医院和学堂的规模进一步扩大。

陈虬创办医院及学堂,不仅仅是医治患者,很大目的还是希望通过学堂能在本地培养更多的"医国"能手,医院院章明文规定:"以冀将来勉成国手,方不失上医医国之旨。"④ 为此,利济学堂的办学

---

① 《医院议》最末小字部分:"虬曩偕陈介石孝廉、何志石明经、陈栗庵茂才,于瑞安城东创建利济医院。一俟工竣,刊发章程以便仿行。"见胡珠生辑《陈虬集》,浙江人民出版社1992年版,第179页。

② 陈虬:《利济医院习医章程》,胡珠生辑《陈虬集》,浙江人民出版社1992年版,第240—241页。

③ 池志澂的《陈蛰庐先生五十寿序》云:"不意戊戌政变,风潮反对,罢学堂,闭报馆,云散二百徒,累败八千金。"可知,利济医学堂学生人数不下于二百人。见池志澂《陈蛰庐先生五十寿序》,胡珠生辑《陈虬集》,浙江人民出版社1992年版,第392页。

④ 陈虬:《利济医院习医章程》,胡珠生辑《陈虬集》,浙江人民出版社1992年版,第240页。

制度及所设的课程也很有特色。利济学生"以五年习医籍，五年览群经",① 兼课以古今中西一切学术,"医籍、文史以外，特增体操、音韵、书算、术数、制造、种植、词章、著作、时务、游历各门，兼设分教，以便督课。其有志趣远大、材力富强者，尽可分途肄习"。② 显然，陈虬希望能够将利济医学生培养成为国家的有用之通才。医学堂对学生实行寄宿制度，规定习业五年，经考试合格后方可就医。为了能让学生安心学习，规定了相应的优惠办法："房租、束金、伙食皆由本师及院中津贴垫给。第四年免贴食一半，第五年全免，第六年可放令归食，院中给予薪水十五千，第七年二十千，第八年二十五千，第九年三十千，第十年三十六千，岁永为常。"③

利济医学堂教职员多为求志社社员及其亲友，如陈虬、陈黻宸、池志澂、何迪启是求志社员，胡鑫是陈虬的女婿，陈侠则是陈黻宸的胞弟。利济学生则来自温州各地，实行寄宿生活，并有很多优惠方法，这使学生与家庭联系的纽带得以松解，思想不受束缚，学堂的集体生活方式又有利于培养学生的集体行为。进步书刊大量进入校园，也有利于新思想在学生中的传播。因此，利济学堂的学生皆为新式学生。

"设学堂以开民智"，以"酿成维新之治"。④ 十三年后，陈虬又在《呈请总署代奏折》号召在全国广设学堂，可见其思想的连续一致性。为医学而大开教育，"实欲借学堂为造就人材之地"。⑤ 陈虬之设利济学堂，对于开启近代温瑞新风，推动江浙地区的维新事业发

---

① 陈虬：《医院议》，胡珠生辑《陈虬集》，浙江人民出版社1992年版，第178页。
② 陈虬：《利济医院习医章程》，胡珠生辑《陈虬集》，浙江人民出版社1992年版，第240页。
③ 同上书，第239页。
④ 陈虬：《呈请总署代奏折稿》，胡珠生辑《陈虬集》，浙江人民出版社1992年版，第312—313页。
⑤ 陈虬：《利济学堂报例》，胡珠生辑《陈虬集》，浙江人民出版社1992年版，第234页。

展,实功不可没。①

利济医学堂培育医士、治病救人。1902年,利济医学堂停办,利济医院继续应诊。从1885年至1902年停办的17年,共培养了300多名优秀的中医师。

## 二 《利济学堂报》

晚清时人对报刊的作用多有重视。即便是外人,也极力主张中国应重视报刊的作用,如李提摩太在《新政策》中说:"欲强国必须富民,欲富民必须变法。中国苟行新政,可以立致富强,而欲使中国官民皆知新政之益,非广行日报不为功;非得通达时务之人,主持报事以开耳目,则行之者一,泥之者百矣。其何以速济?则报馆首其务也。"②李提摩太认为日报可以使民众"皆知新政之益",遂可立行变法,遂可益致强国富民。

陈虬还是近代报业的先驱,他很重视报馆的作用,认为"报馆足翊政教"。"报馆之创泰西,实事求是",报纸之行,其议事之深广远在议院之上,对社会变革具有不可替代的推动作用,"今夫均是言也,其在议院,出谋发虑,朝腾口说,夕见推行。苟用不臧,偾事可待,辩乱非沮,厥害尤大。若以施报馆,则先民刍荛,愚虑一得,涓助埃补,旁观静深,反覆舆论,靡休弗扬,靡过弗匡"。③陈虬还认为报纸的发行应面向更为宽广的主体,"田农纬妇,商务百工,日报月报,林立四封,新闻告白,车斥栋充",④这样使报纸成为牖新知、开风

---

① 李世众:《晚清士绅与政治——以温州为中心的考察》,上海人民出版社2006年版,第301—383页。
② [英]李提摩太:《新政策》,见朱维铮编著《维新旧梦录——戊戌前百年中国的"自改革"运动》,生活·读书·新知三联书店2000年版,第192页。
③ 陈虬:《论报馆足翊政教》,胡珠生辑《陈虬集》,浙江人民出版社1992年版,第268页。
④ 同上书,第269页。

气、通民隐、达民情的工具,从而有利于集中全民智慧,科学决策,实现国家富强。

(一)《利济学堂报》内部形态分析

1895年,陈虬赴京会试归来后,更加积极地投身维新运动中。光绪二十二年(1896),陈虬凭借利济医院资金,创办温州利济医学堂,又以之为基础,设利济学堂报馆于温州府前街。十二月十八日(大寒日)(1897年1月20日),作为学堂学报的《利济学堂报》正式出版,陈虬以院长之职领衔主编。《利济学堂报》每册约50页,木刻本,用七刀官堆纸印刷,后改用连史纸,线装成册,类似期刊,全年定价为大洋四元。学报遵医历以二十四节气日为出刊日期,各期封面上都印有各节气的名称,每月两册,全年二十四册。后在杭州贡院西桥(后设于经世报馆内)、宁波、兰溪、衢州等处筹设分馆,"以泰顺周焕枢、瑞安池志澂等主之"。[1] 发行面极广,除浙江各地外,还遍及京津沪穗闽鄂及港澳等地,发行量最大时达2500份,影响深远。[2]《利济学堂报》是踵承《时务报》而出现的较早的报纸,是中国最早发行的医学杂志。

《利济学堂报》"寓教于医",宣传变法维新,主张富国强民。它和全国的维新报刊如汪康年任总理的《时务报》遥相呼应,在报纸的推销及内容方面彼此帮助,共同参与了维新思潮的推动。

首先,从内容上来说,《利济学堂报》是一份医学专业报纸,"本报原出利济医院学堂,故医独详";[3] 其次,《利济学堂报》还是

---

[1] 《陈虬传》,录自《瑞安县志稿·人物门》,原作者不明,疑为陈谧执笔。见胡珠生辑《陈虬集》,浙江人民出版社1992年版,第400页。

[2] 吴幼叶:《戊戌变法时期温州的〈利济学堂报〉——基于现代报刊视野的描述和分析》,硕士学位论文,西北大学,2008年。

[3] 陈虬:《利济学堂报例》,胡珠生辑《陈虬集》,浙江人民出版社1992年版,第234页。

一份政治性和综合性都很强的新闻时报，"医论外兼及时务、术数等学"，① 力图涵盖中西所有学术，思想性很强。这从《报例》的内容上可以看出，"本报院课外，兼采各报。凡医学、农学、工政、商务以及体操、堪舆、壬遁、星平、风鉴、中西算术、语言文字暨师范、蒙学等类"，区分为十二门："一、利济讲义，二、近政备考，三、时事鉴要，四、洋务掇闻，五、学部新录，六、农学琐言，七、艺事稗乘，八、商务丛谈，九、格致卮言，十、见闻近录，十一、利济外乘，十二、经世文传。"② 除第一部分属医学内容外，其余部分涵盖农工商、时政等。重点报道列强侵华、国家危殆消息，宣传新政，挽救时局，也报道西方各国的新鲜事物，内容较为丰富。而其时事新闻多来自《申报》《商务报》《新闻报》及《沪报》等。陈虬在给汪康年的信中也说："宗旨虽出于医，而推之广类，针起聋瞽之意，猥与贵报变法、论学相与经纬。"③ 同时，陈虬在报例中还一再强调，"本报虽宗旨有在，其于学术、时务实亦不无小补，谅有心世道者所乐共提倡也"，④ 很明显，其目的即是"寓教于医"，于"医籍之外兼课以古今中西一切学术。实欲借学堂为造就人材之地"。⑤

从办报经营方式上来看，《利济学堂报》并非陈虬独自撰稿，而是利济讲师研究医学的成果，"本报即从积岁会讲录编辑成帙"，⑥ 是利济学生的课本。学报充分发挥学堂师生之智慧，集体办报，"所列医籍、算术、数学、音韵、体操各书，以及一切文课，均出在院诸生商订分撰。意在开启示后学，多设问答，故文理概从质实，其姓氏即

---

① 陈虬：《利济学堂报例》，胡珠生辑《陈虬集》，浙江人民出版社1992年版，第235页。
② 同上书，第234页。
③ 陈虬：《致汪康年书》，胡珠生辑《陈虬集》，浙江人民出版社1992年版，第347页。
④ 陈虬：《利济学堂报例》，胡珠生辑《陈虬集》，浙江人民出版社1992年版，第235页。
⑤ 同上书，第234页。
⑥ 同上。

行附报刊列"。① 从办报资金来源看，同医院、学堂一样，学报坚持"利己济人"的宗旨，不以营利为唯一目的，"向遵院章，从无妄取捐润，以医为市，致仿利济本旨"。② 陈虬指出，"本医院向不募捐，十余年来广开学堂，整治药房"，花费巨大，大都靠瑞安利济医院捐助维持运营，除少量捐助外，"悉由院友自行筹办"。而在温州的销售价格"永减二成"，"以答谢诸公襄助盛惠"。③ 陈虬说，"院中亦未便径守成规，自狭善门"，并希望与"大力官绅共开风气、鼎力欲助"。④

《利济学堂报》还显示了陈虬作为近代报人职业道德意识的高度自觉。其一，诚信原则。学报广泛节录其他报刊文章，而均在报中分类予以明示，"凡录各报全文者，注明曰：'录某月日某报'。删取其事者，则曰：'节某月日某报'。参各报者，曰：'参某报'。约其文者，曰：'约某报'。以示有据!"⑤ 其二，从报纸生存角度考虑，对于各种时论时务及地方官员，学报均取以公正态度，不妄加评论或褒扬，"本报所有论说，原供学堂讲肆之用，无以纵谈时事、臧否人物，以召怨谤。凡地方兴革利弊以及官绅创办之事，毫不雌黄，惟从善从长。间加揄扬者，亦须在事成之后，或地方官已离任所，方免标榜、夤缘之习。"⑥ 温处道⑦宗湘文（源瀚）于1894年来温视事，对陈虬各项事业均予以高度支持与帮助，与陈虬私交也甚好。甲午战争时曾招陈虬主持江防，陈虬1895年在温州设立利济医院分院和分院学堂

---

① 陈虬：《利济学堂报例》，胡珠生辑《陈虬集》，浙江人民出版社1992年版，第234页。
② 同上书，第235页。
③ 同上。
④ 同上。
⑤ 同上。
⑥ 同上。
⑦ 清康熙九年（1670），清廷于浙江省内设杭嘉湖、宁绍台、金溜严、温处四道。道介于省与州县之间，行政长官俗称"道台"。温处道辖温州、处州两府，治所温州，是清代管辖温、处两府兵马大权的最高官僚机构。

时，宗曾特捐廉俸200银元，"乙未秋季，今观察江左宗公邀办郡城分院，捐助二百圆"。① 然而在学报中，陈虬却始终没有对宗源瀚有些微赞誉之语，学报仅列其名，未加任何褒扬。只是在1897年春宗源瀚因病离世后，陈虬怀念挚友、知己万般悲恸之情统统泄于挽联中："创教驾耶回二千余年，我亦难知，四海茫茫，乐道如公真几辈！遗爱遍瓯括一十五县，公原不死，究竟莽莽，感恩如我更无门！"②

起初，《利济学堂报》相当畅销，陈虬在给汪康年的信中说："敝《学堂报》已出四册，近郡都甚风行。初本参用活字，现全改木刻。拟午节后四出远售，当呈大教，彼时还望大力广销。"③ 但由于学报言论旗帜鲜明，为上层统治者所不容，经营逐渐出现亏空。1898年后，报纸的发行更是遇到了极大的困难，亏折严重。在2月1日（正月二十四日），陈虬在给汪康年的信中说："敝《学堂报》分售有二千份之多，实销仅减半，而收数竟不及四成，并寄售各报亦在内。利源有限，抵注太多，敝院去岁亏折竟至数千金。"④ 戊戌政变后，陈虬受到了经济和政治上的双重打击，医院的债务加剧，学堂被废，报馆也随之于1898年9月7日（白露）后停办。共计发行16册。

(二)《利济学堂报》的评价

1897年8月11日，谭嗣同在致汪穰卿（汪康年）的信中有对《利济学堂报》的评价："《利济学堂报》乃缘《时务报》已登告白，故买阅之。今寄到，不意中多迂陋荒谬之谈，直欲自创教，不关于学术。彼既刊本，自可拆购，现寄到四本，即请自此截然而止……非嗣同敢为反复，致劳清神，实虑此报为害不浅。其阴阳、五行、风水、壬遁、星命诸说，本为中学致亡之道，吾辈辞犹恐而避之不及，若更

---

① 陈虬：《利济学堂报例》，胡珠生辑《陈虬集》，浙江人民出版社1992年版，第235页。
② 陈虬：《挽宗湘文观察联》，胡珠生辑《陈虬集》，浙江人民出版社1992年版，第388页。
③ 陈虬：《致汪康年书》，胡珠生辑《陈虬集》，浙江人民出版社1992年版，第346页。
④ 同上书，第349页。

张其焰,则守旧党益将有词,而适以贻笑于外国,不可不察也!彼欲为教主之私意犹其小意者也!"①

谭氏在此段文字中阐明了如下观点,因缘《时务报》的绍介而订阅《利济学堂报》,但又认为学报"直欲自创教,不关于学术",遂不再订阅。长久以来,谭嗣同的观点对《利济学堂报》的评价产生了很大影响。兹就谭氏观点进行辨析,主要集中在"欲自创教"及过分关注阴阳易象两方面。

首先,利济之谓"教",即为黄帝之教。黄帝是中华民族的始祖,又是中医大家。陈虬希望通过振兴黄帝医教,来振兴国家,"一经曰医,万治毕维"。②他自称其为黄帝之后,"曾曾小子,系自轩辕",③希望以此彰显陈氏祖宗之德,"克早树以显扬祖德",④为祖宗门楣争光。同时,陈虬"以永嘉先生七百年后"自居,欲因之而复兴浙东学业,他说:"吾浙独无专门之业,则举《玉版真要》而为之纲纪,固亦浙学之光也。"⑤ 这当是陈虬倡兴黄帝之教的个人因缘。

同时,陈虬极为推崇三代之治,⑥他说,"黄帝之时,地过日月之表,意者圣德广运,覆载无遗",⑦故当以黄帝之教治天下。如果尊奉黄帝之教,就可以致盛世之象,"如周孔之教遍天下,则人各明

---

① 蔡尚思、方行编:《谭嗣同全集》(修订本),中华书局1981年版,第506页。
② 陈虬:《祷医圣文》,胡珠生辑《陈虬集》,浙江人民出版社1992年版,第237页。
③ 陈虬:《〈斗山陈氏谱〉序》,胡珠生辑《陈虬集》,浙江人民出版社1992年版,第192页。
④ 同上。
⑤ 陈虬:《〈医历表〉后序》,胡珠生辑《陈虬集》,浙江人民出版社1992年版,第233页。
⑥ 三代之时,秉承圣人即黄帝之意,遂以成治。"周孔"即周公和孔子,分别被后世尊为"元圣"和"至圣"。后人多将三代之治与周孔之教并举,如唐太宗:"朕今所好者,惟在尧舜之道,周孔之教,以为如鸟有翼,如鱼依水,失之必死,不可暂无耳!"(《贞观政要·慎所好》)。唐后,"周孔之教"成为儒学教育的别称。但陈虬所持观点明显与此不同。
⑦ 陈虬:《大一统议》,胡珠生辑《陈虬集》,浙江人民出版社1992年版,第8页。

第四章 投身维新实践，开启民智 169

其五常之性，如昏而得旦，群星掩光而日乃出而经天矣，吾子悬盼以望河清可也"。① 陈虬举历史之例："昔吾黄祖轩辕氏之兴也，始征榆罔，诛蚩尤，以师兵为营卫，君临天下。乃与岐伯、雷公、鬼臾区之伦，日坐明堂，做《内经》以垂为政典。非寓治于医，实以医制治。故夫医也者，不独其能疗疾、卫生、延年也，人类之蕃，道昌而运隆，罔不基此！"② 神农、黄帝之书"得与六经并垂天壤"。③

利济学堂还致力于黄帝调历的编订，并以之为医历，认为"古今治历者七十余家，皆本于黄帝之调历"。陈虬明确指出，"其所裨或不仅在医流也"，他认为编订黄帝之调历，"历法虽今密于古，苟综数考事，占往知来，不谬于圣人之德，虽古犹今也"。④ 复兴中华之盛世，当是其尊奉黄帝、倡兴黄教之最终目的。

近代以来，倡导黄帝纪元者大多出于两个目的：一是，借黄帝进行民族斗争，或反满，或反对外敌入侵；二是，借黄帝之教复兴中国文明。后者如陈虬。前者如曾被视为秋瑾所作的《黄帝纪元大事表》，在表前说："呜呼！北敌蹈隙，入主中华，谓非古今来一大羞辱之纪念耶。故当汉种不绝如线之秋，欲保我汉族四千亿同胞之生存，必以尊黄帝为急。黄帝者，汉族之鼻祖也。以之纪年，可以发汉种民族之观念。伟哉！黄帝之功，美哉！汉族之民，数典思祖，爰笔作黄帝纪元大事表。"表中所记黄帝11年为"黄帝即位"，记为"文化胚胎时代也，故于其即位也特记之"；1900年为黄帝4611年，"联

---

① 陈虬：《大一统议》，胡珠生辑《陈虬集》，浙江人民出版社1992年版，第9页。
② 陈虬：《保种首当习医论》，胡珠生辑《陈虬集》，浙江人民出版社1992年版，第246—247页。
③ 陈虬：《〈利济元经〉序》，胡珠生辑《陈虬集》，浙江人民出版社1992年版，第205页。
④ 陈虬：《〈医历表〉后序》，胡珠生辑《陈虬集》，浙江人民出版社1992年版，第233页。

军入北京",记为"为汉族将受制于西人之记也"。① 陈虬倡兴黄教,提出黄帝纪年,直接目的是倡兴黄帝之治。而其最终目的,都不外是国家民族昌盛。无论哪一目的,倡导黄帝纪元都是近代以来爱国仁人希望拯国家于水火之中,冀以实现国家富强目的的真实体现,丝毫不应非议。

1901年,陈虬撰写的《自题利济医院联》或许最能概括这一切:"斯民有疾苦千般,何术起疮痍?愿从我游,岂徒方技名家,便算吾宗真法派?族类本中西一脉,相期广化育!自今伊始,好事留良进种,还尊乃祖大教皇!"② 在《习医章程》中,陈虬指出:"本医院创办学堂,原议广置学堂,大兴医学,使轩岐之道远出于老氏、浮屠、基督诸教之上。"③ 商通时代,基督教自西而来,释道不能救国,重新恢复中国原有之黄帝之教,从信仰的深层次方面,这符合大多数国人的心理。而同时,陈虬还可以以之继续推动其维新事业的开展,足见陈虬维新见解之深,从这一方面来说,陈虬的医教兴国难能可贵。又如陈谧所言:"先生既不得志,于是旁攻医术而求黄帝、神农之教,专意撰述,欲以昌明医道,而成一家之言。"④ 可见,陈虬昌黄帝医教,目的是以医救国,借昌兴医教而振兴中国。基于此,笔者认为:陈虬欲自创教切合实情,然未可指摘;而欲自为教主,则言过其实。

其次,中医之学,极其讲究"运气"与"阴阳",这本身就是其

---

① 《黄帝纪元大事表》,见《秋瑾集》,上海古籍出版社1979年版,第27—28页。按:《黄帝纪元大事表》文末原有"黄帝子孙之嫡派许则华谨识"一句,疑作者为"许则华";又此表原名《黄帝纪元说》,文后附《黄帝降生后大事略表》,为刘光汉撰。据多方考证,此表非秋瑾作。

② 陈虬:《自题利济医院联》,见胡珠生辑《陈虬集》,浙江人民出版社1992年版,第390页。按,原文按语:"《陈虬诗录》附叶录此联,'起疮痍'作'熄疮痍'。"

③ 陈虬:《利济医院习医章程》,胡珠生辑《陈虬集》,浙江人民出版社1992年版,第241页。

④ 陈谧:《陈蛰庐先生传》,胡珠生辑《陈虬集》,浙江人民出版社1992年版,第397页。

主要内容。利济医课特设六科,大都涉及养生之医,如:体质、运气、调摄、导引、性理、化生。其运气,"旁参禄命、堪舆、建除、九宫之术"。① 又据陈虬弟子及同人回忆,陈虬对于易象之学并不是很喜欢,《陈虬传》肯定陈虬之兄陈国桢"治易象数学,有深得",但认为"虬从受易,勿深喜,独治经世学"。②《陈蛰庐先生传》也指出:"先生(指陈虬)为学自成,其兄仲舫先生国桢,尝治易象数学,兼达禅理,而先生从受书,勿深喜。"③ 况且易象阴阳之说,无论如何也不占《利济学堂报》的主体,故不应因此影响对陈虬的正面评价。

国破家亡之际,利济学堂报既要宣传西学以救国,又要照顾到报刊的发行,不能不考虑到当时的社会现实。"阴阳、五行、风水、壬遁、星命诸说",本为中国传统文化之一部分,自古及今,未尝断绝。循俗未可非,学报对此进行一定程度的登载,照顾到世俗传统,既有利于报刊的生存与发展,又有利于维新思想的传播。从另一个方面来说,这也反映了陈虬报业经营意识的高度成熟,以及政治意识上一定程度的觉醒。④ 至于谭氏所言"守旧益更有词""适以贻笑于外国",则更无足谈起。

谭嗣同因缘《时务报》而订阅《利济学堂报》,因见其载有阴阳易象思想,仅阅四期而断然而止,可见其毅然决然的激进变法论者之气概。但其欲去除中国传统一切,极力学习西方,与守旧划清界限,断然否定传统,割裂传统与现代化的关系,却实未可取。近代中国衰

---

① 陈虬:《保种首当习医论》,胡珠生辑《陈虬集》,浙江人民出版社1992年版,第247页。
② 《陈虬传》,见胡珠生辑《陈虬集》,浙江人民出版社1992年版,第400页。按,本传无作者,录自《瑞安县志稿·人物门》,传末注"纂"字,疑为陈谧执笔。
③ 陈谧:《陈蛰庐先生传》,胡珠生辑《陈虬集》,浙江人民出版社1992年版,第396页。
④ 王尔敏认为,中国官绅创办报纸的行动,正反映出政治意识的普遍觉醒。王尔敏《中国近代思想史论》,社会科学文献出版社2003年版,第31页。

亡的原因是多方面的，将其简单地归结为阴阳易象之说，恐有失偏颇。

## 第四节　民众启蒙与教育

陈虬致力于实现国家富强，在文教方面，编著《利济教经》，创制新字瓯文；要求改变科举制，代之以新式学堂，教授西方有用之学，培养新式人才，促进国家富强。

### 一　利济教经与新字瓯文

1885年，陈虬创办利济医学堂，专门为弟子们编撰《利济教经》，在给弟子传授医学知识的同时，讲授富国强兵等多方面的知识。《利济教经》三十六章，三字一句，谐韵通俗，易读易记，内容全面，涵盖古今中外，融入大量西学知识，实际是一部百科式的蒙学课本。陈虬希望运用这种简捷的教学方式能使学生在短期内掌握多方面知识，早日成为报国之才。池志澂评价说："先生之建院设教，原欲寓教于医，出其所学力行利济，以补国家政治所不及，使黄帝、神农之精光远出基督、浮屠之上。"[①]

"汉字是形、声、义相统一的象形文字。它不仅是符号，而且还是艺术，是科学，是文化。科学研究表明，这种文字及以其构成的语言，既能开拓人的左半脑，又能开拓人的右半脑，启迪右脑的原创性功能。"[②] 在漫长的历史长河中，下层中国民众由于贫困等诸多原因，不能学习以汉字为载体的文化知识而成为文盲。19世纪90年代，近代中国的先进分子出于求富求强之目的，开始将国家的富强归结为劳

---

① 池志澂：《陈蛰庐先生五十寿序》，《瓯风》1934年第10期。
② 杨叔子：《国魂凝处是诗魂》，《中华诗词》2010年第2期。

苦大众的民智不开、愚昧不识文字上。如鲁迅在 1934 年 8 月撰文指出："不错，汉字是古代传下来的宝贝，但我们的祖先，比汉字还要古，所以我们更是古代传下来的宝贝。为汉字而牺牲我们，还是为我们而牺牲汉字呢？这是只要还没有丧心病狂的人，都能够马上回答的。"① 1934 年 12 月，鲁迅在《关于新文字》一文中又表示："方块字真是愚民政策的利器，不但劳苦大众没有学习和学会的可能，就是有钱有势的特权阶级，费时一二十年，终于学不会的也多得很，……汉字也是中国劳苦大众身上的一个结核，病菌都潜伏在里面，倘不首先除去它，结果只有自己死。"② 因此，简化汉语拼音，创造简单易学的拼音方案，创造识记简便的文字以有效迅捷地普及大众教育，成为时代的呼唤，不少人以普及儿童教育为目的拟出了汉语拼音的各种方案，如与陈虬并为东瓯三杰之列的宋恕也曾提出了他的汉语拼音方案。

陈虬生命的晚年是同新字瓯文的创设联系在一起的。他有感于温州方言与外地的扞格不通，又深感中国方块汉字的难学，于是在 1903 年春，"就音创字"，以独创的易学易懂的字母标注温州方言，专门编写《新字瓯文七音铎》和《瓯文音记》。在《〈新字瓯文七音铎〉例言》中，陈虬开篇即点明其宗旨："是编宗旨在开通民智。"③

是年，郡城利济医院开办新字瓯文学堂，陈虬撰《新字瓯培绎》和《瓯谚略》作教材，并抱病亲自讲授。在开学演说中，陈虬认为新字将是根治中国贫弱的良方："今天是利济医院新字瓯文学堂开学的日子，吾且把院中造出新字的缘由，说给大众们听听……现今吾们大清国的病呢，是坐在'贫弱'两个字哪，只有富强是个对症的方儿，因此

---

① 鲁迅：《汉字和拉丁化》，见《鲁迅全集·且介亭杂文》，人民文学出版社 2005 年版，第 586 页。
② 鲁迅：《关于新文字》，见《鲁迅全集·且介亭杂文》，人民文学出版社 2005 年版，第 165 页。
③ 陈虬：《〈新字瓯文七音铎〉例言》，胡珠生辑《陈虬集》，浙江人民出版社 1992 年版，第 321 页。

造出新字，当那富强药方的本草。"① 陈虬坚信："不论妇女、农野，每日熟课一点钟，月余皆能写信记账，简捷无比。一人学成，可教一家，尚祈大力推广，多开新字瓯文学堂，进化当视寻常学堂，事半功倍。"②

后人对陈虬创造新字瓯文予以高度评价，如杨逢春："创造瓯文，欲使四百兆黎元皆能识字。"③ 如林涛："先生三不朽：识想千古，医学千古，新字千古。"④ 如何樾："专力救民思想，独创《新字》一书，足令支那复元气。"⑤ 如殷锴："制字创教，开将来国度头等文明。"⑥ 不一而举。

劳苦大众由于没有学习条件而成为文盲，这是一个深层次的社会问题，不能仅从表面上归结为汉字的原因。新字瓯文虽"简单易学"，但也必须通过学习，才有可能去认识和运用。若民众的社会地位和经济地位得不到根本的改善和提高，也将失去学习的机会，再简单易学的文字也只能是徒然。中国幅员广阔，历史悠久，中华文化五千年一脉独承，汉字自是功不可没。近现代先进知识分子的文字改革其动机与愿望是良好的，但却未必是行得通的。

## 二 全民教育

甲午战争后，中国面临的危机更加严重，进步知识分子更加认识到教育普及的重要性。孙宝瑄在1901年说："我国今日不患无异常

---

① 陈虬：《新字瓯文学堂开学演说》，胡珠生辑《陈虬集》，浙江人民出版社1992年版，第324页。

② 陈虬：《〈新字瓯文七音铎〉例言》，胡珠生辑《陈虬集》，浙江人民出版社1992年版，第321页。

③ 杨逢春：《挽陈师联语录》，胡珠生辑《陈虬集》，浙江人民出版社1992年版，第436页。

④ 林涛挽陈虬联，胡珠生辑《陈虬集》，浙江人民出版社1992年版，第445页。

⑤ 何樾挽陈虬联："公不以荣世希望，专力救民思想，独创《新字》一书，足令支那复元气。"胡珠生辑《陈虬集》，浙江人民出版社1992年版，第450页。

⑥ 殷锴挽陈虬联。胡珠生辑《陈虬集》，浙江人民出版社1992年版，第451页。

第四章　投身维新实践，开启民智　　175

人，患无平常人。所以然者，以国无普通学也。东西文明政界内，几人人通普通学，虽下至妇竖，莫不识字，能阅报纸，故人人知爱国，明公理。以我国平常人较之，相去几霄壤焉。然而国家之兴也，苟但待一二异常人，无益也；必平常人皆善治普通学，皆明白浅近政理，而后可以号称文明。"① 孙宝瑄在此所说的"平常人"即是普通大众，"普通学"即着重于提高全民素质的教育。

陈虬通过对社会实践的观察和亲身实践，把开启民智和国家富强联系起来。他认为，外洋重视教育，教育程度高，民智程度也高，其国家必然富强。他说："英、美、德、法、日本，男女八岁一定要他到学堂里读书。有不依他律例哪，就拿他的父兄治罪，因此到处多是学堂。通国算起来，一百人中那识字的竟有九十多人呢……他那里识字的人多，故人人多会自己读书、看报。无论做官的、念书的、造机器的，应该用着文字呢！即那种田的农夫以及泥水、木匠哪，亦多能自己看报著书。所以他们造出来这许多东西，制作一天好一天，销场一年阔一年，利源就兴旺起来了。国富没有不强，此是一定的道理。"② 陈虬将启民智兴办教育上升到民族生死存亡、国家富强与否的高度，指出："若广开讲堂以讨论合众，俾咸知有用之学无尚经世，弗择乎商农，弗间乎工艺，弗贱乎佣保，弗卑乎妇稚，以陟文明，以兴智慧，以保黄种，以存华祀。"③

陈虬主张实行全民族教育，他说："无论文的、武的、贫的、富的、老的、小的、男的、女的，劝他学起一个，去教一家，数年之内，吾们黄种四百兆同胞没有一个不识字。""国家自然没有不富

---

① 孙宝瑄：《忘山庐日记》，上海古籍出版社1983年版，第447页。
② 陈虬：《新字瓯文学堂开学演说》，胡珠生辑《陈虬集》，浙江人民出版社1992年版，第325页。
③ 陈虬：《经世宜开讲堂说》，胡珠生辑《陈虬集》，浙江人民出版社1992年版，第276页。

强的。"① 他还认为，要坚强军队文化素质的提高，他认为："勇而害上，不登于明堂。说礼敦诗，知方之本。宜令团各设塾，可即就表忠祠为之塾，设射圃。……又当延师严定功课，为之讲解兵略，演习礼文，则雅歌、投壶，方不失儒将风流。"② 在"女子无才便是德"等陈腐古训的束缚下，广大妇女无法接受教育。郑观应说："朝野上下间拘于无才便是德之俗谚，女子独不就学，妇工亦无专司，其坚者而稍讲求女红中馈之间而已。……政化之所由日衰也。"③

陈虬重视对妇女的教育。他建议创办女学，撰于1883年的《宗法议》曰："宗设小学、女学各一。师则命自朝廷。凡俸粮皆取给于朝。"④ 他将设女学提升到由国家统筹、统一管理的基础教育的高度。其《救时要议》又说："设女学以拔取其材，分等录用，此自强之道也。"⑤ 甚至对育婴堂中的女孩，若进行"五年夜课即一生受用不尽"。⑥ 通过与西方列强对比，他认为"泰西男女入学，故材亦相等"，⑦ 此乃西方强大之因。中国丁口五万万，竟无女学，无异于"无故自弃其半于无用"，⑧ 因此"欲求争雄于泰西"，⑨ 必兴女学。他把兴办女学提高到推动国家富强的高度。

---

① 陈虬：《新字瓯文学堂开学演说》，胡珠生辑《陈虬集》，浙江人民出版社1992年版，第326—327页。
② 陈虬：《报国录》，胡珠生辑《陈虬集》，浙江人民出版社1992年版，第114页。
③ 郑观应：《盛世危言·女教》，中国史学会编《戊戌变法》第1册，上海书店出版社2000年版，第75页。
④ 陈虬：《宗法议》，胡珠生辑《陈虬集》，浙江人民出版社1992年版，第4页。
⑤ 陈虬：《救时要议·强策》，胡珠生辑《陈虬集》，浙江人民出版社1992年版，第77页。
⑥ 陈虬：《女婴堂议》，胡珠生辑《陈虬集》，浙江人民出版社1992年版，第181页。
⑦ 陈虬：《救时要议·强策》，胡珠生辑《陈虬集》，浙江人民出版社1992年版，第77页。
⑧ 同上。
⑨ 同上。

为早日实现全民教育的目的,陈虬提出广设学校、兴办师范教育的措施。他说:"国家之兴视乎人材,人材之出由于学校……宜令各府州县,各设小堂四所,分兵、农、工、商四门设教师、讲师各一,每门皆就浅近易晓易行处,约纂成书。资质稍异,材堪造就者,由教师课以文法,兼令习算。而讲师则每日定期开讲,听令老幼男妇环观聚听,务当明白开释,互相告语,总期一年以内民智大开。"① 并进一步指出要求通过兴办师范教育的方式培养急需人才,"方言、格致、制造、矿机、军师、武备诸公局学堂而拓为师范,继以自强,识时务者可不谓之既藏乎哉!"②

### 三 变革科举

科举取士源于隋唐,对中国传统社会的政治、经济、文化、伦理、社会习俗和心理诸方面均产生了重大影响。迨至明清,随着八股取士和君主专权的加强,科举制弊端百出。士子为求中举,营营于四书五经,缺乏实用知识。科举盛行,而使中国"当时没有一种适应普通人民实际需要的正式教育"。③ 梁启超曾指出八股取士使士子汲汲于功名,窒碍了当时的科学发展:"学术界最大的障碍物,自然是八股,八股和一切学问都不相容,而科学为尤甚。清初袭用明朝的八股取士,不管他是否有意借此愚民,抑或误认为一种良制度,总之当时

---

① 陈虬:《呈请总署代奏折稿》,胡珠生辑《陈虬集》,浙江人民出版社1992年版,第313—314页。

② 陈虬:《经世宜开讲堂说》,胡珠生辑《陈虬集》,浙江人民出版社1992年版,第275页。

③ 美国学者费正清对科举之弊端进行了深刻揭露:"为了科举选拔官吏的读书考试制度,控制了整个教育事业。如果村民们请了一位老师在一个私塾里授课,他就把每一个孩子都作为未来应试的考生来对待,而很少想到要教给他们任何实际知识如算术帮助他们从事一般的职业,反复朗读,死背课文,使他们没有时间去理解或探索他们死记的东西……总之,当时没有一种适应普通人民实际需要的正式教育。"见[美]费正清:《伟大的中国革命》,刘尊棋译,世界知识出版社2000年版,第37页。

功名富贵皆出于此途，有谁肯抛弃这种捷径而去学艰辛迂远的科学呢？……所以科举制度，我认为是科学不兴的一个原因。"① 因此，改变愚昧落后的文教政策，取消或变革八股取士制度，已成为时代呼声。

　　陈虬早年"补乐清县学生，中式光绪十五年己丑浙江乡试举人。以殿元屡赴会试不第"，② 内心产生极大的震动，进而对科举制逐渐产生了怀疑，最后沉痛地得出"科举，盛名也，而弊矣"③ 的结论。

　　陈虬认识到科举制猝然难以全变，"帖括猝不可更"，他从经世致用的观点出发，提出了改革科举制度方案。首先，"科目之法宜变"，认为"科目"之变是"纲中之纲"，"科目者，人才之所出、治体之所系也。今所习非所用，宜一切罢去"。④ 其次，他认为科举考试必须做到学以致用，培养新的科学人才，据此将中西学术分为五科：艺学科、西学科、国学科、史学科、古学科。"五科分立"，是杂糅了中西学术后的综合性学术分类方案。西学科包括了当时传入的"西学"，即格致诸学及化学（光学、电学、汽学、矿学、化学），而艺学科、国学科、史学科、古学科四科，基本上是中国学术中的"有用之学"。再次，科举考试的内容也要发生变化，"请以策问为头场。策凡六道，即就吏、户、礼、兵、刑、工六部内臣掌故、时务出题发问，庶平时有所肄习，临期方不至忙头无绪"。⑤ 县试、省试和会试都有必要增加类似策问方面的考试，"县试拔尤，取入邑庠，曰庠生。庠而试于道曰廪生，廪而试于省曰举人，举人举而贡于京录者曰进士，皆三

---

① 梁启超：《中国近三百年学术史》，东方出版社1996年版，第19页。
② 陈谧：《陈蛰庐先生传》，胡珠生辑《陈虬集》，浙江人民出版社1992年版，第396页。
③ 陈虬：《说名》，胡珠生辑《陈虬集》，浙江人民出版社1992年版，第306页。
④ 陈虬：《经世博议》，胡珠生辑《陈虬集》，浙江人民出版社1992年版，第22页。
⑤ 同上书，第79页。

## 第四章 投身维新实践，开启民智

年一考，定期三月朔，颁文格图式于学，依问直对，不取词章、楷法"。[1]

同时，陈虬希望通过各地广开翘材馆收罗异材者为时所用。陈虬指出，清承明制，"以帖括取士"，导致"士之怀异材者常苦于有司之绳尺，温温无所试"。[2] 陈虬此言，或与其联系自身久试不第的科举经历有关。陈虬指出："军兴以来，宰辅疆臣膺五等之封、建千古之业者，有不尽于科目。于是有志之士争濯磨砥砺，冀以功名自见。"[3] 鸦片战争以来，特别是太平天国运动以来，清政府出于用兵需要，大量招致各方面的人才。陈虬看到了这一点，但他又认为，"材少可慨，材多尤可虑"。[4] 他认为，大量有才之人得不到合理的利用，也会招致社会的动乱。因此陈虬认为，"收罗人材，尤今日切务中之切务也"。[5] 因此，陈虬建议："请于省垣及有海关道处开翘材馆以鼓舞而羁縻之，则于求贤之中寓弭患之意，此诚一举两得之计也。"[6] 虽然，设翘材馆需要一定的物质保障，但这不应该成为反对的理由。陈虬指出："况以天下之人材办天下之事，当无有不兴之利、不给之虞。"[7]

同时，陈虬还提出要仿效"宋太宗使南唐诸臣修《太平御览》"，通过修书培养人才。他说："虬谓可即就近日之书局详定章程，择取切用易销、民间罕见之本，委令局员分任校勘，实事求是，札发各州县就近督销，并可移资外省各局，彼此汇兑，则于兴利养贤之中寓振作人材之术，亦可开源之一道也。"[8] 难能可贵的是，陈虬提出由各

---

[1] 陈虬：《经世博议》，胡珠生辑《陈虬集》，浙江人民出版社1992年版，第22页。
[2] 陈虬：《上东抚张宫保书·大开宾馆以收人材》，胡珠生辑《陈虬集》，浙江人民出版社1992年版，第332页。
[3] 同上。
[4] 同上。
[5] 同上。
[6] 同上。
[7] 同上。
[8] 同上书，第333页。

书局选取民间"易销""罕见"之本印销,由各州县督销,既可扩大利源,又可收于文化的普及中培养人才之效。应该说,陈虬是近代较早重视出版的文化功能的人,他将珍本的整理、文化的传播、人才的培养与出版的功能结合起来,这是很符合出版业的社会功能的。

# 第五章　陈虬维新思想评价

晚清变局纷乘，先进思想家们基于不同立场与经历，提出了各种维新观点，其中不乏光彩之笔。笔者拟就陈虬维新思想的理论基础及其特点作简要分析评价。

## 第一节　陈虬维新思想的理论基础

早期维新派要求变革的内容是新的、近代的，但其依据的理论却基本来自中国古代既有的理论。笔者认为，传统变易观、诸子之说以及浙东地区永嘉经世之学构成了陈虬维新思想的理论基础；其共通点，可以归结为"务实"而不"尚虚"，注重从实际出发，探讨现实生存之道，以实现摆脱困境之目的。

### 一　变易观

晚清时局大变，中国传统知识分子本之《易经》等中国古老之儒学经典，敏锐地察觉到了这种变化，认为应该实行变法。变法是符合天道的自强行为，"国无恒治，无恒不治"，[1] 久则生弊，世道必变，"穷则变，变则通，通则久"，[2] 顺天而行，成为处世治事的基本依据。

---

[1] 王夫之：《诗广传》，中华书局1964年版，第50页。
[2] 《易经·系辞下》。

陈虬的变易观，在说明自然和社会变化的诸多撰述中都得到了具体体现。在乡试硃卷《日月星辰系焉》中，陈虬批驳了"天不变"之荒谬，认为"在天无不动之物"。自然界是无时无刻不在运动变化的。从宏观上看，天空中的物质无不处于动态之中："有假太空之气以为体者，咸各据其高下大小之枢机，旋转于昼夜之间，不使有一息之停。"① 从微观处来看，从感官上而言，天之日月星辰，更无一不处于运动中："日常居六合之中，诸行星环而绕之，不觉其动耳！不动又何以系焉？""月常行二道之间，每交食得而推之，故见其动耳，惟动故得而系焉。""推而至于星，古记所谓五纬者也。然五星古法以地为心，近法则以日为心。夫冲伏留退有定时，可悟取次轮之理；顺疾退迟有定准，当探求；两弧之仪。可知五星固无日不动也。""推而至于辰，《春秋》所谓恒星者也，然古亦有谓恒星不动，而黄道西行者。夫鹑首六星在赤道北者，何以纬度古多而今渐少？星纪六星在赤道南者，何以纬度古少而今反多？可知恒星断无不动也。"② 结论是："太空如此其辽阔也！其间躔度凌犯、犯舍冲击之故，在日月星辰亦几乎有陨落之虞，而无虞也系必归于极。"③ 总之，陈虬以日月星辰的运动变化为例，从人们熟知的自然界——天体运行的角度，否定了"天不变"的谬论。

自然在变化，社会也在变化，而治世之法——治术也要因时而变，"法之变，国势驱之也"。④ 陈虬指出："书史以来，四千年间，

---

① 陈虬：《日月星辰系焉》，胡珠生辑《陈虬集》，浙江人民出版社1992年版，第188页。
② 同上书，第189页。
③ 同上。
④ 陈虬：《经世博议》，胡珠生辑《陈虬集》，浙江人民出版社1992年版，第18页。早期维新思想家，明确提出应该进行变法，他们认识到变法是历史发展的必然趋势。如薛福成曾言："天道数百年小变，数千年大变"，"非好变也，时势为之也。"见薛福成《变法·筹洋刍议》，中国史学会编《戊戌变法》第1册，上海书店出版社2000年版，第159—160页。

时局三变，治术递更，曰封建、曰郡县、曰商通，此系乎时局也。"①陈虬的变法思想，很大程度上来自先秦法家的变易思想，他举《吕氏春秋·察今》之例："世易时移，变法移矣。譬之若良医，病万变，药亦万变，病变而药不变，向之寿民，今为殇子矣。"指出做事要根据实际情况而论，该变法时就必须变法。"故凡举事必循法以动，变法者因时而化。"②又说："是以圣人不期修古，不法常可，论世之事，因为之备，故事因于世，而备适于事。"这与"穷则变，变则通，通则久；变者，古今之公理"的认识基本一致。

王尔敏指出，"穷则变，变则通，通则久"的变法理论，还受"天不变，道亦不变"的教条制约，因这种变法理论是自给自足的自然经济的产物，所以不适应于工业时代。③王尔敏在此所指的"道"，指的是传统制度和传统道德，而这是难以改变的。"无八百年不夷之天下，天下有万亿年不夷之道。"④但陈虬指出，变法与"道"并不矛盾，恰恰相反，法变符合"道不变"的逻辑："道"者，无非就是"君民一体之义""天人一气之原"。⑤陈虬在此所指的"道"，当是王道理想政治的最高体现，是传统中国道德与制度的最高境界。"治术"应因时而变，"为治不同，同归于道而已"，⑥"法虽国异而代不同，而道则终古不易"，⑦因此无论臣民都应该积极顺应世变之局，以求"天人一气""君民一体"，当是符合"道"的范畴的，这就为

---

① 陈虬：《〈治平通议〉序》，胡珠生辑《陈虬集》，浙江人民出版社1992年版，第213页。
② 韩非子：《五蠹》。
③ 王尔敏：《晚清政治思想史论》，社会科学文献出版社2003年版，第103页。
④ 龚自珍：《乙丙之际著议第七（1815—1816）》，见朱维铮等编《维新旧梦录——戊戌前百年中国的自改革运动》，生活·读书·新知三联书店2000年版，第74页。
⑤ 陈虬：《经世博议》，胡珠生辑《陈虬集》，浙江人民出版社1992年版，第18页。
⑥ 同上。
⑦ 陈虬：《〈治平通议〉序》，胡珠生辑《陈虬集》，浙江人民出版社1992年版，第213页。

变易之局采取变易之法提供了思想理论依据。在《〈治平通议〉序》中，陈虬强调法应随社会之变而变，"时移势易，法或窳而不变，则道散而无统。道散法窳，斯乱成矣"。① 陈虬还指出："盖变法以自营其私，则背天理之公；下情不通，则上天不佑。"② 这是从反面来为变法寻求理论依据。

信守易道，并于易境中寻求解脱发展之道，这是中华民族几千年来"自强不息"之坚韧性所在。相信世事变易是必然，自当提高警觉，采取应变之行动，这关系到国家盛衰，民族安危。变世中人，尤其是主政者，更当警惕小心，迎合天道，因势利导，顺应世变，积极进取，方可避免世变之噩运。

认为世道必变的另一个理论，就是往往与变易观结合在一起的由宋代儒学大师邵雍创立的"运会说"。③ 近世之知识分子，在讨论时局变化时，广泛应用此说来说明世变之乘，出于天地自然之运转，人只能顺应世变之势，而无法与之抗拒。后世学者基于有秩序的周期性的时间变化观念，而予以惯用。

时间运转为自然规律，世变亦为天地必然之数。中国自古沿承下来的是一种人与地配合，人与天地共为自然总体的天人合一理论。所谓"人法地，地法天，天法道，道法自然"，或所谓"天地合而生人"，天人一道，即为是也。中国人之一贯信仰，就是顺应自然，天父地母，与自然合为一家。至于人事庶政，均与之息息相关，顺其事而乘其利，始能获益。故面对近代变局，就其自然发生之势，因时利

---

① 陈虬：《〈治平通议〉序》，胡珠生辑《陈虬集》，浙江人民出版社1992年版，第213页。

② 陈虬：《经世博议》，胡珠生辑《陈虬集》，浙江人民出版社1992年版，第18页。

③ 邵雍此说的主要内容是，以一年中年月日时四种数字，并假定30年为一世，12世为一运，30运为一会，12会为一元。然后配合推衍，用来表示世运会元之终始，进而阐明世事变化呈现有秩序的时间变化。晚清知识分子均不同程度的具有运会说，如魏源、王韬、薛福成、郭嵩焘、曾纪泽、丁宝桢、汤震、郑观应、严复、唐才常、皮希瑞等。参见王尔敏《中国近代思想史论》，社会科学文献出版社2003年版，第345—348页。

用，实最为明智。而就固有知识与信仰而言，因为这种"运会说"的理论及一切材料，都是来源中国几千年来的既有历史发展事实，所以用之解释当下剧变之世局，既不至于引起国民的恐慌，又为找寻新的解脱之说具备了合理的解释与依据。

运会说牵涉王朝兴衰。晚清衰颓之势显露无遗，如何通过实现"富强"而实现王朝中兴，是每一爱国人士之所愿。理论上，宣扬运会说，三十年一运，必当中兴，有利于稳定民心，振奋精神，从思想根源上对前途充满信心。

虽然，依今天的眼光来看，无论变易观还是运会说，都有其局限性。一则看不到中国之外的世界大局，汲汲于传统固有之僵化知识；二则不免陷入宿命论之怪圈。但考虑到中国传统知识分子之文化素养，以及当时固有的沉闷守旧之气氛，而除了向既有之传统知识寻求变革的武器外，熟读四书五经、从没踏出国门半步的这些士子，又能找到怎样的能够救国救民之策呢？

"特别是当一个民族的历史很长、文化很深，而且对传统的认同仍然存在的时候，传统对于当下的'进入'是不可避免的……历史就一定是在这样旧中有新、新中有旧地延续的……"[①] 世界要变，中国要变，一切都要变，唯有积极应变，方能摆脱继之噩运。据此而言，无论变易观还是运会说都难能可贵。

## 二 永嘉事功思想

温州地区，在文化学术上具有悠久的历史渊源和深厚的学术基础，南宋时期就出现了薛季宣、陈傅良、叶适等为代表的永嘉学派。

永嘉学派，又称"事功学派""功利学派"。它以实效与民本为两大精神内核，注重救时图强、经世济民，主张知行合一、义利兼

---

[①] 葛兆光：《中国思想史·导论》，复旦大学出版社2001年版，第96—97页。

备、学用一致；反对传统重农抑商的政策，认为应大力发展工业与商品经济，甚至指出雇佣关系与私有制的合理性，影响深远。

瑞安为东瓯古邑，自宋代以来文风鼎盛，"道德之乡，贤哲相踵，前辈虽往，风流犹存"，"素号多士，学有渊源，近世名流胜士，继踵而出"。[①] 晚清之际，以瑞安三孙、三黄及东瓯三杰为代表的一批有识之士，满腹经纶，堪称饱学之士。他们跳出当时甚嚣尘上的汉学、宋学的窠臼，接受魏源、冯桂芬等提倡的经世改革学说，重拾永嘉事功学派的精神文化遗产，积极致力于具有现代意味的地方文化建设，令一度消沉的东瓯重现文化复兴之象。他们不少人整理旧学，引进西学，关注国计民生，办实业、兴学校，思想脉络明显地转向经世一端。甲午之败后，温州学者更是积极进行自身知识思想体系的更新，全力响应维新派提出的"组织学会、兴办学校、设立报馆"的主张，积极介入社会事务，走在了全国前列。而陈虬作为"布衣士绅"的首领，"在当时堪称是最激进的维新志士"。[②]

陈虬自称"生永嘉先生七百年后"，[③] 以永嘉学派的继承者和发展者自命，力图重振永嘉思想。他捡拾永嘉学派的经世致用传统，重视事功，不是空谈学术，而是付诸实践。例如，他与一批志同道合者创办的心兰书社，即是致力于永嘉学派之弘扬。其经世思想中的富强之策，融会中西古今观念于一体，鲜明地提出要效法西学。他猛烈抨击汉学（考据）、宋学（理学），以为变法维新集中社会力量，替社会改革清除阻力。他说："世方役役于词章、训诂、义理之学，鄙经制为粗疏，坐视世变而莫之措。寻其所志，苟以标宗派、立师承、邀

---

① （明）王瓒、蔡芳编纂，胡珠生校注：《弘治温州府志》，上海社会科学院出版社2006年版，第13页。
② 李世众：《晚清士绅与地方政治——以温州为中心的考察》，上海人民出版社2006年版，第382页。
③ 陈虬：《〈治平通议〉序》，胡珠生辑《陈虬集》，浙江人民出版社1992年版，第215页。

俎豆而已。"① 又说："颜氏届今又二百年矣，时移势易，风气日开，车书之盛，实有为古先知能所不及者，若通其蔀，益廓而大之，其为圣学也几矣。"② 在陈虬看来，为学必须关注时势，汉宋之学因专注考据与义理，无关乎时事，故不能再为经典；况且先贤如颜氏之人去今已二百余年，故汉宋之学不能再作为为学经典。《〈经世报〉序》指出："汉、宋儒者，名修孔教，乃不能深求富教之策、立达之方"，"空谈新性，坐视国家之穷挫，曾莫之后措！"③ 清代盛行汉学，朱熹的《四书集注》甚至是科举考试必须遵循的模式；而程朱理学"存天理，灭人欲"的主张，不仅残酷地牺牲了广大妇女的幸福，而且阻碍了物质生产的发展。陈虬在《利济丛书总序》中提出的"通其俗、乐其利，在于给生人之欲。故人得其欲，则弱者不为蛮与蠹，强者不为狼与豺"，④ 可谓跟程朱之说针锋相对。这是促进个性解放的主张，是对传统礼教束缚的冲破，使他的变法维新思想具有资产阶级改良主义的色彩。

李世众认为，永嘉之学的复兴是陈虬等"布衣士绅崛起的一个重要契机"，它使"原本比较消极的布衣获得了一种异乎寻常的积极性格"，正是在永嘉之学的滋养和熏染下，"温州出现了一大批以天下为己任入世很深的经世之士"。⑤

## 三 诸子思想

陈虬把诸子思想作为起变法思想的理论来源，并将其权威性提高

---

① 陈虬：《书〈颜氏学记〉后》，胡珠生辑《陈虬集》，浙江人民出版社1992年版，第212页。
② 同上。
③ 陈虬：《〈经世报〉序》，胡珠生辑《陈虬集》，浙江人民出版社1992年版，第261页。
④ 陈虬：《利济丛书总序》，胡珠生辑《陈虬集》，浙江人民出版社1992年版，第244页。
⑤ 李世众：《晚清士绅与地方政治——以温州为中心的考察》，上海人民出版社2006年版，第315页。

到跟孔儒之教与六经并列的地位。《救时要议》中，陈虬指出："儒道其常而子权其变，故诸子之功救变与六经同。"① 以后在《教经答问》中加以发挥说："诸子可以治天下"，"诸子之识有过于圣人之处"，"诸子矫世厉俗，悲愤著书，直伸所见，实有独到之处"；"诸子近法亦将有取焉"。②

他从古代法家著作中汲取营养，在撰述中，多次引用诸如《吕氏春秋》③《韩非》《淮南子》等先秦法家之述，如引用《吕氏春秋·慎大览·察今》中的话："治国无法则乱，守法而不变则悖，悖乱不可以持国。世易时移，变法移矣。譬之若良医，病万变，药亦万变。病变而药不变，向之寿民，今为殇子矣。"说明变法要因时而变，要学习先王变法，"然则法者治之具，王者制法而不为法所制，欲法先王，亦法其所以为法而已！"④ 在《经世博议》中又说："汉初以黄老治，蜀汉以申韩兴，若易时则乱矣！"⑤

他主张变法的理由是"国家自通商以来，局又大变，华夷杂处，巧力相尚，有未可概以儒术治者。则诸子近法亦将有取焉。夫良剑期乎断，不期乎莫邪；良马期乎千里，不期乎骐骥。循表而夜溺，契舟以求剑，自谓能法古，不知时以徙矣！而法不徙，乌在其能儒也！"⑥还是借用《吕氏春秋》的法家学说，从国势变化来阐明变法之依据。

商通时代，诸子之学因适应时势，其功效与六经同，故当以之治

---

① 陈虬：《〈救时要议〉序》，胡珠生辑《陈虬集》，浙江人民出版社1992年版，第69页。
② 同上。
③ 按，《吕氏春秋》"兼儒墨，合名法，综道德，齐兵农"，梁启超称为"千古类书之先河，一代思想之渊海"。见孙宝瑄《忘山庐日记》，上海古籍出版社1983年版，第565页。
④ 陈虬：《〈经世博议〉序》，胡珠生辑《陈虬集》，浙江人民出版社1992年版，第16页。
⑤ 陈虬：《经世博议》，胡珠生辑《陈虬集》，浙江人民出版社1992年版，第19页。
⑥ 陈虬：《〈救时要议〉序》，胡珠生辑《陈虬集》，浙江人民出版社1992年版，第69页。

天下。陈虬指出:"学术不明,大道分裂,于是百家诸子竞以其所见,牒衍成书,簧鼓一时,然用其术,亦颇足以救弊持倾,则时为之也,将圣人亦不能无取焉。"① 在这里,陈虬用"足以救弊持倾",充分肯定了诸子之学的救时之功效。陈虬称西方各国为"欧墨诸望国",②认为其得墨家之绪,方有今世之富强。又说,"通商以来,时局大变。拳毛深准,自古休离不通中国者,群挟其智巧技能与吾争声名文物之盛。寻其所治,皆仅得六经诸子之绪余,乃或立足致富强,亦可见吾中国圣人之教普也,况乎其更有精焉者乎!"③ 这一段话很耐人寻味,一方面,陈虬肯定西人富强,是得于诸子之学,但又认为西人"仅得六经诸子之绪余";另一方面又认为从西人富强中,完全可以看出"中国圣人之教普也",而中国富强完全可以借鉴六经诸子之说,因其"更有精焉者"也!陈虬坦言,他的维新思想糅合诸子思想,《治平三议》序中说"会群经,刮诸子,损益中西,合为治术,岳立儒先间"。④

陈虬从根本上肯定圣人之教,他说:"有圣人出,为之制衣冠、礼乐之节,修明政教,牖其知觉,范吾大同,如日月之经天,江河之行地,广运无疆,虽以之治万世可也。"⑤ 采用诸子之说与运用周孔之教并不矛盾,其一,除了上文说的"世移时移"外,陈虬认为,还符合孔教"变"的内涵,他引经据典:"孔子曰:'鲁一变至于

---

① 陈虬:《〈经世博议〉序》,胡珠生辑《陈虬集》,浙江人民出版社1992年版,第16页。
② 陈虬:《治国之强弱系于民心,民心之向背系于州县,宜以州县得民为强国之本》,胡珠生辑《陈虬集》,浙江人民出版社1992年版,第297页。
③ 陈虬:《〈经世博议〉序》,胡珠生辑《陈虬集》,浙江人民出版社1992年版,第16页。
④ 陈虬:《〈治平三议〉序》,胡珠生辑《陈虬集》,浙江人民出版社1992年版,第1页。
⑤ 陈虬:《〈经世博议〉序》,胡珠生辑《陈虬集》,浙江人民出版社1992年版,第16页。

道',淮南亦云:'当于世事,得于人理顺乎天地,祥于鬼神,则可以正治矣!''天下岂有常法哉!'故曰:'变古未可非,循俗未足多!'亦慎其所变,求不悖圣人之法而已矣!"① 其二,陈虬认为,秦汉以后,由于"焚书坑儒"和"罢黜百家、独尊儒术",故延续至今的孔教并不是真正意义上的孔儒之教。他认为汉承秦敝,背离周孔之教,故造成今日中国之困状,"秦坏学术,汉尚黄老,支那之宗风一变.家鼎神器,遑恤乎颠连,蓥纬国难,或疑为觊觎。自大而闭化,虽历晋、唐、宋、明,未之能易也,乃至于今,坤球初运,海户大同,八星示行,五种通志。中逸之古谊,西环而来复。"②

即便是国际形势,陈虬也"用中国历史知识中春秋与战国的形势来解释当时国际现状"。③《经世博议》指出:"夫今日俄罗斯,战国之强秦也。五洲诸国,皆有约纵之意,故俄欲出红海并欧洲,则英法扼之于土耳其,既不得志于西,将鼓棹东向朝鲜,英人又蹯巨文岛之制止。"④ 以俄罗斯为战国之强秦,并以战国时的纵横之策套用来分析现今英、法、俄之间的均势制约。王尔敏对此予以充分肯定:"这种由现时世界情势的认识,回溯上古,而比较公元前8至3世纪的历史,表面似乎浅薄,但在思想的转变言,却有重大意义。其一,将19世纪世界和春秋战国比较,乃反映一种新的国际意识,自然的放下中国中心观念,以古史的镜子,重新思考中国所面对的新世界。其二,中国官绅在面对列强并立的世局,很容易在固有经验中寻求适应方法,而古代的国际关系,就是现成的参考资料。从这种历史比较,

---

① 陈虬:《〈经世博议〉序》,胡珠生辑《陈虬集》,浙江人民出版社1992年版,第16—17页。
② 陈虬《经世宜开讲堂说》,胡珠生辑《陈虬集》,浙江人民出版社1992年版,第275页。
③ 王尔敏:《晚清政治思想史论》,社会科学文献出版社2003年版,第21页。
④ 陈虬:《拟援公法许高丽为局外之国议》,胡珠生辑《陈虬集》,浙江人民出版社1992年版,第66页。

以至于古代邦交经验的参考引用,却正是由中国中心的国际观念转变为平等的国际关系观念的一个天然的有效的通道。"①

以中国固有之学问,来解释新进西洋新知,这当是世纪之交的先进思想家的务实明智之举。面对涌面而来的西方新知,面对新旧交织的千年变局,陈虬捡拾起"传统社会中长期处于边缘学问的诸子学",② 在面对西方新知的语境中,作为其思想资源,并以此对当时人所困惑的西洋新知进行理解,在传统与现代之间架起了一座认知的桥梁。

## 第二节　陈虬维新思想的特点

陈虬的维新思想的特点也很值得我们关注,具体来说,既有与晚清思想家共有的为爱国而求富强的一面,又有主动学习西学、积极参照西学维新的一面,还能充分照顾到中国的现实,主张"变古"与"循俗"。

### 一　爱国主义为其思想主线

爱国主义是晚清思想史的主线。③ 一方面它几乎是晚清所有先进思想家的出发点,另一方面它始终是每一时期先进思想的核心成分。晚清国势日衰,逼迫国人思考自强救国之策。梁启超的《中国近三百年学术史》中说:"道光间鸦片战役失败,逼着割让香港,五口通商。咸丰间英法练联军陷京师,烧圆明园,皇帝出走,客死于外。经这次痛苦,虽已麻木自大的中国人,也不能不受点刺激。……质而言

---

① 王尔敏:《中国近代思想史论》,社会科学文献出版社2003年版,第21—22页。
② 葛兆光《中国思想史·导论》,复旦大学出版社2001年版,第94页。
③ 汤奇学:《试论爱国主义是晚清思想史的主线》,汤奇学《中国近代思想文化史探索》,安徽大学出版社2005年版,第20—44页。

之,自从失香港、烧圆明园之后,感觉有发愤自强之必要。"① 近代以来,中国面临着的头号敌人就是西方列强的侵略,晚清士人清楚地认识到这一点,考虑问题的主要着眼点在于怎样摆脱民族危机,并在此前提下指出要向西方资本主义国家学习,以实现国家富强之目的。

陈虬的各种维新之策,具有鲜明的反侵略、爱国的倾向。中法战争期间撰《报国录》中云:"夫吾侪生长中朝,食毛践土垂三百年,国家有事,橐鞬鞭弭,固人人所当自效。乃幸则功施社稷,不幸亦泽衍家门,较之射策、纳赀,冀博一命者,何啻天渊!大丈夫生不能封侯万里,死当庙食千秋!虬独何人,昂藏七尺之躯,可不知所自励哉!"②表明其愿效忠国家,反抗侵略的昂扬激进之情。甲午战争败后,中国面临着被瓜分的危机,陈虬站在爱国主义的立场上,提出诸种救时要策。他先是主张设洛阳为西京,甲午战争后形势剧变,直接提出迁都鄢阳。外交方面,对俄日侵略中国保持清醒认识。他痛切疾呼:"生是时者,将忍而视其为奴为囚、为牧圉为犬马,而不知所救耶?抑亦起而有所争也?"③他把变法维新视为挽救民族危机,振兴中国的客观需要:"彼族之侮我甚矣!侵我口岸,削我壤地,虐我羁民,拒我使臣,外我公法,预我政治……抑我亦稍知自厉矣,变通旧法,剃短师长,学堂报章,公私递举,议者谓中国之不终衰矣!"④他甚至在《呈请总署代奏折稿》中,提出先行在浙江进行变法实践,不仅把"宜急变法自强"作为案由,开宗明义地提了出来,而且在文末将形势的急迫性作了极其严肃的描画:"倘再事迁延,因循不决,置社稷生灵于不顾,令天下疑吾皇上有轻弃其土地人民之意,将海内离心,瓦解土崩,噬脐奚及!今若束手待毙,任其剥噬,恐茫茫亚

---

① 梁启超:《中国近三百年学术史》,东方出版社 1996 年版,第 28 页。
② 陈虬:《报国录》,胡珠生辑《陈虬集》,浙江人民出版社 1992 年版,第 91 页。
③ 陈虬:《心战》,胡珠生辑《陈虬集》,浙江人民出版社 1992 年版,第 249 页。
④ 同上书,第 250 页。

土，皆成暴骨之场，师师黄人，咸抱饮鸩之痛！"并且慷慨激昂地表达了绝不屈服的铮铮誓言，"举人等誓不向北庭而请命，计惟有蹈东海而捐生"，"兴言及此，泪血交枯"。①

要救国，首先就是要富强。陈虬强烈认识到变法维新是走向富强、挽救祖国危亡、抵制列强侵侮的客观需要和唯一出路。他认为西学为救时之方，提出向西方学习，设议院以通上下之情，讲懋迁以与西方争利。难能可贵的是，陈虬还提出主动开放通商口岸，变被动为主动，以与外洋争利。面对华侨的悲惨遭遇，陈虬除提出招募华侨回国、予以重用，并因之而振兴中国工商业外，还提出设立"保工会"以保护，"保工之会不设，华民遂逐于外洋"。②他还认为应动员广大妇女参与国家富强、挽救民族危机中来，其"弛女足"之议明显具有救国目的："设女学以拔取真材，分等录用，此自强之道也。且以中国丁口约五万万，今无故弃其半于无用，欲求争雄于泰西，其可得乎？"③

陈虬的军事思想萌于外敌入侵之际。面对西人水战之长，他主张扬长避短，充分发挥中国地大人众之陆战优势，诱敌深入，战胜敌人。他提出组织一支远洋舰队，保护海外贸易，做到军事与商业的统一，既可以御国，又可以富国，远超诸人之议。治河三策，以治河为实边，既开西北利源，加强边防，又固卫中朝。铁路建设主要是出于加强内地防卫之军事目的，费用不足，先行木路，于内地先建设几条干线，以利兵员物资等便利运达；号召效仿西方人人皆兵，既有僧兵，又有娘子军，甚至提出组织囚徒抗敌。更有《东瓯防御录》四

---

① 陈虬：《呈请总署代奏折稿》，胡珠生辑《陈虬集》，浙江人民出版社1992年版，第315—316页。
② 陈虬：《〈艺事稗乘〉叙》，胡珠生辑《陈虬集》，浙江人民出版社1992年版，第267页。
③ 陈虬：《救时要议·弛女足》，胡珠生辑《陈虬集》，浙江人民出版社1992年版，第77页。

卷，写于中法战争期间，上于甲午主持东瓯防务之时，以加强国防、抵御外敌为目的，后直接改名为《报国录》，忧国报国之心可鉴。

"上医医国"，医学实践贯穿陈虬维新活动始终，也充斥着浓浓的爱国热情。与"保国""保种""保教"思想一致，陈虬重视医学，谓："百家学，医为始。"① "故当吾世而诚欲保吾种也，舍医无由。"② "非寓治于医，实以医制治。"③ "保种首当习医，医道大明，益我民智，保我种族，恢复神州"，习医当为"最精最巨之一大关键也"。④ 他寓教于医，推行改革社会的主张，将其作为"匡时事业"。其医学实践更多地注重提高医者的水平。他希冀倡兴医教，"医教兴，压回佛耶希"，时人评价"制字创教，开将来国度头等文明"，⑤ 当是对其医教事业的精确评价。《经世报》中撰文《尊孔教以一学术》，欲"尊而无上，一而不歧，而后吾孔子之志与权，蟠天际地，震古铄今，举环球七十二种人类，一万七千种教门，举凡舍生负气之伦，细而禽兽万物昆虫，皆有以制其本命，而莫敢不尊亲"。⑥

爱国，反侵略，不是一概排外。陈虬承继近世之初的"师夷长技"，提出要学习西方先进技术，积极利用西人之"资""具"，不能因对我的侵略而一概弃绝，"今昔异时，又岂可以一隅之见自局哉"。⑦ 如《治河》，既有对西方先进技术的羡慕，"泰西机器百出，

---

① 陈虬：《利济教经》，胡珠生辑《陈虬集》，浙江人民出版社1992年版，第123页。
② 陈虬：《保种首当习医论》，胡珠生辑《陈虬集》，浙江人民出版社1992年版，第247页。
③ 同上书，第246页。
④ 杨逢春：《书陈蛰庐先生〈保种首当习医论〉后》，胡珠生辑《陈虬集》，浙江人民出版社1992年版，第411页。
⑤ 陈虬弟子殷错挽陈虬联："制字创教，开将来国度头等文明，何期大厦忽倾，顿使同洲齐震悼！利己救人，是我师建院一生宗旨，却恨仞墙初傍，未能医学衍心传！"见胡珠生辑《陈虬集》，浙江人民出版社1992年版，第451页。
⑥ 陈虬：《尊孔教以一学术》，胡珠生辑《陈虬集》，浙江人民出版社1992年版，第273页。
⑦ 陈虬：《治河》，胡珠生辑《陈虬集》，浙江人民出版社1992年版，第45页。

穴山而启铁路，入海而穿电线"；又有予以充分利用的建议，"托泰西豪商以包工，许其酌操利权，经之营之"。① 1897 年，陈虬撰《心战》，明确反对"以生人之心废杀人之具"，指出："人利之而我去之，是倒其戈以授敌也，心之锢也！人淬之而我置之，是赍其粮以资盗蔀也。"② 虽遭受西方侵略，但对其先进技术与产品，仍要予以应用。先进工业技术及产品，在好战者看来是杀人之具，而在好生者看来，则一概是生人之具。同样都是器具，用作何用途，与制作者及器具本身无关，关键还是取决于使用者自身的心理，"盖心之为用大矣"。③

这里还关系一个正视西方态度的问题。在成书于 1883 年的《大一统议》中，陈虬主张于各国之上建设一个德威并具的天子，下设宣文、靖武二王具体分管全球事务；各国之间免于战争，遇有水旱饥荒，相互救济，河防海运，均摊各国。很明显，这种国际组织之间的关系更多的是一种平等与相互容处，陈虬没有提出是"以中并西"还是"以西并中"，但从他推崇的"周孔之教"遍天下来看，大一统世界政府体系仍然是一平等主权国家之间的集合体。

"经世之怀抱在大同，而其观现在以审次第，则起点于爱国。"④ 温州地处沿海，1876 年，又被辟为通商口岸，较之内陆，更多地体会到欧风美雨的到来。陈虬所到之处，不管是沪杭还是京城，深感西方列强带来的苦难，其所作也充满了对列强侵略的控诉。就此而言，他所积聚的学说，诸如易象运会之说等，尽管不是很科学，但相较于爱国的出发点及所处的时代，难能可贵。

---

① 陈虬：《治河》，胡珠生辑《陈虬集》，浙江人民出版社 1992 年版，第 45 页。
② 陈虬：《心战》，胡珠生辑《陈虬集》，浙江人民出版社 1992 年版，第 252 页。
③ 同上。
④ 梁启超：《康有为传》，团结出版社 2004 年版，第 34 页。

## 二 变古未可非、循俗未可多

除旧与布新是维新活动家无法回避的一个话题，依此为标准，可以分晚清维新家为温和、激进两派，前者如张之洞、李鸿章，后者如康、梁等。陈虬居于二者之间，不同于宋恕的"复古之机，维新之治"，也不同于宋育仁的"因时制宜""托古改制"，① 他反对一味复古，不主张一下子否定传统习俗。在"布新"方面，他高举西学旗帜，提出效仿西方；但在具体的"除旧"方面，却又主张"变古未可非、循俗未可多"。② 如对设议院，他认识到"猝难仿行"，宜变通其制，主张在地方州县中实行，只求其通下情，而对于权力的制约等则暂不予涉及。俗，很大程度上指的是民俗，传统习惯势力，如易象之说、占卜迷信思想。循俗，意味着要充分照顾到现实。陈虬的观点部分是"依古变今"，部分是采用西方新思想。就此，所谓变古与循俗，实际上借助于传统思想以实现新学知识的合法化的问题，将其变法主张与现实结合，以减轻现实实行中的阻力。

如何来认识陈虬的这部分思想，关系到对陈虬的评价。陈虬把西方的观念制度、事物行为，附会到中国古代可以效法的历史成就上，借以主张西化，这样易于为人接受。例如，认为"泰西人人皆兵，犹得古人寓兵于农之遗意"；③ 认为中国古代也存在议院，只是形式不同而已。如同"西学中源"说，实际是19世纪后半叶中国官绅的一个自圆其说的论调而已，其意义在于两种不同文化初接触时的文化心理反应，表达人们对于新事物寻求自圆其说，然就整个过程而言，其实不过是过渡阶段而已。④

---

① 黄宗凯、刘菊素、孙山：《宋育仁思想评传》，西南交通大学出版社2007年版，第27—38页。
② 陈虬：《经世博议序》，胡珠生辑《陈虬集》，浙江人民出版社1992年版，第16页。
③ 陈虬：《经世博议》，胡珠生辑《陈虬集》，浙江人民出版社1992年版，第36页。
④ 王尔敏：《中国近代思想史论》，社会科学文献出版社2003年版，第39页。

由传统社会向近代社会过渡的关键时期，无论是在政治、经济领域还是在思想、文化领域，旧的传统的思想观念与新的先进的价值理念在这一时期发生激烈的冲击和碰撞，社会面临着一系列令人瞩目的价值冲突和社会转向。当此之际，一批先进知识分子开始觉醒，并以实事求是的态度去面对"三千年未有之变局"，与传统知识分子相同，他们还是回到传统的学术里面去寻找理论根据，一方面是因为他们作为从传统教育中走出来的知识分子，不可能一下子就抛弃传统的学术去接受新事物；另一方面，面对顽固守旧势力的攻击，从传统文化中汲取"圣人之道"，不但能够在学术上自圆其说，而且也可以在政治上足以自保，为维新活动寻求合法性来源，从而减少其执行阻力。

又如，陈虬在阅读了《颜氏学记》后说："虽然，世方奴役于词章、训诂、义理之学，鄙经制为粗制，坐视世变而莫之惜，寻其所志，苟以标宗派、立师承、邀俎豆而已。亦安得知如先生者，振兴其间，一扫而空，悬圣鹄以为之招哉！颜氏届今又二百余年，时移势易，风气日开，车书之盛，实有为古先知所不及者。具若通其部益廓而大之，其于圣学也几矣！"① 朱义禄认为，陈虬此议是希望"有人能花些精力，把二百年前的颜学发扬光大"，而不再汲汲于传统学术中的义理、考据和词章以及与此相关的汉宋学与科举，"显然，陈虬是力图挖掘处颜学与西学相通之处来"。②

"一个人总要以土生土长的事物概念应用于新的研究领域，否则，我们就不能分析它。"③ 任何外来的思想文化，如果没有经过本土学者文士的消化吸收，决难融入旧传统而化作新传统。就此来看，"变

---

① 陈虬：《书〈颜氏学记〉后》，胡珠生辑《陈虬集》，浙江人民出版社1992年版，第212页。
② 朱义禄：《颜元、李塨评传》，南京大学出版社2006年版，第300页。
③ ［美］费正清：《伟大的中国革命1800—1985》，刘尊棋译，世界知识出版社2000年版，第58页。

古"与"循俗",实际上是陈虬在处理中学之传统与西方之新知之间努力找到的一个切入点与支撑点,借以寻求其维新思想实现的最佳途径,为其西学思想找寻本土合法化存在的捷径,而最终仍不外是富强目的之实现。

### 三 积极学习西学

桑咸之认为,晚清西学介绍有三个途径,其一,外国传教士,及其在中国创办的印书馆,翻译介绍了大量西学书籍,在介绍基督教教义的同时也介绍了西方各国的情况,包括议会制度。第二个途径是洋务派创办的江南制造局,附设翻译馆,翻译介绍了大量的西学书籍。第三个途径是中国的外交使节,他们出国多半写了日记,如曾纪泽、郭嵩焘、薛福成等,他们在日记中将在西方的所见所闻,包括政治、经济、文化、社会风俗等介绍给中国读者,使之眼界大开。[1]

严格说来,戊戌变法前,除严复、黄遵宪等极少数人之外,维新派对西方文化的了解是间接的、零散的,包括康梁在内,也只是一知半解。陈虬不同于王韬、郑观应、薛福成等,或有留洋经历,或从事洋务运动,或有仕宦经历,可以直接了解西学知识;而是与汤震、陈炽、宋恕一样,都是"间接了解了资本主义文明的知识分子"。[2]

推测陈虬西学知识的来源,首先应归功于孙氏兄弟对永嘉之学的振兴及对西学的引进。近现代以来,沿海地区一直是"中国革新的主要源泉"。[3] 温州开埠较早,加之临近近代思想文化中心的上海,西方各国领事、商人、传教士等的到来,西学知识也随之传入。孙衣言、孙锵鸣兄弟借助官宦的有利地位,兼之开明的思想,积极在温瑞

---

[1] 桑咸之:《晚清政治与文化》,中国社会科学出版社1986年版,第82页。
[2] 史远芹:《中国近代化的历程》,中共中央党校出版社1999年版,第182页。
[3] [美]柯文:《在传统与现代性之间——王韬与晚清改革》之《序言》部分,雷颐、罗检秋译,江苏人民出版社2003年版。

之地引进西学。在这样的环境中,陈虬极易从传教士的出版物和孙氏兄弟的绍介中获取西学知识。还有一个不可忽视的重要原因,就是为了争取对大绅权力斗争的胜利,陈虬主动学习西学,早早地举起了西学的旗帜。李世众指出,陈虬等布衣士绅"在与世家大族的斗争过程中,先是使用传统的儒家意识形态攻击孙家信巫信佛'离经叛道',后用'民权'、'宪政'之类的西方话语攻击项家",① 在以孙诒让为代表的地方大绅占据传统文化资源优势且以地方维新中坚自居的情况下,陈虬等布衣士绅"普遍减少了对传统资源的依赖",而是"十分热衷于对西学的研习,进而著书立说另辟蹊径以积累另类文化资本",从而"凭借西方文化资源确立斗争优势"。②

陈虬对西学有其自己鲜明的看法。他认为西人"务实",西学"更新",③ 西方因之而富强。中西交往三十年,中国为何仍然落后?陈虬头脑异常清醒,他举日本之例,"日先考西之政学而后其商与兵,中则汲汲于枪炮战舰",④ 是故有甲午败于东洋三岛之役。

但陈虬崇尚周孔之教,对西方宗教传入中国极为愤慨,并且期盼有一天孔教能够遍天下。1880年,陈虬过耶稣堂,感触颇多,作诗《过耶稣堂》五律二首,此中流露出对西方宗教的极端鄙视与仇恨。他说:"周孔遗书在,耶稣教柱传。"指出耶稣"生难逃十字,死乃历千年";指斥耶稣教徒"性未离养犬,人偏讲圣贤",表达了其对西方传教士及西方基督教给温州人民造成深重苦难的强烈不满。在《大一统议》中,指出"今者,耶稣、天主之教阗然来吾国,其实彼

---

① 李世众:《晚清士绅与地方政治——以温州为中心的考察》,上海人民出版社2006年版,第382页。
② 李世众:《晚清士绅与地方政治——以温州为中心的考察》,上海人民出版社2006年版,第380页。李氏主要是从温州地方政治权力斗争的角度来进行论述的,这方面的论述可以参看李著第五章第四节"布衣借助西方资源确立斗争优势",第345—375页。
③ 陈虬:《箴时》,胡珠生辑《陈虬集》,浙江人民出版社1992年版,第264页。
④ 同上书,第265页。

教之所以来，正（如）吾教之所以往，如周孔之教遍天下，则人各明其五常之性，如昏而得旦，群星掩光而日乃出而经天矣，吾子悬盼以望河清可也！"① 他认为，中国传统儒教基于雄厚的实力，在国际交往中也必终将处于主导地位，到那时则天下太平盛世。

西学知识也散见于陈虬著述中，《利济教经》专设"地球章""中学章""西学章""机器章""租界章""时务章"等。将新学知识纳入蒙学教材，三字一句，朗朗上口，普及西学常识之目的彰显。所占比重尽管不是很大，但却鲜明地反映了陈虬重视西学思想的倾向。

以陈虬最擅长的医学思想为例。在《瘟疫霍乱答问》中，陈虬多处引用西医之论，他赞同西医对霍乱的解释"系毒虫为患，或由天风，或由流水，或由衣服食物，均能感染"，陈虬评价为"理亦不谬"。② 1840 年香港大疫，"日本派吉打苏滔前去考求，用显微镜验出（病）核内之脓有虫，始知传此证时系疫虫侵入人身之故"。③ 对其西医言瘟疫病核内有虫事，陈虬进一步指出："西医不独言疫有虫，其论人身有无数微生虫，皆能致病。"④ 同样，对于西医之法，陈虬也多加肯定。如在论及"西法每用鸦片止下痢，义尚易晓，而止霍乱呕吐用钾养、绿养、纳绿，其功用如何"时，陈虬答："二药皆盐类改血药，咸生盐而有凉性，钠绿即寻常食盐，但西法化过较净耳。"⑤ 在这里，陈虬充分肯定了西医西法的功效。又在谈及"泰西防疫章程"一题时，陈虬说："泰西平时饮居均已尽合卫生之道"。同时指出："（泰西防疫章程）但能慎之于发病之地、受病之人，故设法当

---

① 陈虬：《大一统议》，胡珠生辑《陈虬集》，浙江人民出版社 1992 年版，第 9 页。
② 陈虬：《瘟疫霍乱答问》，胡珠生辑《陈虬集》，浙江人民出版社 1992 年版，第 146 页。
③ 同上。
④ 同上。
⑤ 同上书，第 149 页。

愈严愈善。"① 至于中国，则"可仿行"，陈虬说："中国事事不合医轨，若临时猝然防疫，实非独无益，且于平人大有妨碍。"② 总之，陈虬充分肯定了西医防疫章程的先进指出，但同时认为中国目前的现状，不可随意仿行。此外陈虬提出的华人防疫方法及探视病人之法，皆具有现实的可操作性和科学性。这表现出陈虬难得的辩证地看待这一问题的可贵的观点。

在中西学的关系上，陈虬同早期维新派一样，都是坚持"西学中源说"，认为西学为诸子学之余绪，而当世正是诸子之学治天下。相较于当时的时代，这对于解放人们的思想，打破重道轻艺的观点，为西学争一席之地，进而接触"实学"去从事实际的学问，是有着很大进步意义的。

---

① 陈虬：《瘟疫霍乱答问》，胡珠生辑《陈虬集》，浙江人民出版社1992年版，第152页。
② 同上。

# 结　语

陈虬深究天下利弊，承继永嘉事功思想，积极致力于维新改良，广泛探讨有关国计民生的实际问题，对政治、经济、文化、教育、军事、外交、医学等均有所涉猎。他将实现国家富强作为毕生的追求，是近代向西方寻求真理的先进人物之一。

陈虬生逢动乱频繁的时代，走的却是科举应试的正途。他17岁中秀才，五次乡试后终于在39岁时勉强中举人，此后三次赴京会试皆落第。从1867年到1898年，整整32个年头，科举考试贯穿他一生。他没有宦游或欧游经历，活动区域主要是温州地区。一生仅因会试而在京沪等地做过短暂停留。他因病习医，穷究医书，为瓯地名医，活人无算，却最终连自己的疾患都不能拯救，于1904年元旦日，便匆匆离开了人世，年仅53岁。

他所留下的著述，仅是一部《治平通议》及在报刊上发表的若干时文，与王韬、严复、康有为、梁启超等人相比，微不足道。但这样一个经历并不算突出的人物，却引起了人们对他独特的维新思想等方面给予了很高的评价。

早在1883年，陈虬著就《治平三议》，这标志着其维新思想的初步形成，远远早于康梁等人。1888年撰成的六卷本《治平通议》并不输于冯桂芬《校邠庐抗议》。① 它的完成，奠定了其早期维新思想家的地位，它所体现的陈虬的维新思想涵盖政治、经济、国防等诸方面，较为全面系统。胡珠生据此还认为陈虬是最早提出设议院思想的人。② 此说虽有失妥当，③ 但却充分肯定了陈虬提出设议院思想的重大价值。1893 年，《治平通议》出版后，旋即在京广为传播，为戊戌运动的进一步发展，起到了很好的宣传发动作用。1898 年，戊戌维新变法失败后，也并没有阻止陈虬维新思想的继续发展，他创办新字瓯文，致力于提高国民知识水平，晚年仍"抱病讲学"。

陈虬还是难得的将思想付诸实践的近代维新思想家。在维新派创办的报刊中，陈虬不但亲自创办《利济学堂报》，而且还在《时务报》《经世报》等报刊上发表了一系列文章，切中肯綮，不乏真知灼见。他的维新思想并不仅仅停留在口头上，而且还亲自付诸实践，他号召以医救国，他尊奉黄帝，设医院、办报纸、创办新字瓯文并为之举办讲演等。利济医院具有慈善性质，学堂注重培养当地医学人才，学报注重传播新思想。

陈虬的思想发展内容涵盖近代维新思想史发展的多个方面，如创建新字瓯文、提出以夷制夷思想、采用黄帝纪元、提出设议院、召开世界范围内的弭兵会议等。此类内容，晚清学者多有论及。陈虬的维新思想，与戊戌变法时期颁布的《定国是诏》相比，除设立邮政局

---

① 陈虬《书〈校邠庐抗议〉后》："议凡四十九条，与拙著《治平通议》颇多异同，然各有宗旨，并存可也。"见胡珠生辑《陈虬集》，浙江人民出版社 1992 年版，第 182 页。
② 见胡珠生辑《陈虬集》，浙江人民出版社 1992 年版，"前言"第 2 页。
③ 1839 年林则徐在广东主持禁烟时曾组织人编写《四洲志》，其中对英美法等国的议会制度多有所及。参见桂宏诚《清末民初认知中的"议院"与"国会"》，他指出："近代中国在鸦片战争之后，视英国为强大的君主国家，而较早认为国家强盛与政治制度间具有关系的官绅士大夫们，便开始以英国为典范来构思中国的富强之道。并且，当他们发现英国不仅有个皇帝，另外还存在个'巴力门'（Parliament，议会、国会）时，有识之士便逐渐把图国家强盛的方法，环绕在'巴力门'制度的探讨与发为主张上。"见共识网，http://21ccom.net/articles/lsjd/article_201001201553.html。

外，多有雷同。但是陈虬在一些方面提出的诸如设立工会、成立统一的出口公司的主张等，其影响极其深远。

陈虬满怀救国热忱，无缘仕宦，却丝毫不影响他的政治热忱。他热心地方建设，多有善举。如针对乐清地方官吏肆意加收钱粮，他联合贡生钱福熙、廪生刘之屏、生员叶麟凤等为民请命，于1894—1895年多次上书温处道，直至事件的解决。[①] 1890年，陈虬会试归途中路过济南，会见张曜，上书八条，欲在山东推行他的维新思想。1895年，康有为公车上书，组织强学会，陈虬参与其中。后又与章炳麟等谋于浙江组织保国会分会——保浙会，并亲自起草《呈请总署代奏折》。

对这样一个人物的评价，套用以往的地主阶级改革派、洋务派、早期维新派、维新派的划分模式，是非常困难的。陈虬不属于地主阶级改革派；没有参与洋务运动，也不属于洋务派。[②] 早期维新派与戊戌维新派之间，也不可能存在截然可判的界限。陈虬的维新活动具体是从1883—1903年，就所处的时代来看，按照学习西学的由物质而制度而文化心态的三分法来看陈虬维新思想的演变，也是不恰当的。依笔者所见，至迟在1888年，陈虬维新思想就已明显涉及政治制度层面，标志就是他完整地表述了设议院思想；1885年他创办利济学堂，兴办教育推动维新，其思想已涉及文化心态层面；至于其提出的仍闪烁着耀眼光芒的、采用资本主义的经济管理制度，如民营工商业，引进西方专利制度、股份制、公司制等，则贯穿其一生。他的《大一统议》中，主张成立大一统的世界政府，而求志社则体现了陈虬早期的经世思想，不乏乌托邦式的理想色彩。这些均达到了康有为

---

① 即"乐清县南米浮收控案"，见胡珠生辑《陈虬集》，浙江人民出版社1992年版，第217—220、224—228页。

② 李泽厚："（19世纪）七八十年代的改良派思想，是直接从洋务思想中分化出来的。"李泽厚《中国近代思想史论》，天津社会科学院出版社2003年版，第38页。

《大同书》、谭嗣同《仁学》的思想高度。① 而其"更服制""简礼节"的思想,则与宋恕的"三始一始"思想相通,然早其十余年。

总之,陈虬的维新思想始终是发展变化的,没有呈现出与同时代人千篇一律的发展模式,结合陈虬所处的地域背景及维新思想的形成来分析,或许更能深入一些。

首先,就活动的区域而言,孙诒让明显占据温州地区的传统资源优势,居主导地位;陈虬因与其争夺温瑞地区的领导权,而不可避免地存在矛盾斗争。另一方面,为了争取斗争的胜利,陈虬早早地举起了学习西方的大旗,这又远远走了孙诒让的前面。二者之间由于斗争目的的冲突,思想的发展呈现出相当大的独立性。② 此外,就布衣党、利济系列而言,陈虬均处于主导地位;而与其他维新人士的交往,也多囿于时间的匆促。

其次,巨大的民族危机迫使他辛勤思考如何摆脱这一困状,积极寻求富强救国之路,这是其维新思想发展的内在驱动力。爱国与爱家相统一,靠着零星的西学知识和一些零碎的耳闻目见,结合长期生活在民间,对社会的深刻洞察,加之温州地区自宋代就有的永嘉事功思想,面对近代困局,为寻求救亡之策,自然而然地形成了他的维新思想。

再次,是否直接参与戊戌变法并不能代表其维新思想水平的高低。如杨锐、张荫桓、翁同龢、陶模、刘光第、陈宝箴父子等,只赞成温和的改革,不赞同资产阶级民权平等理论,反对破坏传统的纲常秩序,他们的思想认识最高也不过只达到上阶段郑观应、陈炽等人的水平,而很多还停留在19世纪五六十年代冯桂芬的水平上。康梁因

---

① 李泽厚:《中国近代思想史论》,天津社会科学院出版社2003年版,第67页。
② 宋恕1895年3月《致杨定甫书》:"仲容(孙诒让,字仲颂,又仲容)与志三结怨甚深,互相丑诋,俱失其平。恕昔以调停,故得罪仲容,又被消志三,兼所学两异。仲志愈趋愈远,愈不可合。"见胡珠生辑《宋恕集》,中华书局1993年版,第525页。

领导公车上书而成名,加之又得到光绪帝的信任,促其居于维新运动的领袖地位。陈虬没有直接参与戊戌变法,然而变法时期颁行的一系列法令,在陈虬的著述中也基本上已全部提及。

因此,我们是否可以这样来表述,过多地强调外部因素,是不切合陈虬思想实际的,他的思想更多的是一种自发的内源性的。在陈虬的身上,既有传统经世思想,① 又有全面仿效西方学说,独特的"以医救国"论,近现代各种思想在陈虬身上得到了很好的体现,有共性也有个性,这其实也就是近代中国知识分子的生动写照。这种不相同与共通,正是基于对中国现实困境的深入分析,以及对实现国家富强目标的趋于共同,费正清《剑桥中国晚清史》将之总括为:"尽管这些改良派思想家都认识到中国的主要政治制度需要改变,但是他们的共同理想并非任何协同一致的思想活动的结果,他们互不来往,却不谋而合。"②

陈虬居于早期改良派之后,是戊戌维新派先驱人物之一。就地方维新史而言,陈虬是温州地区乃至江浙地区维新思想家的杰出代表,毫无疑问地居于浙江维新史的重要地位。近代中国,维新思潮已成为朝野上下的共识。以温州为例,维新势力分为以孙诒让为代表的上层大绅,和以陈虬为代表的下层士绅;而就学习西学的激进性而言,下层士绅则走在了前列。"每一代人都为世界贡献了某些新东西,并就此为下一代人改变这种限制提供了可能。"③ 正是有陈虬这样的无数地方维新人士风起云涌的推动,戊戌维新思潮才渐次发展壮大,直至

---

① 一般认为传统经世之学内容仅仅是研究水利、漕运、吏政等,但晚清严重的社会现实使经世学派又融入了新的时代内容,诸如研究西北、东北俄国与中国陆路边疆,来自海上的欧美国家情况等也要了解。这使经世学派又呈现出新的时代特色。
② [美] 费正清:《剑桥中国晚清史》(下卷),刘广京译,中国社会科学出版社1993年版,第332页。
③ [美] 柯文:《在传统与现代性之间——王韬与晚清改革》,雷颐、罗检秋译,江苏人民出版社2003年版,第3页。

形成全国规模的变法维新运动。而1898年戊戌变法失败后,维新思潮仍继续得以发展,原因就在于其深厚的历史渊源和广泛的地域分布。

还有一点需要指出的是,1898年京师维新实验失败,康梁流亡国外,仅限于域外倡新民之说,失去了对全国具体维新事业的主导地位。然而政治层面的短时变化并没有影响到下层既有秩序之运行,以中国深厚之民族积淀,103天的维新是难以撼动的,地方维新事业并没有随之而停滞不前。温州地区的维新,早就走在了全国的前列,变法失败后,在没有直接参与变法、相对不是很激进的、以孙诒让陈虬等为代表的地方士绅的领导下,维新事业仍继续发展。[①] 从全国的大范围来说,也正是基于此前、此后浓厚的维新氛围,才终于促成了中国近代化的持续进行。因此,地方维新人物及地方维新事业特别是1898年后的发展情况,仍然是学界应该关注的一个重点。这种关注,不应该随着对康梁的继续关注而予以漠视,也不应该随着对义和团运动、清末新政及清朝灭亡的关注而发生重心的转移。

---

[①] 王栻对浙江温州的维新运动予以高度评价,他认为:"以上海为中心,江浙地区的维新运动,在全国范围内是最突出的。"见王栻遗《维新运动》,上海人民出版社1986年版,第151页。

# 参考文献

**著作：**

（明）王瓒、蔡芳编纂，胡珠生校注：《弘治温州府志》，上海社会科学院出版社2006年版。

《近代中国史稿》编写组：《近代中国史稿》，人民出版社1976年版。

《秋瑾集》，上海古籍出版社1979年版。

白寿彝：《中国通史》，上海人民出版社2005年版。

昌切：《清末民初的思想主脉》，东方出版社1999年版。

陈书良选编：《梁启超文集》，北京燕山出版社1997年版。

陈旭麓：《近代中国的新陈代谢》，上海人民出版社1992年版。

冯天瑜、何晓明、周积明：《中华文化史》，上海人民出版社2005年版。

葛兆光：《中国思想史》，复旦大学出版社2001年版。

顾廷龙、叶亚廉主编：《李鸿章全集》，时代文艺出版社1998年版。

郭汉民：《晚清社会思潮研究》，中国社会科学出版社2003年版。

胡珠生辑《陈虬集》，浙江人民出版社1992年版。

胡珠生辑：《宋恕集》，中华书局1993年版。

黄宗凯、刘菊素、孙山：《宋育仁思想评传》，西南交通大学出版社

2007年版。

姜义华：《章炳麟评传》，南京大学出版社2002年版。

李世众：《晚清士绅与地方政治——以温州为中心的考察》，上海人民出版社2006年版。

李泽厚：《中国近代思想史论》，天津社会科学院出版社2003年版。

梁启超：《康有为传》，团结出版社2004年版。

刘建军：《你所不识的民国面相——直隶地方议会政治1912—1928》，广西师范大学出版社2009年版。

龙应台、朱维铮编：《维新旧梦录——戊戌前百年中国的"自改革"运动》，生活·读书·新知三联书店2000年版。

茅海建：《戊戌变法史事考》，生活·读书·新知三联书店2005年版。

彭明、程歗：《近代中国的思想历程》，中国人民大学出版社1999年版。

桑咸之：《晚清政治与文化》，中国社会科学出版社1986年版。

佘德余：《浙江文化简史》，人民出版社2006年版。

史远芹：《中国近代化的历程》，中共中央党校出版社1999年版。

孙宝瑄：《忘山庐日记》，上海古籍出版社1983年版。

谭献撰，范旭仑、牟晓明整理：《谭献日记》，中华书局2013年版。

汤奇学：《中国近代思想文化史探索》，安徽大学出版社2005年版。

汤志钧：《戊戌变法人物传稿》，中华书局1980年版。

汤志钧：《戊戌变法史》，上海社会科学院出版社2003年版。

汪荣祖：《康有为》，台北东大图书股份有限公司1998年版。

王尔敏：《中国近代思想史论》，社会科学文献出版社2003年版。

王范之：《吕氏春秋选注》，中华书局1981年版。

王介南：《中外文化交流史》，书海出版社2004年版。

王军伟：《传统与近代之间——梁章钜学术与文学思想研究》，齐鲁书社 2004 年版。

王立群：《中国早期口岸知识分子形成的文化特征——王韬研究》，北京大学出版社 2009 年版。

王栻遗：《维新运动》，上海人民出版社 1986 年版。

王兴国：《郭嵩焘评传》，南京大学出版社 1998 年版。

吴廷嘉：《戊戌思潮纵横谈》，中国人民大学出版社 1998 年版。

熊月之：《西学东渐与晚清社会》，上海人民出版社 1994 年版。

熊月之：《中国近代民主思想史》，上海社会科学院出版社 2002 年版。

杨炳安：《孙子集注》，上海古籍出版社 1959 年版。

杨公素：《晚清外交史》，北京大学出版社 1991 年版。

杨念群、黄兴涛、毛丹主编：《新史学——多学科对话的图景》，中国人民大学出版社 2003 年版。

张玥、王忍之编：《辛亥革命前十年政论选》，生活·读书·新知三联书店 1977 年版。

张登德：《寻求近代富国之路的思想先驱——陈炽研究》，齐鲁书社 2005 年版。

郑观应：《盛世危言》，中州古籍出版社 1998 年版。

中国历史地图集编辑组：《中国历史地图册》，中华地图学社 1975 年版。

中国史学会编：中国近代史资料丛刊《戊戌变法》，上海书店出版社 2000 年版。

中国史学会编：中国近代史资料丛刊《洋务运动》，上海书店出版社 2000 年版。

周积明、郭莹：《震荡与冲突——中国早期现代化进程中的思潮和社会》，商务印书馆 2003 年版。

周积明：《最初的纪元——中国早期现代化研究》，高等教育出版社

1996年版。

周文宣：《陈虬与利济医学堂》，浙江大学出版社2011年版。

朱义禄：《颜元、李塨评传》，南京大学出版社2006年版。

［美］费正清：《剑桥中国晚清史》，刘广京译，中国社会科学出版社1993年版。

［美］费正清：《伟大的中国革命1800—1985》，刘尊棋译，世界知识出版社2000年版。

［美］柯文：《在传统与现代性之间》，雷颐、罗检秋译，江苏人民出版社2003年版。

［美］卢公明：《中国人的社会生活——一个美国传教士的晚清福州见闻录》，陈泽平译，福建人民出版社2009年版。

**期刊：**

陈旭麓：《论"中体西用"》，《历史研究》1982年第5期。

符必春：《陈虬的教育救国思想》，《西南交通大学学报》（社会科学版）2006年第4期。

符必春：《陈虬的陆防思想》，《兰台世界》2009年第5期。

符必春：《陈虬的政治维新思想》，《贵州师范大学学报》（社会科学版）2001年第1期。

符必春：《陈虬维新思想的主要理论基础》，《渝西学院学报》（社会科学版）2002年第4期。

瞿佳、谢红莉：《陈虬与近代中医教育》，《中华医史杂志》2008年第1期。

李炳元：《陈虬经济维新思想研究》，《成都行政学院学报》（哲学社会科学版）2005年第5期。

李喜所：《梁启超对戊戌变法的反思——兼评百年来学术界对变法失败原因的考察》，《河北学刊》2001年第3期。

刘时觉：《近代温州医学代表人物和维新思想》，《中华医史杂志》2006年第2期。

刘时觉：《晚清的利济医院和利济医学堂》，《中医文化》2003年第2期。

温端政：《陈虬和他的〈新字瓯文〉——纪念陈虬逝世六十周年》，《语文建设》1963年第1期。

吴幼叶：《最早的高校科技学报〈利济学堂报〉及其中医传播》，《西北大学学报》（自然科学版）2007年第5期。

周文宣、邓榕：《论陈虬的军事思想》，《贵州大学学报》（社会科学版）1997年第4期。

周文宣：《陈虬的教育思想与实践》，《贵州文史丛刊》2002年第4期。

周文宣：《陈虬和他的〈治平通议〉》，《历史教学》1997年第5期。

周文宣：《陈虬政治思想的演变》，《史林》2000年第3期。

周文宣：《从〈报国录〉看陈虬的国防思想》，《黄淮学刊》（自然科学版）1998年第2期。

周文宣：《论陈虬的妇女解放思想》，《温州师范学院学报》（哲学社会科学版）1996年第2期。

周文宣：《论陈虬的经济思想》，《贵州文史丛刊》2001年第1期。

周文宣：《论陈虬反对君主专制的思想》，《贵州文史丛刊》2000年第4期。

［日］竹内弘行：《陈虬〈治平三议〉考》，台北《清华学报》第36卷第2期。

**论文：**

胡莹莹：《晚清迁都问题研究》，硕士学位论文，辽宁师范大学，2008年。

吴幼叶：《戊戌变法时期温州的〈利济学堂报〉——基于现代报刊视野的描述和分析》，硕士学位论文，西北大学，2008年。

许神恩：《陈虬维新思想研究》，硕士学位论文，湖南师范大学，2008年。

**电子文献：**

蔡景新：《玉海楼钩沉》，www. ruian. gov. cn。

蔡志新：《清末浙江维新思想家陈虬的经济变革理论》，http：//www. economy. guoxue. com。

桂宏诚：《清末民初认知中的"议院"与"国会"》（共识网）http：//21ccom. net/articles/lsjd/article_ 201001201553. html。

韩毓海：《金融体系的失败：清朝败于西方的根本性原因》，http：//news. ifeng. com。

胡珠生：《我的学术生涯》，http：//www. wzrb. com. cn，《温州日报·瓯越副刊》2008年11月8日。

刘练军：《评价与反思：晚清温州维新知识群体》，《二十一世纪》网络版，2003年8月号，总第17期。

# 致　　谢

湖大岁月，书香弥漫。与同侪切磋学艺，于互勉中且行且进；与师友殷勤讨教，于虚心处求取真知。脚步沉稳而坚实，艰辛背后有笑容。离别在即，回首往事，虽远行千里，备尝清苦，亦无怨无悔。

湖北大学中国思想文化所的各位老师宽容温厚、德艺双馨，有大师之谓却从未有大师姿架，如郭莹师、何晓明师、郭娅师、乐胜奎师、卢文芸师、周德美师、田子渝师等，我从他们身上收获了许多。雷平老师、陈友乔博士，则给予我诸多的悉心帮助和热情鼓励。有缘千里来相会，我亲爱的各位同学，和你们在一起，心情很舒畅。相逢是首美丽的歌，那些快乐的日子，必将长久地留在我的记忆中。

蒙周师积明先生不弃，纳其门下。在先生指引下，我学到了不少受益终生的方法和技巧。周师诲人不倦，想学生之所想，急学生之所急。病榻之上，犹不顾虚弱，为学生指导论文。先生威仪万分，从不失谨严，我每次见到先生，总是小心翼翼，不敢有丝毫做作。

还要向我远在家乡的父母表达我无尽的感激和思念之情，正是他们数十年如一日的劳作给了我学习的机会。在物欲横流的今天，他们薄轻钱财，倾囊中之所有，毅然决然地坚定支持我的选择，诚不失伟大。父母白发渐多，犹事农桑；兼有顽童，天天烦扰；而我既不能尽孝于前，又频频增其牵挂。每念及此，愧疚、无奈顿涌心头。

总有一些人，越过同时代人——甚至几代人的坟墓而走向更远。

随着研究的深入，越发感觉那位早已逝去百年的陈虬——我论文研究的主角——越发高大。谨以此文，向他表示由衷的敬意。

学如积薪，借助于众方家之大作，始缀以成此文。那些不曾谋面的学者们，谨向你们表示诚挚的谢意。文中引注或有纰漏，敬请不以为忤。

无奈学力有限，荒废时日既久。以此舛错层出之拙文，呈奉于诸高师案前，战战兢兢，惶恐有负于师恩之厚重。

邰淑波

2010 年 5 月 10 日于湖北大学